Journalisme et fiction au 18<sup>e</sup> siècle

# **FRENCH**STUDIES
of the Eighteenth and Nineteenth Centuries

Edited by:
Professor Malcolm Cook and Dr James Kearns,
Department of French, University of Exeter

Volume 1

PETER LANG
Bern · Berlin · Frankfurt a.M. · New York · Paris · Wien

Malcolm Cook / Annie Jourdan (eds)

# Journalisme et fiction au 18ᵉ siècle

PETER LANG

Bern · Berlin · Frankfurt a.M. · New York · Paris · Wien

Die Deutsche Bibliothek – CIP-Einheitsaufnahme

**Journalisme et fiction au 18e siècle** /
Malcolm Cook/Annie Jourdan (ed.). –
Bern ; Berlin ; Frankfurt a.M. ; New York ; Paris ; Wien : Lang, 1999
(French studies of the eighteenth and nineteenth centuries ; Vol. 1)
ISBN 3-906761-50-9

Cover design by Philipp Kirchner, Peter Lang AG

ISBN 3-906761-50-9
US-ISBN 0-8204-4221-6
ISSN 1422-7320

© Peter Lang AG, European Academic Publishers, Bern 1999

Printed in Germany

# Avant-propos

Le colloque *Journalisme et Fiction au 18e siècle* a eu lieu à l'Université d'Exeter en septembre 1996. Ce colloque a permis aux spécialistes travaillant dans deux disciplines, les lettres et l'histoire de se rencontrer et d'échanger leurs points de vue et leurs perspectives. Ce volume provient de ce colloque avec, bien sûr, des modifications et des contributions nouvelles.

Nous remercions la British Academy de sa subvention généreuse qui a permis à deux collègues, les professeurs Sheridan et Wagner, de se déplacer et de participer au colloque. Nous remercions Anna Lisa McNamara, Sabine Orchard et Julie Crocker de leur aide précieuse dans la préparation de ce volume.

# Table des Matières

Claude LABROSSE
Université de Lyon II

# Journaux et fictions au XVIIIe siècle: introduction

Le siècle qui mit la littérature d'idées au premier plan, s'illustra avec D. Diderot dans le radicalisme philosophique, fit preuve d'inventivité dans la fiction et permit l'épanouissement du roman[1] est aussi celui de 'la multiplication des périodiques'[2] qui 'transforment les rapports entre l'écriture, la lecture, la vérité et le temps'[3].

La prolifération des journaux fut ressentie, par beaucoup de journalistes comme une invasion dangereuse, une 'intempérie littéraire' dit Meunier de Querlon[4], un 'fléau' ajoute M. Grimm dans sa *Correspondance Littéraire* (Ier Mai 1761), en évoquant 'les cent soixante treize (journaux) qui suivant M de Voltaire paraissent et disparaissent tous les mois sur notre hémisphère'. Les tableaux dressés par J. Sgard en postface à sa *Bibliographie de la Presse classique (1600-1789)* montrent les étapes de cette progression et l'étonnante capacité de cette époque — en ses dernières decennies surtout — à créer des périodiques de toutes sortes. L'année 1789 est à cet égard une sorte d'apothéose: plus de 190 titres nouveaux, à Paris seulement, relevés par Pierre Rétat dans sa *Bibliographie critique* des journaux de 1789[5]. L'on sait aussi qu'au cours de ces années la presse s'est largement différenciée. Les gazettes, les mercures politiques, les journaux littéraires, les feuilles religieuses voisinent désormais avec une presse spécialisée, dans le commerce, l'agriculture, les sciences, la médecine, la musique, la mode, avec une presse régionale et avec les débuts d'une presse féminine. Le périodique se multiplie et s'adapte pour occuper, peu à peu, l'ensemble du champ de la culture et l'espace du public. Il constitue le banc d'essai permanent des nouvelles formes de communication[6].

Le roman n'est pas en reste. Les bibliographies de S.P. Jones[7] et de A. Martin, V. Mylne et Frautschi[8] permettent, à travers la diversité des auteurs

---

1   Les intertitres d'une récente présentation de la *Littérature française du XVIIIème siècle* par MM Delon et Malandain. PUF. 1996
2   Le chapître de J. Sgard dans *Histoire de l'édition française* sous la direction de R. Chartier, H.J. Martin et D. Roche, T. II. 1985
3   M. Delon, Ibid., p. 311
4   *Annonces, Affiches et Avis divers.* Avertissement, 7 janvier 1761
5   Voir Editions du C.N.R.S. 1988
6   Voir J. Sgard, Ibid
7   *A List of French Prose-fiction from 1700 to 1750,* New York, 1934
8   *Bibliographie du genre romanesque français 1751-1800,* Paris, 1977

et la multiplicité des titres de suivre la remarquable ascension d'un genre dont on essaiera, dans les dernières années du siècle, de condenser le patrimoine en des *Bibliothèques Universelles* qui compteront plusieurs centaines de volumes.

Journaux et romans suivent des courbes de production semblables. Ils ont parfois les mêmes auteurs (d'Argens, Prévost, Marivaux, Marmontel, Baculard d'Arnaud, Meunier de Querlon, S. Mercier etc.) et les mêmes éditeurs. Ils s'adressent à un même public qu'ils contribuent à élargir et à former. Ils sont parfois l'objet des mêmes menaces (la proscription des années 1737-1740 entraîne une censure dans l'information littéraire). En dépit de leurs fortes différences, ils ont des comportements similaires. Si, comme on le lit dans le *Journal Encyclopédique* (15 novembre 1758) 'Le journal est le livre du jour et non de la postérité', le roman qui désormais fait nombre et s'était parfois donné au public en des livraisons successives comme pour convier le lecteur à des rendez-vous périodiques ne proposait pas seulement de grands 'monuments' littéraires comme *Télémaque* ou *La Nouvelle Héloïse* ou des tentatives nouvelles comme celles de Chasles, Crébillon, Marivaux ou Prévost. Il était aussi devenu une matière fongible, à la fois permanente et passagère qui reparaissait chaque saison, dans le même format, en des écritures et sous des titres différents, occupait les presses des imprimeurs et prenait de plus en plus de place dans les annonces régulières des journaux. Il se 'débitait' un peu comme 'courraient' les gazettes qu'on tenait déjà au temps de Camusat pour de petits 'romans hebdomadaires'.

Cette remarquable proximité entre deux types d'écrits aux finalités différentes marque l'avènement d'une nouvelle ère de l'édition, mais aussi un changement dans les rapports entre le discours, l'histoire, la fiction et l'information comme dans ceux qui lient l'imaginaire et le temps social. Traversant la frontière floue qui les sépare, la fiction et l'information semblent se concurrencer et devenir mutuellement perméables.

On a commencé déjà à explorer les relations entre le journalisme et la fiction, soit qu'on les situe dans la perspective de la carrière de grands écrivains comme Marivaux (M. Gilot) ou Prévost (J. Sgard) et dans celle de la genèse de leur oeuvre, qu'on les étudie pour comprendre la formation, dans le texte journalistique, de la figure d'un auteur supposé[9] ou les stratégies d'un journalisme masqué (les spectateurs[10]), ou même qu'on analyse dans un périodique comme *Le Pour et Contre,* la création de pactes référentiels nouveaux qui associent, par exemple, le récit, le roman, le journal et l'autobiographie dans la recherche d'une 'poétique de l'hétérogène'[11].

9   A. Bony et son analyse des journaux de Swift, Defoe, Steele et Addison dans *Le Journalisme d'Ancien Régime*, Presses universitaires de Lyon, 1982
10  Ibid, la contribution du collectif de Grenoble
11  Shelly Charles, *Récit et Réflexion: Poétique de l'hétérogène dans le Pour et Contre de Prévost*, The Voltaire Foundation, Oxford, 1992

Ces travaux montrent que la fiction s'insinue dans la comunication littéraire, qu'elle peut servir à la stratégie et à l'esthétique de la médiation périodique. Informer, communiquer, 'romancer' se découvrent complices. Bien qu'il s'agisse, en chacun de ces domaines, d'appréhender et de reconstruire différemment la réalité, il semble que ce qui sépare ces modes de configuration constitue un espace d'échanges pour des façons d'énoncer et des procédés de narration.

Afin de comprendre mieux encore ce que devient la fiction dans cette région intermédiaire, il était indispensable d'interroger aussi l'ensemble de la 'matière périodique' et le vaste corpus des journaux pour y reconnaître la présence et y analyser le rôle d'éléments par ailleurs constitutifs des genres narratifs. C'était poursuivre et placer dans de nouvelles perspectives le débat toujours inachevé sur le statut des fictions, sans cesse repris, au cours du siècle, en maintes préfaces et écrits théoriques et polémiques. Echappant, apparemment à la logique des genres (le roman, le théâtre...), dans laquelle elle se trouve d'habitude enfermée, la fiction, au-delà du domaine, si diversifié déjà du roman, entre-elle dans les journaux pour se donner de nouveaux visages? Ou bien, au contraire, ne revient-elle pas plutôt à ses formes les plus convenues ou à ses réflexes élémentaires? Et puis, n'est-il pas au fond plus lucide que pervers de se demander si des journaux si pressés souvent d'affirmer leur exactitude, leur objectivité ou leur impartialité ne se racontaient pas à eux-mêmes une sorte de légende à vouloir toujours prétendre s'affranchir totalement des moyens 'mensongers' de la fiction. Ces questions impliquent l'exploration de quelques écarts significatifs.

Le journal littéraire opère comme un des véhicules de la fiction romanesque. Il procède à sa diffusion et organise sa rencontre avec le public. Par ses annonces, ses 'extraits', ses commentaires développés, il présente, résume, évalue selon ses critères, les romans, les contes et même toutes autres formes de fiction comme le théâtre et même la peinture. Au moyen de ce magistère critique, il conduit et conseille ses lecteurs, les aide à comprendre la fiction, leur dit ce qu'ils peuvent en prendre et aussi ce qu'ils devraient en laisser. Moniteur de la lecture, il est aussi un analyseur permanent et périodique de la production fictionnelle exerçant sur elle une sorte de surveillance intellectuelle. En contribuant à faire circuler la fiction, il la soumet à un filtrage et la remodèle en une 'chose' médiatisée et messagère, valorisant en elle ce qui convient le mieux à une perspective de communication inséparable de critères esthétiques et moraux. La presse ainsi réadapte et même "corrige" la fiction. Cette conversion est sans doute nécéssaire à son efficacité littéraire mais il est interessant — édifiant même — de voir ce qui reste de la fiction d'origine, telle qu'elle se donne dans son écriture première, lorsqu'elle est reconstruite dans le prisme du journal. Comment se constitue, de quoi est faite la différence qui sépare l'état de la fiction telle qu'inventée ou configurée dans l'oeuvre même et telle que reformée par la médiation du journal? Pourquoi faut-il que les fictions soient ainsi reformulées ou converties pour qu'elles acquièrent, en plus ou peut-être en dépit de leur pouvoir créateur, une capacité circulatoire et qu'elles apparaissent éventuellement comme une gourmandise littéraire. La presse: adjuvant éditorial de la fiction? Régulateur conscient de ses effets sociaux? Correctrice perverse de ses dangers supposés?[12] De quoi est faite cette 'idée' de fiction, implicitement présente dans le filigrane du texte journalistique et qui semble prendre la place de celle qui reste inséparable du corps de l'écriture? Suivant qu'elle apparaît dans la lecture de l'oeuvre ou dans l'image qu'en donne un article de journal, la fiction change d'état. Elle n'obéit pas seulement à des canons ou à des schèmes fondamentaux, elle est aussi un espace de conversion et de transformation.

Le temps toutefois dresse une barrière presque infranchissable entre presse et fiction. P. Ricoeur[13], sur la base, il est vrai, d'oeuvres modernes, a analysé les manières de faire du roman pour configurer la durée. Au moyen de la fiction (personnages, intrigues) il crée des figures du temps qui accèdent à une sorte de vérité symbolique. Ses inventions lui permettent de décrire la traversée de la durée comme une expérience fondamentale au même titre que celle du désir ou des passions. Les fictions peuvent raconter et analyser le temps, en l'intégrant au cours de la fable, en associant, par exemple, le temps de la narration à celui de la chose racontée. Les gazettes n'ont que faire des réflexions, des émotions, de la mémoire d'un sujet fictif (Des Grieux ou Marianne), occupé à raconter ses aventures passées. L'éditeur, comme le correspondant éloigné sont aux prises avec les contraintes réelles de l'espace et du temps, avec les conditions concrètes de la communication. Il ne s'agit pas de faire percevoir un temps 'existentiel' mais de rechercher les nouvelles dans des circonstances parfois précaires. Les officiants de l'information dépendent de l'arrivée des courriers, du réseau des liaisons postales, du mouvement propre et incertain des événements. Et si par l'organisation de ses rubriques, la gazette offre la représentation de messages partis à des dates différentes de lieux eux-mêmes différents, cette mise en scène éditoriale d'une temporalité abstraite, d'une fiction sommaire et généralisée d'un espace-temps qui conjugue, en apparence, des lieux et des intervalles de temps divers est une figure assez étrangère à celles que propose la lecture des romans.

La fiction et la presse n'offrent pas non plus les mêmes modes d'événements. Une gazette ne peut moins faire que de poursuivre ce qui se passe, se forme de façon plus ou moins claire ou aléatoire dans l'ordre des choses. Attachée, collée presque à la plus proche immédiateté de l'événement, elle essaie de le saisir, de le décrire et de l'expliquer au moment

---

12    La partie intitulée 'L'univers des romans dans les journaux de la *Bibliothèque Française* à *l'Année littéraire*' dans la thèse de Veronique Costa, *La lecture romanesque au XVIIIème siècle et ses dangers,* Université Stendhal-Grenoble III, 1994
13    *Temps et Récit,* Paris, Seuil, 1983-1984

même où il se produit. C'est ce qu'on appellera plus tard 'l'actualité'. Attentive à ce qui peut venir du proche futur, inévitablement poussée à envisager raisonnablement les développements du lendemain, elle ne peut manquer pour donner consistance à son énoncé d'information de faire des projections et des hypothèses. Sur la mobile frontière du présent actuel se dessine toujours pour elle une frange de temps à venir où l'événement apparaît en virtualités. Ce qui, de l'événement ainsi aperçu, est possible, probable ou incertain, participe-t-il du monde des fictions? Ne s'agit-il pas plutôt de cet espace toujours anticipable dont aucun observateur placé au plus près d'un événement ne peut faire abstraction? L'incertitude, la virtualité, sont-elles autre chose que les composantes naturelles de l'expérience de l'événementialité perçue au plus près de l'instant actuel? Elles sont inscrites dans la réalité du rapport à l'événement. Elles habitent cet espace de latence et d'attente constitutive de la chaine de l'information, qui stimule le désir de savoir et contribue à former le flux qui porte la gazette. Les croyances, les espoirs, les peurs, les présupposés et les représentations imaginaires venues de la grande fable sociale propre à toute culture peuvent y trouver leur place. S'agira-t-il, pour autant de fictions, au sens où l'on en parle quand on se réfère aux récits des romans où souvent les événements sont reflétés dans l'intériorité de sujets fictifs (personnages), configurés en intrigues, péripéties, catastrophes, conversations ou monologues qui doivent plus aux tropes du langage et aux pouvoirs du récit, de telle sorte qu'au bout du compte le texte se tienne et que l'écriture fasse oeuvre. Si vraisemblables qu'ils apparaissent les événements de roman sont d'abord des inventions textuelles. Sur le chemin du temps qui court, le texte de gazette poursuit des événements qui ne ressemblent qu'en apparence à ceux que vivent les personnages des romans.

Nous sommes fondés à penser ou tout au moins à croire que tout message, toute information, toute chose énoncée ou écrite procède d'une instance de parole. Considérés sous cet angle le texte de presse et l'ouvrage de fiction se séparent et peuvent aussi se rapprocher. Comme s'il ne pouvait pas toujours se passer d'un stratagème — qui au fond peut-être le constitue — le roman commence souvent à mettre en place une source fictive de narration. Dès les premières pages de *Manon Lescaut*, nous croyons qu'un voyageur rencontre dans une hôtellerie, un jeune homme qui suit une troupe de filles enchaînées, en route pour la Louisiane et qu'ils se retrouvent plus tard dans une auberge où le jeune aventurier raconte l'aventure qui fait le sujet du livre. Nous aurions admis aussi bien qu'il s'agisse d'un manuscrit, déniché dans un grenier qu'un éditeur a entrepris de faire traduire. Les fictions savent merveilleusement mettre en scène l'origine de leurs récits. A peine Télémaque met-il le pied sur le rivage que Calypso l'attire dans sa grotte pour écouter ses aventures. Comme la déesse antique, le récit semble lui aussi venir de la mer. La presse ne peut guère faire croire à ce genre de fable. Il se trouvera cependant des journaux (les Spectateurs par exemple), le plus souvent rédigés, il est vrai par de grands romanciers: Marivaux, Swift ou Defoe pour faire d'un journal la production et la méditation d'un auteur inventé, supposé ou masqué, à la fois spectateur ou observateur critique introduisant ainsi dans l'information un retrait ironique et une voix narrative. Les gazettes semblent presque toujours muettes bien qu'elle proposent dans le patchwork et l'apparente neutralité de leurs textes un figure non indifférente du monde. Mais on n'entend guère leurs correpondants ou même leurs éditeurs sauf quand éclate, dans les parenthèses et les notes infrapaginales du *Courier du Bas-Rhin,* l'ironie de J. Manzon ou quand on croit entendre la méditation de J. Luzac dans certains développements de la *Gazette de Leyde.* Les gazettes cherchent à inscrire en elles ce lieu de parole propre qu'on nommera plus tard 'éditorial'. C'est d'où parleront ces figures plus politiques et idéologiques, ces fictions journalistiques d'un nouveau genre, comme *La Sentinelle du peuple* (Volney) ou *le Patriote français* (Brissot). L'instance de parole dans la fiction cherche souvent à remonter vers une origine indéfinie. Dans les journaux, le personnage du spectareur tend à se stabiliser en une figure morale relativement cohérente. Les gazettes et la presse politique peuvent être sans parole et presque sans visage. Elles laissent parfois percer le propos d'un éditeur caustique, avant de styliser plus tard, pour l'opinion, le portrait de l'écrivain engagé. Le texte de fiction, celui du journal-spectateur, celui des gazettes, celui de la presse politique de la Révolution, quand ils nient, masquent ou affirment la présence d'une instance de parole n'ont pas la même finalité. Leurs modes de fictionnalité ne se recouvrent pas tout à fait.

La mise en distance de la chose observée ou racontée compte aussi beaucoup dans ces rencontres entre des modes divers de textualité. Les romans savent conjuguer l'analyse immédiate de l'intériorité avec la chronique rétrospective des événements. Le regard soupçonneux et amusé de Linguet ou de Mallet du Pan est bien différent de celui du correspondant de gazette, parfois à court d'informations fiables et réduit aux conjectures. C'est sans doute, à la faveur de ces différences de 'réglage' que des traces ou des trames de fiction viennent s'insérer dans le texte du journal.

Dans les énoncés de gazette, la mise en scène de spectacles (fêtes et cérémonies notamment) où sont soulignés l'ordonnance, le mouvement, la dramatisation, où apparaît parfois un détail pittoresque, relève d'une esthétique où l'imaginaire a sa part. Comme dans les romans le récit se soucie plus de faire voir que d'expliquer. Parfois, dans un court paragraphe du journal, le rideau semble s'ouvrir comme sur le théâtre du monde.

C'est en effet surtout au moyen du récit que se font les échanges entre le texte de fiction et le texte de presse. Du fait de l'héritage littéraire, le récit est presque inséparable de la fiction. Dès lors que quelque chose est narré, qu'on entrevoit dans le texte des scènes et des épisodes, surtout s'il s'agit d'événements éloignées, qui se passent par exemple en Orient le lecteur se persuade lire une sorte de conte. Michel Butor nous l'a autrefois rappelé[14] notre monde est fait de récits. Ils sont un lien avec la réalité dont nous ne pouvons nous passer, c'est à travers eux qu'elle prend forme. Les procédés des récits de fiction pourront donc se retrouver dans les récits véridiques (l'exemplum, les modes de l'apologue). L'exploitation particulière du fait divers qu'on trouve dans la rubrique 'Variétés' de la *Gazette des Deux Ponts*, reprend la structure générale de la fable. La référence au réel y est construite au moyen d'une écriture et de procédés littéraires et le récit qui proposerait un relevé objectif des faits serait sans doute bien différent. Dubois-Fontanelle extrait périodiquement de l'actualité une sorte de fable et tient semble-t-il plus à cet exercice qu'à une scrupuleuse description de la réalité. Le lecteur, en revanche, apprécie ce recours à un procédé venu de la fiction, comme à un adjuvant précieux pour l'analyse des situations considérées. Il pourra même tenir la gazette pour un véritable réservoir de fictionnalité. Rien ne l'empêche, comme le fait Voltaire[15], de trouver dans les faits rapportés la matière d'un conte ou d'un roman. Serait-il possible d'explorer cette pluralité ou cette ambiguïté propre au récit et de distinguer ses modalités informatives de ses modes fictionnels pour comprendre leurs associations et leurs compatiblités. C'est dans ce domaine en effet que le commerce visible ou implicite entre l'écriture de la presse et le texte de la fiction semble le plus fécond.

Ce genre d'approche aura au moins l'avantage de montrer l'intérêt d'analyser des modes de fictionnalité qui se développent en marge des formes traditionnelles et reconnues: dans les perspectives de la médiation, dans la perception immédiate des événements, dans notre besoin de retrouver dans le récit une fable des origines. Les journaux anciens apportent sur le plan de la pragmatique et de l'histoire de nouveaux éléments pour nourrir les débats sur la fictionnalité (U. Ecco, S. Schmidt) et sur notre rapport à la réalité (P. Virilio).

---

14  *Répertoire,* Paris, 1960
15  Lettre à Mme du Deffand, décembre 1759, Bestermann D. 8630

Jacques WAGNER
Université Blaise-Pascal-Clermont 2

# La fiction et les genres sentimentaux dans le *Journal Encyclopédique* entre 1756 et 1786

Plus les hommes paraissent indociles, plus il faut leur donner des leçons fortes et intéressantes; se rebuter, c'est plier sous leurs vices, s'associer à leur honte et s'exposer à des remords que peut-être eux-mêmes n'éprouveront jamais.

(*J.E.*, septembre 1757, p. 89).

Le *Journal Encyclopédique* (*J.E.*) n'entretint pas des relations faciles avec la fiction entre 1756 et 1786. Je voudrais examiner son attitude critique en retenant comme point de mire la question plus restreinte des genres sentimentaux (drames, tragédies bourgeoises, comédies larmoyantes, romans ténébreux, poésie nordique...) apparus à partir de 1757 en France, à cause de (ou grâce à) Diderot et Richardson sans oublier le grand père fautif, l'ancêtre responsable de toutes les interrogations esthétiques dont je vais parler, Shakespeare, déjà montré du doigt par Voltaire en 1734. Si j'étais Hugo, j'oserais chantonner: 'c'est la faute à Diderot, c'est la faute aux Anglais'. Mais l'histoire fut moins schématique et les trente années de critique littéraire que je vais parcourir vont le montrer.

Les relations du *J.E.* et de la fiction écrivent l'histoire d'une crise esthétique et culturelle tout à la fois: une incompatibilité difficilement surmontée entre un projet culturel ambitieux de la part du journaliste et les attentes de plus en plus 'frivoles' d'un public de moins en moins 'savant' d'un côté; et de l'autre, un conflit opposant deux types d'esprit: les premiers, héritiers du classicisme structurés intellectuellement et psychiquement par le rationalisme du grand siècle[1] dominant la rédaction du journal et les seconds, acteurs ou sectateurs de la littérature contemporaine de plus en plus indifférents aux grands modèles ou même aux élégants compromis des Voltaires et consorts.

---

[1] Je pense aux auteurs nés entre 1713 et 1723 comme Diderot et Marmontel d'un côté et de l'autre à ceux qui naissent à partir de 1740 comme S. Mercier; mais il ne faut pas s'enfermer dans des considérations chronologiques trop rigoureuses; il convient davantage de retenir l'idée de génération culturelle, car Baculard d'Arnaud est, en dépit de sa date de naissance antérieure à 1720, plus proche de la géneration post-encyclopédique qu'un Condorcet par exemple.

## I. La fiction dans le projet culturel du *J.E.*

Avec sa revue, P. Rousseau avait souhaité réaliser une œuvre sérieuse 'consacrée principalement à former l'honnête homme' (octobre 59, p. 34), à l'élever 'peu à peu à ce qu'il y a de plus digne de sa curiosité' (janvier 1757, p. 27), destinée à 'sortir les esprits de l'espèce d'engourdissement' qui les ralentirait dans leur marche au bonheur, rien moins. (lettre à Cobenzl, 2 septembre 1759). Le 1er janvier 1757, il précisait sa pensée en introduisant l'une des notions-clés de son travail: l'utilité; son but, expliquait-il, consistait à 'séparer tant de petits objets au moins inutiles de ceux qui contribuent à notre bonheur soit par les rapports essentiels qu'ils ont avec nous soit par les développements qu'ils offrent à une curiosité louable.' (p. 4) Il opposait l'utilité à la frivolité; il recourait assez systématiquement à l'adjectif 'frivole' pour désigner les 'ennemis des sciences et de l'*Encyclopédie*' et généralement les médiocrités culturelles, 'ces enluminures qui font tout le mérite des hommes superficiels' (janvier 1757, p. 67). Il lui plut de retrouver, dans l'ouvrage de Hume consacré aux passions, à la tragédie et au goût ce même adjectif à propos de l'activité critique dont l'un des risques serait d'admirer 'les beautés les plus frivoles' (in *Œuvres philosophiques*, t. 4, 1759). Il considérait son travail critique comme un rempart dressé chaque jour contre la dégradation et la corruption de cette figure de l'âme humaine que sont l'art et la littérature, expression, avec les sciences, du 'véritable' amour-propre: 'nous parlons de cet amour-propre éclairé qui sait sacrifier les plaisirs présents et qui ne se laisse point séduire pas de vaines apparences qui le flattent; qui cherche sans cesse les moyens de travailler à notre perfection et à notre bonheur; qui sait allier notre volonté avec l'ordre' (septembre 1757, p. 100). Doté de ce 'bon sens qui voit la beauté du dessein, cette beauté raisonnée qui est la principale', il veille à ne pas dépendre de ces 'cercles étroits où dominent l'envie et la jalousie' (septembre 1759, p. 22).

Soucieux de ne pas 'altérer son esprit par la fièvre des passions' (ibid., 21) il reste toutefois conscient des contraintes de sa fonction de journaliste tenu de s'adapter au goût multiple et changeant de ses divers lecteurs. Le *J.E.* s'est, en effet, voulu une revue destinée à 'tout le monde', savants et oisifs, dames et militaires; P. Rousseau osa reconnaître que 'pour tempérer l'austérité' de sa revue, il aurait recours, malgré les observations des censeurs, 'à la littérature agréable' (janvier 1760, p. 13).

S'il lui était facile de plaire aux honnêtes gens du côté du sérieux par sa référence affichée à l'*Encyclopédie*, lui serait-il aussi facile de leur être agréable dans les matières frivoles de la fiction théâtrale et romanesque? Ne risquait-il pas de déroger à la noblesse de l'esprit et à la dignité de l'entendement?[2] Ne risquait-il pas de trahir sa mission de formateur du goût (Prospectus de 1755)?[3]

Confronté à tous ces dilemmes, il eut vraiment besoin de toute sa conscience professionnelle pour sélectionner des ouvrages de fiction et de toute sa conscience esthétique pour les évaluer ensuite.

L'architecture bibliographique de la revue reste globalement équilibrée de 1756 jusqu'à 1786. Trois grandes masses catégorielles se dégagent: l'Histoire augmentée du Droit, les Sciences humaines et les Arts, enfin les Belles-Lettres, se partagent par tiers la bibliothèque du *Journal*; toutefois cette répartition indique une préférence marquée pour les ouvrages relevant des sciences humaines et sociales qui en 1785 constitueront 70% de la bibliothèque vivante de la revue, les Belles-Lettres atteignant alors à peine 23% des comptes rendus; la tendance des dernières années profitera même aux sciences qui l'emporteront, à 26%, de 4 points sur la discipline maîtresse, l'histoire. La tentation du savoir positif et le souci politique et social poussèrent les journalistes à réduire la part littéraire de la culture, jusqu'y compris la poésie à un moment pourtant où, sous l'influence des théoriciens allemands, la poésie nordique commençait à s'imposer en Europe; il protesta contre Schulze[4] qui y voyait l'essence même de l'homme[5], alors que, fidèle à son rationalisme classique, le *J.E.* n'y découvrait qu'‘ignorance et superstition’ (juillet 1758, p. 29); il s'emporta encore davantage quand le théoricien allemand raconta l'histoire de ce roi danois couronné pour avoir composé les plus beaux vers à la gloire de son prédécesseur: ‘Qu'un État serait à plaindre s'il avait à sa tête

---

2    Sur ce thème, voir la réflexion inverse de Fontenelle dans son *Éloge de M. de l'Hospital*: ‘il faut avouer que la nation française, aussi polie qu'aucune nation, est encore dans cette barbarie qu'elle doute si les sciences poussées à une certaine perfection ne dérogent point et s'il n'est point plus noble de ne rien savoir.’ (*Histoire de l'Académie des sciences*, 1702-1742) Rappelons que l'un des attendus retenus contre le *J.E.* par les docteurs de Louvain décidés en 1759 à l'interdire fut précisément que P. Rousseau aurait montré trop de curiosité pour ‘les matières frivoles de la littérature, pour le théâtre et les romans’ (*J.E.*, octobre 1760, p. 13)

3    En tant qu'écrivain ‘sage et honnête’, le journaliste travaillait ‘dans le but d'inspirer du goût et de la considération pour les lettres et de la reconnaissance pour tout écrivain honnête et utile’ (*J.E.*, mai 1759, p. 145).

4    La lecture de sa *Dissertation sur la différente manière de penser des anciens poètes grecs et romains et des anciens poètes septentrionaux et allemands* (Atlanta, 1758) a provoqué une virulente réaction dans le journal.

5    Sur cette question moderne (i.e. qui nous fait sortir de l'Ancien Régime de la littérature) introduite en France vers 1758 par les théoriciens allemands, je renverrais volontiers à la conférence de Martin Heidegger prononcée à Bühlerhöle en 1951 sous le titre ‘Poétiquement habite l'homme’ et traduite, après une révision datant de 1970, par François Fédier sous le titre ‘L'habitation de l'homme’, in *La Traverse* 7 (automne-hiver 1973, np). Si l'on m'autorisait la témérité de résumer les médiations du philosophe sur une expression de Hölderling (‘Plein de mérite, pourtant poétiquement, habite l'homme sur la terre’), je les réduirais à ces propos: l'homme est un être poétique qui vit son être poétique impoétiquement.

un prince qui n'aurait d'autre mérite que celui de faire le mieux des vers! Oh, le beau gouvernement' (*Ibid.*, p. 31).

Toutefois, même si la raison désapprouve les chimères et les absurdités des mythologies poétiques du Nord, ou la stupidité et la grossièreté des fables de la Grèce 'ce qu'il y a d'admirable, concède le journaliste inspiré par Fontenelle, c'est que les poètes grecs ont su tellement les embellir par le moyen de la poésie et de la peinture que nous, qui en sommes heureusement désabusés par la raison et la religion, nous y tenions toujours par notre imagination et que nous reprenions ce même tour d'esprit qui les leur rendit si agréables.' (Juillet 1758, p. 39). Il est remarquable que le *J.E.* n'ampute pas l'homme cultivé de cette part irrationnelle que les Grecs, 'dans leur enfance', avaient connue et qu'il répugne à étendre le gouvernement de la raison à toutes les pratiques humaines. Ainsi, en 1764, il contestera l'impérialisme rationaliste d'un J.J. Garnier, qui, dans son essai sur *L'homme de lettres*, projetait la construction d'une maison théorique commune aux différents objets de la littérature: c'est 'un abus de l'esprit philosophique qui transporté dans certains arts... pouvait être préjudiciable aux lettres.' (1 juin 1764, p. 7)[6] Il était proche d'un d'Alembert qui plaignait tout homme qui ayant le choix d'être un Newton eût répugné à devenir un Corneille (mai 1758, p. 6) ou d'un Condillac qui en 1776 s'alarmait des 'hérésies littéraires' confondant 'matières de goût et matières de philosophie.' (15 janvier 1776, p. 242)

Ainsi pour accepter la fiction, le *J.E.* disposait de deux arguments: l'un, de type psycho-sociologique, l'agrément et la variété de sa revue[7]; l'autre de type anthropologico-eshétique: l'imagination, part régressive[8] certes mais

---

6    Une protestation de même nature se répète à la moindre tentative de limiter la place des 'humanités' dans la culture contemporaine: un réformateur du système d'enseigne-ment propose-t-il de réduire l'éducation scolaire et universitaire aux disciplines utiles comme le droit, l'économie et l'agriculture, il réplique: 'les autres sciences lui paraissent inutiles et il a tort. Nous ne nous élèverons pas contre le peu de cas que l'auteur veut qu'on en fasse: eh pourquoi les abandonner? Si tous les hommes étaient jurisconsultes, commerçants, et cultivateurs et s'ils n'étaient pas autre chose, s'ils ne connaissaient rien au-delà de ces sciences, la société serait bien ennuyeuse. Ne sont-ce pas la diversité des connaissances et la variété des arts qui font les agréments et les délices de la vie?' (*J.E.*, 1 avril 1762, p. 34)

7    Ce genre d'argument était très répandu dans les prospectus ou les avertissements des périodiques de ce temps; les *Gazettes et papiers anglais* justifiaient ainsi leur orientation. 'On sait quelle est la variété piquante des matières dont les gazettes anglaises sont composées: agronomie, industrie, commerce, politique, histoire, poésie, littérature, sciences et arts, tous les goûts ont de quoi se satisfaire.' (3 janvier 1760, 3, prospectus); en 1775, l'idée sera reprise dans le Journal anglais organisé d'après un 'plan d'autant plus agréable qu'il est plus varié.' (30 décembre 1776, p. 465)

8    Même dans ses moments les plus exaltés d'intellectuel moderne, philosophique et encyclopédique, P. Rousseau justifie la présence de la littérature d'agrément (la fiction) dans sa revue par la récréation de l'esprit: 'On peut égayer l'esprit, lui présenter de temps en temps quelques-unes de ces productions frivoles qu'une imagination légère enfante dans l'accès d'un heureux délire.' (novembre 1757, p. 16)

naturelle de l'être humain et bienvenue, sous certaines conditions, dans le domaine émotionnel des Belles-Lettres.

## II. La sélection statistique

La présence de la fiction, au sens théâtral et romanesque du terme, est fortement réduite durant les premières années. Beaucoup plus que l'ensemble de la catégorie des Belles-Lettres dont elle fait partie.

*La question des genres de fiction*

Si toutefois elle existe, c'est grâce aux genres dramatiques qui constituent les 2/3 de la fiction[9] en moyenne annuelle, le théâtre bénéficie de 6.6 comptes rendus (CR) entre 1656 et 1760, de 22 CR de 1766 à 1770, et de 32 entre 1780 à 1785; les genres romanesques sont moins bien traités: ils obtiennent des moyennes successives de 3.2 CR, puis 4.5, enfin 9.3 très nettement inférieures à celles du théâtre. Traités en termes de surface rédactionnelle, ces comptes rendus peuvent être comparés aux autres composantes des Belles-Lettres: à l'aune commune[10] des articles consacrés ou pris à *L'Encyclopédie*, la hiérarchie des rubriques 'littéraires' est la suivante: les Discours (académiques, politiques ou autres) bénéficient d'un exposant de 82, le théâtre de 47, la poésie de 31, et le roman de 23. Les arts du langage (éloquence et versification) sont nettement préférés à l'art romanesque. Dans le domaine de la fiction, seul le théâtre retient donc l'attention de la revue plus que les autres genres.

Deux raisons au moins expliquent un tel choix: d'une part la tradition rhétorique résumée par Boileau dans son *Art poétique* qui fait de la tragédie et de la comédie les deux genres majeurs de la poésie[11]; de l'autre, l'autorité d'un Voltaire qui voyait dans le genre dramatique, bien plus que dans les fictions romanesques, le symptôme de la bonne santé littéraire d'une société et le symbole irréfutable d'une civilisation supérieure. Dans le sillage de ces autorités, le *J.E.* s'acharne à démontrer que la 'philosophie' des Lumières ne

---

9 J'ai dénombré 400 titres de fiction (théâtre et roman) dans le *J.E.* entre 1756 et 1786; en pourcentages, la première période en regrouperait 33.25%; la seconde, 19%; la dernière, 47.5%.

10 D'une manière un peu arbitraire mais suggestive pour des historiens de la culture du 18ème siècle, nous avons constitué ces articles en base 100.

11 Reprenant l'idée voltairienne de Civilisation définie par sa culture littéraire et artistique plus que par la gloire de ses entreprises guerrières, le journal accorde la palme de l'honneur au théâtre: 'l'espèce des poètes dramatiques fait la plus grande gloire de notre nation.' (janvier 1778, p. 103)

conduit pas à l'extinction ou à l'exclusion de la littérature d'imagination[12] de qualité que le théâtre représente le plus royalement; il ne supporte pas en effet la menace, plus ou moins ressentie et reconnue par les grands esprits du moment, d'une décadence théâtrale amorcée, selon un d'Alembert bien pessimiste, vers 1750[13]: 'Si ce dernier arrêt de M. d'Alembert n'est pas un peu sévère tout est donc perdu pour nous dans la littérature: un talent, un art ne disparaissent guère d'une nation, sans entraîner les autres avec eux; la menace d'une indigence si générale n'est-elle pas trop effrayante?' (1 mars 1778 p. 276). Pour combattre une telle menace, P. Rousseau ne cessera d'inciter les jeunes auteurs à se lancer dans la production théâtrale. Il suivra avec bienveillance et rigueur les essais d'un Belloy, Lemierre, Dorat, Cailhava, Arnaud, Mercier, etc. et les invitera à se lancer dans la carrière et à se perfectionner dans cet art noble; Cailhava n'avait-il pas avoué au *Mercure de France* combien les journalistes pouvaient inciter les jeunes auteurs à écrire pour le théâtre? Le *J.E.* se plut à reproduire cette lettre dans un numéro de 1778 (p. 136). Ce n'était pas une décision circonstancielle; déjà en 1770, il soulignait la permanence de son souci didactique: 'Nous avons exhorté plusieurs fois les jeunes auteurs qui se destinent au théâtre de s'essayer à mettre en scène quelque trait ou situation heureuse et frappante de l'histoire ou quelque situation comique ou circonstance de la vie d'après un caractère donné. Ce seraient des ébauches des grands tableaux qu'ils se préparent à mettre au théâtre.' (mars, p. 127) En 1781, il osait conseiller à La Harpe de modifier la fin de sa tragédie *Philoctète*, trop éloignée, à ses yeux, des habitudes françaises[14].

Son inquiétude esthétique le conduisit à soutenir avec ferveur et constance, l'art théâtral, malgré le nombre grandissant de ses déceptions[15];

---

12  Dans le domaine plus restreint de la poésie, défendue avec autant d'acharnement par le *J.E.*, en dépit des sarcasmes dont elle était la cible depuis Fontenelle, Fénelon et Houdart de la Motte, voir notre étude intitulé *Le discours sur la poésie dans le J.E. de 1756 à 1760*, parue dans *Œuvres et Critiques*, 'Lectures de la poésie du XVIIIème siècle. (VII, 1, 1982, p. 35-44)

13  D'après un discours de réception à l'Académie française en 1777 qui recevait dans ses rangs l'abbé Millot.

14  La Harpe avait eu recours, sur le modèle de Sophocle, à une intervention directe d'un personnage mythologique, Hercule, pour fléchir l'implacable refus de Philoctète, après son exil à Lemnos décidé par Ulysse, de participer à la guerre de Troie: pour le critique du *J.E.*, le ressort moral de la gratitude aurait été suffisant. (1 mai 1781, p. 501)

15  Par exemple, en 1757, sur 25 pièces recensées, 14 font l'objet d'un compte rendu: 3 tragédies sont déclarées imparfaites; sur 3 drames, 2 sont à peine supportable, et sur 8 comédies, 2 seulement sont applaudies. En 1758, la situation ne s'améliore pas: sur 4 tragédies, 3 sont ratées, et la quatrième n'est qu'en prose, ce qui lui ferait perdre les trois quarts de son charme (sur cette question de recours à la prose dans les genres poétiques au 18ème siècle, voir ma contribution au colloque clermontois consacré aux 'origines du poème en prose, la prose poétique' (16 février 1996) sous le titre *Poésie sans prosodie? Hésitation et réticence dans la critique littéraire du Journal Encyclo-pédique (1756-1786)*; sur 15 comédies, 5 paraissent acceptables, et des 2 drames retenus, seul celui de Diderot est apprécié, surtout à cause de son auteur.

c'est pourquoi, il s'efforça de rendre compte de la plupart des publications et d'envoyer des correspondants sur la plupart des scènes françaises et étrangères; s'il est vrai que son intérêt allait de préférence à la tragédie et à la comédie, il essaya toutefois de ne pas négliger les formes plus modernes du drame, même dans ses variantes sombres ou sentimentales.

*Les œuvres théâtrales*

Les tragédies (y compris les tragédies lyriques) figurent en moyenne de 3 à 6 fois par an dans les pages du journal, les comédies (y compris les opéras comiques, les divertissements, les ballets et parades, les pastorales) 3 à 8 fois, alors que les drames ne dépassent pas la moyenne de 1 à 2 CR par an[16]. Il convient de préciser que certains auteurs n'hésitaient pas à jouer sur les désignations génériques et à appeler drames des tragédies en prose et qu'en sens inverse quelques pièces formellement estampillées 'tragédie' n'étaient sous la considération des règles que des drames; au grand regret du critique les limites génériques commençaient à perdre leur signification esthétique pour devenir davantage des enseignes commerciales ou idéologiques; le journaliste craint d'assister à une raréfaction de la tragédie, et même à son angoissante disparition, symptomatique selon lui d'un 'épuisement de l'esprit poétique qui ne jette plus de nos jours que quelques pâles étincelles' (octobre 1759, p. 34); il ne désespère pas encore complètement parce qu'il discerne dans les productions contemporaines les œuvres de Voltaire ou de Crébillon-père; mais, ajoute-il lucidement, 'ils semblent moins appartenir à ce siècle philosophe qu'au siècle du goût qui avait commencé à Louis XIV et qui a fini depuis quelques années.' (*ibid.*)

*Les œuvres romanesques*

L'une des raisons de son malaise tient à l'apparition troublante du drame mais aussi à l'extraordinaire popularité du roman. Dès la fin de l'année 1757, le journal détectait 'la fureur des romans qui règne aujourd'hui' et qui, pis encore, dénaturait les sujets les plus historiques en mêlant au récit de vies réelles 'des coups de baguette', des fictions dignes du beau sexe, affirmait-il en présentant les biographies de Cléopâtre et d'Octavie publiées par Sarah Fielding (septembre 1757, p. 90). Autant 'une bonne tragédie, une bonne

---

Enfin en 1759, rien ne s'arrange: 6 tragédies ratées sur 6; 4 comédies réussies sur 15 réper-toriées.

16   Les chiffres sont les suivants: pour le genre tragique, on dénombre 14 titres entre 1756 et 1760; autant entre 1769 et 1770; 36 entre 1780 et 1785; pour la comédie aux mêmes dates respectivement: 13, 11, 48; enfin pour les drames: 5 seulement d'abord, puis 12 à la fin.

comédie... doivent occuper une place distinguée dans un journal même philosophique' (novembre 1757, p. 16), autant il se montre réticent à l'égard de ces 'romans insipides qui gâtent l'esprit en corrompant le cœur' et qui 'manquant le but si louable de persuader la morale, répandent sur le fond hideux du vice des fleurs à pleines mains et en relèvent la difformité par les plus belles couleurs.' (octobre 1759, p. 34). Et pourtant, il sait que le public proteste contre son sérieux: 'On nous avertit dans ce moment, avoue-t-il un an après le lancement du premier numéro, que les articles de sciences fatiguent une partie de nos lecteurs'; mais il réplique vertement: 'Faut-il qu'un journaliste languisse et végète pour ainsi dire, dans les parties inférieures et l'empressement du public bien mal fondé' (1 janvier 1757, p. 28). En ce début d'année 1757 qui voit se développer le mouvement encyclopédique, son optimisme intellectuel le pousse à se montrer sévère pour la fiction romanesque: 'Profitons de ces heureuses dispositions du cœur humain (favorable à l'Encyclopédie) pour bannir ces romans et toutes ces petites brochures qui ne sont pas la peinture des mœurs et ne renferment aucune leçon utile.' (15 janvier 1757, p. 4). Il distingue ainsi deux degrés de frivolité: la frivolité vaine et la frivolité saine par le délassement qu'elle apporte à l'intellectuel et par la compréhension du cœur humain qu'elle facilite.

## Les origines nationales

Le journaliste avait raison de renforcer ses défenses à l'encontre de toute séduction facile car son ouverture aux littératures étrangères[17] n'atténuait pas son impression d'être victime d'agressions esthétiques caractérisées. Nouvelles comédies nouvelles tragédies et romans de nouvelle facture y naissaient à profusion; ses correspondants installés à l'étranger ne lui épargnaient aucune émotion, aucune appréhension.

Ainsi entre 1756 et 1760, sur 44 titres répertoriés dans la production romanesque, 13 sont d'origine anglaise et 4 sous influence anglaise[18] (soit environ 39% des titres); entre 1769 et 1770, 17 titres venaient d'Angleterre sur les 38 romans retenus (soit environ 45% du total); enfin entre 1780 et 1786, sur 28 titres, 9 seulement sont d'origine anglaise; le critique constate que la production romanesque française lui fournit suffisamment d'occasions à elle seule pour donner une place décente au genre romanesque: l'influence anglaise a imposé le roman comme un genre littéraire inévitable en France même et, comble de désolation ou de dérision, dans l'un des bastions de la

---

17  Elle faisait partie de son projet éditorial, à l'exemple du *Journal étranger* dont le numéro date de 1754.
18  Soit parce qu'ils proviennent d'une traduction à la française, soit parce qu'ils recourent à des personnages anglais inclus dans une histoire anglaise.

résistance esthétique menée avec acharnement au nom de la qualité et de la dignité (noblesse) des Belles-Lettres[19].

Il en va presque de même dans le domaine théâtral: les concurrences italienne, allemande, espagnole ou antique ne réussissent pas à restreindre la présence constante et forte du théâtre anglais dans les pages du *J.E.* au cours des premières années tout au moins; car, ensuite, le journal est davantage requis par la nécessité de lutter contre l'influence du mauvais goût que le drame a introduit sur la scène française: 'Nous observons à cet égard que, lorsque nous nous sommes élevés dans ce journal contre les drames sombres, nous pensions comme l'auteur de la lettre (préface de la comédie *La manie des drames sombres*[20] du Chevalier de Cubières-Palmaizeau) et que nous n'avions garde de nous déclarer précisément et sans exception, contre toutes les pièces de ce genre, qui a été connu même de Térence, mais qu'il était plus aisé aux personnes qui avaient fait naître nos observations critiques, de nous accuser d'un dégoût indéfini que d'avouer leur éloignement pour la belle et simple nature dont elles défiguraient jusqu'au langage.' (*loc. cit.*, p. 121)

## III. La réaction esthétique

Devant la médiocrité dramaturgique qui lui paraît envahir la scène française, le *J.E.* ressent la crainte de la voir désertée par les jeunes écrivains français, et plus encore la crainte de voir le roi des genres littéraires abandonné; il renforce donc sa vigilance en faveur du respect des règles[21] susceptibles de

---

19   S'il veut bien une fois accorder une louange à un roman, le critique ne le fait que du bout des lèvres; ainsi à la lecture du roman de Madame Benoît, *Mes principes*, (Amsterdam, 1758), il accompagne son appréciation d'une moue de condescendance appuyée, en parlant de sa 'petite espèce de mérite' (juin 1759, p. 115). Mais en règle générale, il répète inlassablement son hostilité au genre en rapport avec son sentiment de décadence littéraire qui affecterait son temps: '*Le goût du siècle pour les romans, les historiettes, les aventures galantes etc. est si fort répandu et si dominant chez les Anglais que les presses ne cessent de mettre au jour des productions de cette espèce. Bonnes ou mauvaises, elles sont dévorées avec une avidité étonnante. Dans une ville aussi immense que Londres, il se trouve un si grand nombre de gens oisifs et d'esprits médiocres qu'il est dans l'ordre qu'ils aient aussi de quoi amuser leur frivolité par les lectures qui lui soient proportionnées.*' (2 mai, p. 144-145).
Sur cette question des rapports du *J.E.* avec son temps, voir ma contribution à la table ronde organisée par Sylvain Menant ('Le moderne comme ressource critique au 18ème siècle') dans le cadre du colloque consacré à 'la Modernité' par P. Brunel et M. Couzet (Sorbonne, 11 janvier 1996) sous le titre: 'la modernité dans la critique littéraire du *J.E.* entre 1756 et 1786'.
20   Elle fut représentée le 29 octobre 1777, et son compte rendu parut dans le journal le 1 avril 1778 (p. 121).
21   Il est arrivé au critique littéraire du *J.E.* de nuancer sa défense crispée des règles, sous l'influence de Diderot; à la publication de *La mort de Socrate*, il avoue qu'il aurait fally 'secouer le joug des règles d'Aristote trop austères lorsqu'on les suit dans la dernière précision' et reconnaît que 'la carrière de l'art est beaucoup plus étendue que

préserver et de maintenir la haute dignité du genre tragique[22] et la vraie gaîté du genre comique[23]; il multiplie ses encouragements à l'égard des auteurs, et tout en martelant ses attaques à l'encontre du drame, il évite de donner à croire que le théâtre serait victime d'une décadence méritée; il s'évertue, en particulier, à protéger le monde du spectacle des soupçons qu'un J.-J. Rousseau avait réussi à répandre grâce à sa *Lettre à d'Alembert*: 'Attaquer les comédiens par leurs mœurs, c'est en vouloir à tous les états; attaquer le spectacle par ses abus, c'est s'élever contre tout genre d'instruction publique' (mai 1769, p. 48). Il n'hésite pas, l'urgence d'une défense active lui paraissant incontestable, à recourir à l'autorité anglaise en la matière, à l'acteur Garrick[24]; comme s'il percevait la menace d'une atténuation de la discipline et des règles, préjudiciable au monde théâtral tout entier, il rappelle les contraintes de la réussite esthétique opposées aux croyances et postures qu'il découvre dans le goût récent de ses contemporains: 'Seul le génie, soumis à des principes réfléchis, modère la véhémence indiscrète, permet quelques hardiesses aux passions et fait sentir à l'acteur qu'un beau naturel peut aller loin dans sa sphère et s'égarer' (mai 1769, p. 48). Alors que se développent, autour de lui et mal gré qu'il en ait, les genres noirs et larmoyants au théâtre comme dans le roman, alors que la prose s'empare des territoires traditionnellement dévolus et réservés au langage versifié (poèmes, tragédies)[25], le critique refuse de céder au torrent de l'expression

---

ne le pensent des esprits serviles.' Mais tout en acceptant le bien-fondé d'une revendication qui prétendait à davantage de liberté artistique, il revient à son souci des règles par le biais de l'exemple anglais, du 'mauvais exemple' anglais devrait-on dire; il oppose, en effet, 'le bizarre effort' du génie trop hardi des auteurs anglais qui auraient 'donné atteinte aux règles fondées sur la nature plus que sur le caprice' à l''esprit philosophique' grâce auquel 'on est enfin sorti de cette enceinte étroite où l'art avait été confiné par les premiers chefs d'œuvres qu'enfanta le Génie.' (15 mai 1759, p. 129) La référence à l'esprit philosophique permettait de concilier les préférences conjoncturelles particulières à une époque de l'esprit humain ou d'une société, ces 'caprices du goût' que nous dénommerions aujourd'hui 'la mode' et les règles de la nature qui subsisteraient comme ultimes garanties dressées contre les audaces arbitraires d'imaginations incontrôlées.

22    A la représentation de *Mélanie*, le critique se montre agacé par les innovations sentimentales de La Harpe; sa plume devient satirique: 'Bourgeois, novices, de couvent, curés au lieu de rois, de princesses malheureuses, d'un Calchas sont des personnages peu agréables à Mélpomène. Jamais Corneille ni Racine, ni Voltaire n'ont imaginé abandonner la scène à de tels acteurs' (15 mai 1770, p. 86)

23    Même s'il a momentanément semblé applaudir, en 1757, la comédie larmoyante, il saisira, dès 1758, l'occasion que lui donnera une comédie en cinq actes et en prose, *La fille d'Aristide*, pour revenir sur la question du respect des genres: 'Si de très bonnes Comédies de grands auteurs ont fait verser des larmes au parterre, ce n'est que dans quelques scènes et comme en passant; mais ils n'en ont point fait le fond de la comédie qui dès lors n'en serait plus une.' (juin 1758, p. 137)

24    Il rend compte d'un livre italien *Garrick ou les acteurs anglais*, par A.F. Sticcoti (mai 1769, p. 48); signalons que la revue avait publié une biographie inédite de l'acteur en 1765, et qu'elle n'oubliera pas sa Notice nécrologique à sa mort en 1779.

25    Sa tête de turc dans le domaine esthétique de la prose et des vers fut, sans discontinuer, Houdart de la Motte: 'Si la Mothe eût pu faire venir la mode des

sentimentale dans laquelle il décèle un affaiblissement et même une trahison des caractéristiques épiques (l'héroïsme), rationalistes (la volonté) et rhétoriques (l'éloquence simple et sublime) de la tradition esthétique française; trop de tragédies sont traitées avec plus d'esprit, capable seulement d'un 'faible coloris' (juin 1758, p. 121) que de ce génie doté des 'accents mâles et énergiques' indispensables à la belle littérature: 'L'héroïsme,précise le rédacteur, est la réunion des idées les plus justes et les plus sublimes assorties aux sentiments les plus nobles et les plus élevés d'une âme vraiment vertueuse'. (juillet 1758, p. 144)

Pour parvenir à ce niveau de perfection, il n'est pas suffisant de se frapper sur le cœur où le génie ne se trouve pas; il est indispensable de recourir à 'l'art poétique': 'l'art du théâtre est une science, il faut l'étudier comme une science.' (mai 1769, p. 50)

## Conclusion

La critique littéraire du *J.E.* est soumise, au cours de ces trente années, à une pression esthétique qu'il a la ferme volonté de contrôler; la poussée des genres sentimentaux, dans la fiction théâtrale et romanesque, le désole: il redoute que les forces de ce qu'il résume parfois sous le vocable dépréciatif d''imagination', n'emporte tout sur son passage et signe la mort d'une culture classique qui, malgré (et parallèlement à) ses ouvertures modernes dans le domaine de la raison, reste à ses yeux une référence intangible: ce sanctuaire de la beauté n'accepte qu'une seule attitude: la révérence, comme si l'esthétique était devenu le dernier temple protégé des assauts perturbateurs d'un temps instable, 'inconstant' pour reprendre le mot d'alors. Il préféra toujours adopter en littérature la 'sévérité d'un examen réfléchi' (juin 1758, p. 123), quitte à partager avec l'auteur 'la peine que peut causer la sévérité de la critique' (15 octobre 1758, p. 137) plutôt que de s'en remettre au plaisir immédiatement ressenti. On comprend pourquoi il ne fut pas insensible aux propos inflexibles d'un Hume déclarant: 'malgré toutes les variations et tous les caprices du goût, il y a des principes certains d'approbation et de blâme, dont un esprit curieux et attentif peut suivre les opérations. Mais pour saisir ces principes, il faut que les organes ne soient point altérés.' (*J.E.*, septembre 1759, p. 19) La santé de l'esprit serait assurée par la prééminence de l'entendement sur l'imagination, trop vite invitée à leur table par les jeunes auteurs contemporains: 'Toute science tend par elle-même à distinguer le vrai du faux, et cette notion guide l'homme au plus

---

tragédies en prose, nous sommes persuadés que Madame de Graffigny aurait fait de Cénie et de La fille d'Aristide deus pièces admirables', avance-t-il de façon peut-être un peu moqueuse. (juin 1758, p. 137). Sur cette question, voir J. WAGNER: 'Une poésie sans prosodie au 18e siècle? Hésitations et réticences dans le JE', in *Aux origines du poème en prose*, Champion, 1998.

grand bonheur dont il soit susceptible, quoiqu'elle ne l'y conduise pas
toujours en effet... Un tel écart vient de ce que nous confondons les
opérations de l'entendement avec celles de l'imagination. Les grands
hommes se distinguent par la bonne conduite de leurs facultés intellectuelles
au lieu que les hommes ordinaires confondent l'entendement avec
l'imagination.' (août 1786, p. 379).

Malgré sa vocation savante, le *J.E.* accepta d'introduire la fiction dans
ces pages[26], à la condition expresse qu'elle ne modifierait pas le paysage
esthétique du rationalisme classique dans ses profondeurs, laissant à
l'entendement le droit et le devoir de tracer la frontière infranchissable et
rassurante de la nature. Or ni le théâtre sentimental ni les romans noirs de son
temps ne lui paraissaient respecter cette loi fondamentale.

Il n'est pas interdit de penser qu'il existe un lien direct entre ce type de
conservatisme esthétique et la critique religieuse (ou autre) du libertinage à
ces dates, et que le classicisme commençait à devenir un dispositif discursif
armé pour lutter contre les mouvements modernistes de moins en moins
sensibles à l'autorité de la tradition.

---

26   Il lui arriva d'être traité de 'Remontreur' par un lecteur parisien très âgé, un certain
      Bastien, contemporain, semble-t-il, de l'acteur Baron, parce qu'il n'appréciait qu'un
      nombre infime de pièces ou de romans modernes. Toutefois, en esprit formé au
      sensualisme diffus de son époque, le journaliste n'est pas idéaliste au point de rejeter
      l'imagination qui apporte un supplément de plaisir à l'honnête homme, et à défaut, au
      moins un délassement indispensable à l'hygiène mentale: comme il a dû l'apprendre,
      à l'Académie de Toulouse qui en avait fait le sujet de l'un de ses concours en 1745, il
      n'était pas souhaitable d'être confondu avec l'un de ces 'philosophes trop austères
      qui regarderaient comme au-dessous d'eux de parer les vertus des attraits de la fiction
      de du charme heureusement imposteur de la peinture' (15 juin 1770, p. 425).

Simon DAVIES
The Queen's University of Belfast


# Fiction française et presse anglaise
# — quelques réflexions


J'aborde ici le sujet de la présence de la fiction française dans la presse anglaise ou plutôt britannique du dix-huitième siècle. Je n'ai pas la prétention de proposer une étude exhaustive ou définitive de la question, gageure qui dépasserait mes compétences. Il s'agira d'une contribution modeste où mon ambition sera de jeter un coup d'oeil sur la situation actuelle de la question et peut-être de proposer de nouvelles lignes de recherche. Cette étude comportera trois volets. Pour commencer j'exposerai brièvement la présence de la fiction française dans les périodiques de la deuxième moitié du siècle. Puis je considérerai la réaction de deux grands périodiques, *The Gentleman's Magazine* et *The Monthly Review*. Ensuite je me pencherai sur les raisons qui ont pu mené à un long compte rendu sur un texte méconnu de nos jours.

Il convient tout d'abord de constater l'intérêt qu'on portait outre-Manche à la littérature française. Malgré les conflits politiques et religieux, les insulaires désiraient se familiariser avec la culture prestigieuse de leurs voisins. Cette tendance se réflète dans les trois bibliographies de référence pour le roman anglais du dix-huitième siècle, celles où figurent aussi les traductions des textes français[1]. Robert Mayo qui a consacré une étude à la présence du roman anglais dans les périodiques a également souligné l'importante contribution de la fiction française[2]. Et pourtant dans le cadre de cette enquête, c'est Josephine Grieder qui a fourni l'apport le plus précieux. Elle a publié, il y a vingt ans déjà, une monographie qui semble peu connue[3]. Dans ce travail, elle a dépouillé tous les périodiques britan-niques publiés entre 1760 et 1800. Ce dépouillement est axé sur la présence des traductions des textes français d'ordre sentimental, il est donc évident qu'il n'est pas global. Il n'en reste pas moins que, étant donné la vogue de la sensibilité,

1 William Harbin McBurney, *A Check List of English Prose Fiction 1700-1739*, Cambridge, Harvard University Press, 1960; Jerry C. Beasley, *A Check List of Prose Fiction Published in England*, Charlottesville, University Press of Virginia, 1972; Andrew Block, *The English Novel, 1740-1850*, London, Dawson, revised edition 1961.
2 Robert D. Mayo, *The English Novel in the Magazines 1740-1815*, Evanston, Northwestern U. P., 1962, p. 8.
3 *Translations of French Sentimental Prose Fiction in late eighteenth-century England: the History of a Literary Vogue*, Durham N.C., Duke U.P., 1975.

s'en dégage un tableau assez fidèle de l'accueil de la fiction française. Quelles sont les leçons qui ressortent de cette enquête? Bien qu'il y ait des extraits, on ne s'étonne pas de trouver l'insertion de nombreuses traductions d'ouvrages courts: contes, nouvelles, fables. Grieder a répertorié des textes français trouvés dans plus de cinquante périodiques. Les grandes revues publiées à Londres ou à Edimbourg mises à part, elle a réussi à dénicher des textes parus dans des publications provinciales telles que le *Berwick Museum*, le *Bath and Bristol Magazine*. On peut compter trente-trois auteurs dans son répertoire (le choix d'auteurs de la première moitié du siècle fait exception par ex. Mme de Tencin). Dans la plupart des cas, c'est la longueur des textes qui a joué un rôle déterminant dans la sélection. Parmi ces trente-trois auteurs, je n'en ai trouvé que quatre qui ont eu l'honneur de se voir traduire plus de dix fois. Qui sont les membres de ce Panthéon? En quatrième position on trouve Bricaire de la Dixmérie qui bénéficie de vingt-trois citations. On doit décerner la médaille de bronze à Baculard d'Arnaud dont les ouvrages ont été publiés vingt-sept fois. C'est le succès fabuleux de Florian qui lui vaut trente-cinq insertions et la médaille d'argent. Cependant le premier au palmarès est Marmontel, qui a recueilli, lui, quatre-vingt-sept suffrages et une médaille d'or bien méritée. Le public anglophone a donc accès aux mêmes auteurs à succès que leurs homologues français. Les lecteurs des deux côtés de la Manche paraissent avoir le même goût pour les héros et héroïnes sensibles. Il faut noter, par contre, pour ceux qui ne savent pas lire le français ou n'achètent jamais de traductions complètes des romans, qu'ils ont forcément des connaissances partielles de la vaste production française. Le nom de Laclos leur est inconnu comme l'est celui de Restif de la Bretonne. Ils connaissaient sans doute le nom de Rousseau et auraient pu lire quelques extraits traduits tirés de *La Nouvelle Héloïse* qui figuraient dans quatre périodiques en 1761[4]. Finalement, il serait dommage de quitter cette section sans faire allusion à un périodique qui a été imprimé à Dublin en 1777-1778, *Le Magazin à la Mode*. C'est un périodique rédigé en français où l'on présentait, entre autres choses, des extraits, y compris des passages tirés des *Incas* de Marmontel[5].

Passons maintenant à l'examen de la réaction critique à la fiction française. On a proposé qu'en Angleterre la fiction commençait à connaître une plus grande réputation auprès du public au milieu du dix-huitième siècle[6]. Dans ce cas il me semble intéressant d'établir un parallèle entre l'accueil de la fiction française dans deux des périodiques les plus réputés de

---

4    Grieder, p. 114. Pour l'accueil de *La Nouvelle Héloïse*, voir Henri Roddier, *J.-J. Rousseau en Angleterre au XVIIIe Siècle*, Paris, Boivin, 1950, pp. 64-70.

5    Grieder, p. 107. Voir Máire Kennedy, 'The Distribution of a Locally-Produced Periodical in Provincial Ireland: The *Magazin à La Mode*, 1777-1778', *Eighteenth-Century Ireland*, vol.9, 1994, pp. 83-98. Des extraits tirés des *Letters from Lord Rivers to Sir Charles Cardigan* sont cités à la une du *Belfast News-Letter* (21-24 juillet 1778).

6    Mayo, p. 169.

l'époque, *The Gentleman's Magazine* et *The Monthly Review.* Je vais les considérer pendant une période de douze ans, dès 1749 jusqu'à 1761, c'est-à-dire depuis la fondation de la *Monthly* en 1749 jusqu'à la publication de *La Nouvelle Héloïse.* Le *Gentleman's* a été le périodique le plus populaire du siècle. Il a été créé en 1731 par Edward Cave. Parmi ses premiers collaborateurs on peut nommer Samuel Johnson. Ce périodique s'est établi de façon solide et on se gaussait souvent dans les éditoriaux au début de l'année du taux de mortalité de ses concurrents. Ce n'est que dans les années'40 que le *Gentleman's* a commencé à s'occuper régulièrement du théâtre, qu'il a même fourni des précisions concernant l'évolution du théâtre en France et fait des remarques au sujet des tragédies de Voltaire. Mais Lennart Carlson, l'historien du *Gentleman's,* affirme que ce périodique n'a contribué ni au développement du roman ni à son appréciation[7]. En effet, dans les années'50, les numéros du *Gentleman's* n'offrent pour la plus grande part que des catalogues qui recensent les nouvelles traductions. Néanmoins dans le numéro de janvier 1761 on trouve une lettre d'un correspondant qui signale la publication de *La Nouvelle Héloïse* par le 'celebrated M. Rousseau'. Il fait l'éloge du nouveau roman en affirmant que 'the various subjects that are most interesting in private life are treated in a masterly manner, and the story which is simple is conducted with an air of truth and nature that is seldom to be met with in this kind of writing' (p. 34). Quelques pages plus loin, se trouve la traduction de la lettre de Saint-Preux concernant les Parisiens (pp. 62-68). Il existe, quand même, une grande exception au sujet duquel quelques remarques s'imposent. Il s'agit d'un compte rendu de 1749 qui est une traduction de commentaires parus à Amsterdam. La source, qui n'est pas citée dans le *Gentleman's,* a été identifiée. Ces commentaires ont été tirés de la *Bibliothèque raisonnée des ouvrages des savans de l'Europe* (XL11, 1749, pp. 324-336) et ont été écrits par Albrecht van Haller[8]. Cette traduction du compte rendu a été publiée en deux parties, en juin, puis en août (pp. 245-246, pp. 345-349). Ce compte rendu vaut la peine d'être analysé à plusieurs titres. Il faut constater tout de suite qu'il s'agit d'un exercice de littérature comparée puisqu'on entreprend de peser les valeurs respectives de *Clarisse* et de *Marianne.* En guise d'exorde, le *Gentleman's* fait parade d'un certain chauvinisme en signalant le traitement favorable du roman anglais avant de présenter le texte. Selon Haller 'The most applauded of the French romances are generally no more than representations of the illustrious persons' (p. 245) et tout ce qui concerne la vie privée est supprimé. Dans les écrits français c'est l'amour qui domine au détriment de toutes les autres qualités. Mais il avoue que 'Marivaux endeavour'd to bring back his countrymen to nature. His *Marianne* and his *Paysan parvenu* are paintings after life; in these the

---

7    *The First Magazine: a history of the Gentleman's Magazine,* Providence, Brown University Press, 1938, p. 127.
8    T. C. Duncan Eaves and Ben D. Kimpel, *Samuel Richardson: a biography,* Oxford, Clarendon Press, 1971, pp. 290-291.

author speaks less, and his characters more' (p. 245). Le critique fait ressortir l'importance de la religion chez Clarisse, 'her duties towards God (never found in *French* romances)' (p. 246). Il émet aussi des jugements perspicaces sur les aspects techniques de la narration dans le roman-mémoires et le roman épistolaire (p. 345). Or le grand succès de *Clarisse* auprès du public anglais est bien connu mais il ne faut pas passer sous silence l'attention prêtée à *Marianne*. A-t-on le droit de suggérer que le roman de Marivaux était également bien connu en Angleterre, étant donné que le *Gentleman's* n'a pas fourni de notes explicatives? On se rappelle que le roman de Marivaux a été publié en plusieurs parties de 1731 jusqu'à 1742 et ceux qui n'ont pu lire la version originale auraient pu consulter des traductions qui commençaient à paraître dès 1736. Il s'ensuit que si l'on avait tort de contester le jugement de Carlson déjà noté, le *Gentleman's* a quand même diffusé dans le domaine public des commentaires riches et suggestifs qui ont dû éveiller la curiosité de ses abonnés.

Pourtant si l'on veut prendre en compte un périodique qui a incontestablement joué un rôle dans le développement du roman, il convient de considérer *The Monthly Review*. Ce périodique a été lancé au mois de mai 1749 par Ralph Griffiths. Griffiths avait déjà publié une version expurgée du célèbre roman de John Cleland, les *Memoirs of a Woman of Pleasure*. Il avait fait une carrière de pamphlétaire politique, un aspect de son activité sur lequel je reviendrai plus loin. Depuis deux ans il était établi comme libraire à Londres[9]. A cette époque il n'y avait pas de revue litté-raire en Grande Bretagne qui paraissait de façon régulière[10]. La *Monthly* présentait des comptes rendus de livres publiés à l'époque et venant d'horizons très divers. Sa formule a réussi parce que Griffiths a passé plus de cinquante ans à la tête du journal, jusqu'à sa mort en 1803. Comme collaborateurs il a réuni une équipe de spécialistes quoique les comptes rendus n'aient pas été signés. Pour le théâtre par exemple, il a embauché Arthur Murphy, auteur dramatique et traducteur de *L'Orphelin de la Chine* de Voltaire. Quant au roman, il y avait plusieurs critiques dont Griffiths lui-même. Pour la littérature étrangère, plus tard, il semblerait qu'il ait reçu des comptes rendus de la part des pasteurs d'églises anglicanes résidant à l'étranger[11].

Avant de présenter des analyses des comptes rendus de quelques romans, il me semble souhaitable de faire quelques remarques sur le traitement d'autres textes français. Tout d'abord il faut noter que, de temps en temps, on analyse des versions originales. En octobre 1750 il y est question de *l'Essai de Cosmologie* de Maupertuis (pp. 431-437). En juillet 1752 on se penche sur *l'Encyclopédie ou Dictionnaire raisonné* de Diderot et

9    *British Literary Magazines: the Augustan Age and the Age of Johnson, 1698-1788*,
      ed. Alvin Sullivan, Westport/London, Greenwood Press, 1983, p. 232.
10   Ibid., p. 231.
11   Benjamin Christie Nangle, *The Monthly Review, First Series 1749-1789: indexes of
      contributors and articles*, Oxford, Clarendon Press, 1934, p. ix.

d'Alembert (pp. 66-71). On trouve des citations tirées de *L'Orphelin de la Chine* dans le numéro de décembre 1755 (pp. 493-505) et des *Philosophes* de Palissot dans le numéro d'octobre 1760 (pp. 318-322). On commente les traductions d'ouvrages philosophiques avec souvent des citations à l'appui. Ce sera le cas des *Pensées diverses: or Miscellaneous Thoughts in French* d'Ange Goudar (avril 1750, pp. 433-441), *The History of the Parliament of England* de l'abbé Raynal (novembre 1751, pp. 435-451), *An Essay on the Origins of Human Knowledge* de l'abbé de Condillac (juillet 1756, pp. 43-57 et août 1756, pp. 106-104), *A Letter from Mr Rousseau of Geneva to Mr d'Alembert* (février 1759, pp. 115-134), *De l'Esprit; or, Essays on the Mind* d'Helvétius (juin 1759, pp. 521-533 et juillet 1759, pp. 89-105). Les productions diverses de Voltaire sont toujours les bienvenues: *The Age of Lewis XIV* (août 1752, pp. 116-131 et septembre 1752, pp. 161-183); *A Defence of the late Lord Bolingbroke's letters* et *Diatribe of Dr Akakia* (février 1753, p. 141); *An Epistle of Mr de Voltaire, upon his arrival at his estate near the lake of Geneva, in March, 1755* (octobre 1755, pp. 285-287); *The Maid of Orleans* (octobre 1758, p. 309). On note aussi, bien entendu, la parution des contes: *Micromégas* (novembre 1752, p. 376); *Zadig, Memnon, Babouc* (février 1754, p. 148); *The History of the Voyages of Scarmentado* (février 1757, p. 180); *Candid* [sic]*, or all for the best* (juillet 1759, pp. 83-85). La dernière phrase de l'analyse de *Scarmentado* résume la portée du conte d'une manière convaincante: 'To ridicule the characteristical foibles of different nations, particularly religious bigotry, and persecution'[12]. La réaction à *Candide* est loin d'être favorable bien qu'on établisse tout de suite un parallèle intéressant et qui sera vite rebattu: 'The misanthropy of Swift and Voltaire seem to have arisen from nearly the same motives, and to be productive of similar effects. The detestable story of the *Yahoos* and the abominable one of *Candid*, bear so near a resemblance'. On résume le conte ainsi:

> ...it may not be improper just to observe that this little work is a kind of moral (or, as some might perhaps rather chuse to call it, an *immoral*) romance, wherein the author ridicules many absurd notions, with much spirit and (strange as it may seem in a Frenchman) with some strokes of true humour: the chief point laboured at through the whole, being to invalidate the opinion of some philosophers, respecting the moral and providential oeconomy of the universe viz. *all is for the best.*

Pour donner une idée de la réaction critique aux traductions des romans j'ai fini par décider de diviser mes observations en deux sections: d'abord les comptes rendus défavorables et mitigés et puis ceux qui sont favorables. Tout d'abord je tiens à souligner l'importance de la qualité de la traduction, ou

---

12  L'accueil réservé à *Scarmentado* n'est pas cité dans la grande étude d'André-Michel Rousseau, *L'Angleterre et Voltaire, Studies on Voltaire and the eighteenth century*, vol. 145-147, 1976. Pour la fortune des contes, voir pp. 599-642.

peut-être de l'adaptation. Je n'ai pas eu la possibilité de vérifier la qualité de
ces traductions mais c'est un aspect de la question qu'on aurait tort de
négliger. Autre problème, même s'il est possible d'identifier le nom des
critiques, il arrive souvent qu'on ne sache presque rien des personnes
concernées. En outre, dans certains cas, on a du mal à trouver l'original du
texte traduit — il se peut que ce ne soit pas un texte français — mais on a
inséré l'expression 'taken from the French' pour faire de la publicité. C'est
peut-être le cas du roman, *The female rambler,* qui est éreinté: 'We do not
remember, that we have been so ill entertained as in the perusal of the before-
mentioned piece' (octobre 1753, p. 315). Le critique est loin d'être tendre
envers *The Noviciate of the Marquis de \*\*\*; or the Apprentice turn'd Master*
qu'il qualifie d'être (février 1759, p. 188) 'As lewd, as imperfect, and as
insignificant as the *Intriguing Coxcombe*' (c'est le titre d'un roman anglais
déjà malmené). *The Virtuous Criminal; or the history of Lord Stanley* a
l'honneur d'être traité d''Absurdity throughout' (janvier 1759, p. 81). Quant
à *Agenor and Ismena; or the War of the Tender Passions,* il se voit apprécié
en deux mots, 'amorous nonsense' (novembre 1759, p. 451). Il arrive qu'on
mette l'auteur et le traducteur dans le même sac, à preuve les remarques
faites à propos de *The History of Mademoiselle Cronel* qui décrivent le
roman comme: 'The obscene and illiterate production of some profligate
French scribbler; who has here met with a Translator worthy of such an
original' (décembre 1757, p. 563). Des senti-ments semblables sont exprimés
à propos de *The Female Foundling*: 'This work, from a cursory view thereof
appears to us to be very insipid, and so much of a piece with those exploded
romantic novels of which the *French* had many years ago given even our
very girls a surfeit, that we beg our readers will not insist on our looking any
farther into it; especially as the author seems to have had a very poor genius,
and is also far from being improved by his *English* dress' (décembre 1750, p.
156). Ces réserves mises à part, on veut bien accorder une supériorité à un
certain groupe d'auteurs français. Dans la critique de *The Adventures of a
Turk* on lit: 'Like the rest of the French novels, full of amour, but not
destitute of sentiment. It must be confessed, that the *Grubs* of Paris beat
those of London, *all to nothing*' (décembre 1758, p. 580). Que les plumitifs
français battent leurs homo-logues anglais à plates coutures semble un
compliment assez équivoque.

En décembre 1749 (p. 91) il est question de *Pharsamond: or, the new Knight
Errant.* Il n'est pas sans intérêt de noter qu'on a imprimé sur le livre que le
texte a été traduit du français de Marivaux, l'auteur de 'the Life of
Marianne'. On a l'impression que la plupart des traductions ne font pas
allusion aux auteurs français, il est donc bien évident que le nom de
Marivaux fait marcher les affaires. Pour le critique, ce roman n'est qu'une
pâle imitation de *Don Quichotte,* et pour comble de malheur, le traducteur a
eu le mauvais goût de remplacer la France par l'Angleterre pour la scène des
aventures. On peut quand même constater que le critique avait une idée bien

arrêtée sur les dons de Marivaux quand il affirme que 'this famous novellist [sic], who has shone so much in the heroic and the tender, has very unhappily acquitted himself in the burlesque, which does not appear to be his talent'. L'auteur de *The Siege of Calais* est censuré pour avoir inséré une série d'histoires dans un cadre historique assez émouvant et il a été mal servi par son traducteur (avril 1751, p. 476). Le critique ignore l'identité de l'auteur, Mme de Tencin, puisqu'il écrit que 'he involves his heroes and heroines'. *Abassai. An Eastern Novel* se caractérise par 'An affectation of sentimental refinement, unnatural representations of the passions, and high-sounding pretences to virtue and heroism' (avril 1759, p. 380).[13] Encore sans aucune allusion à l'auteur, c'est le compte rendu des *Letters from Lady Juliet Catesby, to her Friend Lady Henrietta Campley* (juin 1760, p. 521). Il s'agit d'une critique mitigée: 'To Readers of a delicate, sentimental turn of mind, the perusal of these Letters will be no unprofitable amusement. They are too destitute, however, both of narrative or humour, to be very generally admired'. Mme Riccoboni sera aussi la victime de remarques peu flatteuses au sujet de *The History of the Marquis de Cressy* (mai 1759, p. 467):

> This little novel ends too tragically to please such who read only for entertainment; and as those who peruse books of this kind for the sake of improvement only, if they should happen to be disappointed, it is no more than what they must often expect, who flatter themselves with the hopes of reaping instruction in the barren fields of modern romance.

Ce n'est guère une appréciation élogieuse pour un si joli roman et cela constitue en plus une condamnation assez catégorique du roman de l'époque. La condamnation du rôle néfaste du roman est aussi soulignée dans les observations formulées à la suite de la parution d'une version des *Mémoires et aventures d'un Bourgeois* dont le titre anglais est *True Merit true Happiness, exemplified in the entertaining and instructive memoirs of Mr. S–* (mai 1757, p. 453). (Le titre français est cité dans le compte rendu, faute de quoi, il serait impossible de trouver l'original.) Le critique dresse un réquisitoire contre le mythe du faux bonheur terrestre élaboré dans le dénouement du roman et s'adresse au lecteur: 'Reader, if thou hast ever known such perfect happiness, as these romance-writers can so liberally dispense, thou hast enjoyed greater pleasure than has ever befallen to our lot'. On reproche à un romancier français d'avoir dépeint avec trop d'indécence la description de la consommation de 'two or three amorous intrigues' bien que 'Versorand affords little more of this kind of entertainment than is generally found in the French novels' (juin 1751, p. 43).

---

13   Martha Pike Conant affirme que 'The oriental fiction that was not original in English came, almost without exception, from French imitations or translations of genuine oriental tales' (*The Oriental Tale in England in the Eighteenth Century*, London, Frank Cass & Co Ltd., reprint 1966, p. vii.).

Passons à des observations plus laudatives et commençons par un jugement émis sur *Les Egarements du coeur et de l'esprit*. Il est question des *Memoirs of M. de Meilcour* traduits par Michael Clancy:

> The original of this book is too well known in the literary world, to need any character here: and we have always imagined, that if any of our translators ever attempted to give this work in English, they would not do it justice, and we are still of the same opinion, tho' we have seen Dr. Clancy's translation. (décembre 1750, p. 156)

L'essentiel, c'est l'accent mis sur la grande réputation du roman de Crébillon fils. Bien souvent on nous offre un résumé de l'histoire ou des histoires contenues dans des traductions, il n'en est pas besoin ici. *The Force of Education* attire des louanges en raison du naturel des personnages et de la structure générale du récit (février 1751, p. 259). On accueille une nouvelle traduction des *Mémoires du comte de Grammont* en signalant les aventures et les intrigues du texte en constatant que:

> Most of these are generally looked upon as founded in truth, and on real occurrences, though doubtless not a little embellished and improved by the lively pen of our Author, who seems to have a natural turn to that kind of writing which, by the introduction of humour, and the mixture of truth with fiction, hath now lost the name of romance. (novembre 1753, p. 395)

Ce texte de Hamilton a connu un grand succès de librairie au dix-huitième siècle et le critique a été pleinement conscient de l'évolution de la fiction à cette époque[14]. Une traduction du *Temple de Gnide* trouve un éloge chaleureux puisque l'amour y est traité d'une façon digne de Montesquieu parce que ce traitement ne pervertit ni l'esprit ni le coeur (juillet 1759, p. 21). Un cas intéressant est celui de *The Life and heroic actions of Balbe Berton, Chevalier de Grillon*. Ce roman est loué parce qu'il est écrit 'with all that spirit and elegance which distinguish the best of those historical novels, the French Writers have so plentifully produced' (août 1760, p. 156). La version anglaise de ce roman a été revue par Samuel Richardson et on se demande si c'est le prestige du romancier anglais qui a provoqué les commentaires favorables[15]. Finalement on a salué la grande compréhension et l'élégance du traducteur de la *Nouvelle Héloïse* (avril 1761, p. 235).

Je vais terminer par les observations suscitées par une analyse de *The Amours of Zeokinizul, king of the Kofirans* (*Monthly*, octobre 1749)[16]. C'est

---

14    Les contes de fées de Hamilton sont qualifiés de 'pretty allegorical novels' (juin 1760, p. 524).
15    Eaves and Kimpel, pp. 427-428.
16    Ce texte est signalé dans le *Gentleman's* (octobre 1749, p. 480). Une nouvelle traduction est sortie en 1762 munie d'un nouveau titre, *The Life and Gallantries of Lewis XV*. La *Monthly* donne simplement: 'An old thing, formerly published under the title of *Memoirs of Zeokinizul, King of the Kofirans*' (avril 1762, p. 318).

un roman à clef qui fait la satire du règne de Louis XV[17]. La clef est ajoutée à la traduction anglaise, laquelle n'existait pas dans la première édition française. 'Kofirans' est plus ou moins une anagramme de Français. On a consacré onze pages à ce compte rendu qui comporte aussi des extraits (pp. 412-423), ce qui est d'une ampleur exceptionnelle. Il est légitime de se demander pourquoi. Première constatation, c'est un texte qui plaît aux sentiments francophobes, d'autant plus valables puisqu'il est d'origine française. On souligne les magouilles politiques, la faiblesse du monarque et on comprend que des éléments anticatholiques sont sous-jacents[18]. Le critique s'écarte de l'analyse du texte pour se lancer dans une diatribe contre le régime de Louis X1V. Heureusement on connaît le nom du critique, c'est Ralph Griffiths, le fondateur de la *Monthly* lui-même. Griffiths était un 'dissenter', de religion non conformiste. Mais, chose bizarre, il avait publié un pamphlet en 1746 qui véhiculait une image assez chevaleresque du Prétendant. Il était mal vu par les autorités[19]. Essayait-il de redorer son blason dans cette première année du périodique qu'il avait lancé à ses risques et périls? C'est une hypothèse assez plausible. Et pourtant j'estime qu'on peut proposer une autre raison pour cette attention insolite. Le soi-disant auteur de ce texte est un certain Krinelbol. Griffiths affirme qu'il faut entendre par là, Crébillon; c'était en effet l'interprétation la plus répandue à l'époque. L'attribution à Crébillon reste douteuse bien qu'il n'ait jamais nié la paternité. Il me semble important de remarquer qu'à l'époque ce texte a été reçu comme étant de la plume de Crébillon. J'ai déjà noté plus haut la grande réputation des *Egarements* qui ont d'ailleurs été gratifiés par cinq pages de commentaires dans le *Literary Journal* de Michel de la Roche en 1736[20]. Il convient de se rappeler également que trois autres romans de l'auteur ont été traduits avant *Zéokinizul*[21]. En effet, dans son compte rendu, Griffiths qualifie Crébillon de 'celebrated writer' (p. 412).

---

17    Je m'oppose fermement à l'interprétation de Bill Brooks qui parle de 'the overtly sycophantic approach to Louis XV, adopted by authors of *contes* like *Zéokinizul, Roi des Kofirans* by Crébillon' ('The uses of parody in French eighteenth-century prose fiction', *Studies on Voltaire and the Eighteenth Century*, vol. 323, 1994, p. 103).

18    Voir Peter Wagner, 'Anticatholic Erotica in Eighteenth-Century England', *Erotica and the Enlightenment*, ed. Peter Wagner, Frankfurt, Lang, 1991, p. 169. Gerald Newman met en relief toute la gamme des sentiments francophobes, *The Rise of English Nationalism: a cultural history 1740-1830*, London, Weidenfield and Nicolson, 1987, passim.

19    Lewis M. Knapp, 'Ralph Griffiths, Author and Publisher, 1746-1750', *The Library*, vol.XX, 1939, pp. 197-213.

20    Sullivan, p. 190.

21    *Letters from the Marchioness de \*\*\**, 1735; *The Skimmer*, 1735; *The Sopha*, 1742. On se rappelle que Hogarth a inséré un exemplaire du *Sopha* dans le quatrième tableau du *Marriage à la Mode*. Des zones d'ombre s'étendent toujours sur les rapports de Crébillon et l'Angleterre malgré la contribution de Douglas A. Day, 'Crébillon fils, ses exils et ses rapports avec l'Angleterre', *Revue de littérature comparée*, vol. 33, 1959, pp. 180-191.

Que conclure de ce qui précède? Je reconnais volontiers que cet exposé n'est, à bien d'égards, qu'un survol. Je ne suis pas en mesure de présenter des conclusions cohérentes tirées de statistiques exhaustives, loin de là. Il me semble quand même acquis que les périodiques ont joué un rôle important en attirant l'attention du public sur l'abondance de traductions d'ouvrages français par l'intermédiaire de comptes rendus, extraits ou même versions intégrales de certains contes ou nouvelles. Mais il faut toujours avoir à l'esprit le contexte, et souvent même la conjoncture politique. Comme on l'a vu, la critique de *Zéokinizul* avait une dimension nettement politique. En rendant compte de la traduction de *Tom Jones* par La Place, le critique du *Gentleman's* se plaît à souligner le plus grand respect de la liberté en Angleterre par rapport à la France, selon lui la conduite de Miss Western sera traitée avec plus d'indulgence à cause de 'the love of liberty in the English' (février 1750, p. 117). Cet amour de la liberté s'exprimait, bien sûr, par des guerres fréquentes contre la France. Or la *Monthly* aimait à tirer des renseignements 'from the latest Literary Journals published abroad' (mai 1757, p. 445), pratique devenue difficile pendant la Guerre de Sept Ans[22]. Il se peut bien qu'il y ait un travail à faire sur les rapports entre les périodiques des deux côtés de la Manche. Pour ce qui est de la qualité de la critique littéraire présentée dans les deux périodiques, il sera sans doute malaisé de trancher. Il n'en reste pas moins qu'on a reconnu la richesse des oeuvres de Marivaux et de Crébillon fils. Cette appréciation conforte les opinions de deux contemporains célèbres, Gray et Chesterfield, et c'est avec deux citations tirées de leurs lettres que je vais conclure. Thomas Gray écrit à un correspondant en avril 1742: 'Now as the paradisiacal pleasures of the Mahometans consist in playing upon the flute and lying with Houris, be mine to read the eternal new romances of Marivaux and Crébillon'[23]. Quelques années plus tard, le 24 décembre 1750, Chesterfield envoie à son fils une lettre écrite en français[24]:

> Lisez les ouvrages de Crébillon le fils et de Marivaux. Le premier est un peintre excellent; le second a beaucoup étudié et connaît bien le coeur, peut-être même un peu trop. *Les Egarements du coeur et de l'esprit*, par Crébillon, sont un livre excellent dans ce genre; les caractères y sont bien marqués; il vous amusera infiniment et ne vous sera pas inutile.

---

22    'This interruption also extends to Literary Journals, so that they come to us later, and in a more irregular way, than formerly' (*Monthly*, février 1758, p. 170).
23    *The Letters of Thomas Gray*, ed. Duncan C. Tovey, vol.1, London, G. Bell, 1909, p. 97.
24    *The Letters of Philip Dormer Stanhope Earl of Chesterfield with the Characters*, ed. by John Bradshaw, London, Swan Sonnenschein & Co., 1905, p. 384.

## Comptes rendus: The Gentleman's Magazine 1749

juin pp. 245-246:

Character of CLARISSA by an ingenious foreigner:

As every Englishman appropriates to himself some degree of the honour paid to his countrymen abroad, it is with the greater pleasure that we insert the following character of CLARISSA from a book lately published at Amsterdam; and we hope our readers will share this pleasure with us.

*Clarissa: ou l'Histoire d'une Demoiselle de Qualité*, etc.
*Clarissa; or, the History of a Young Lady.*

The Editor of this celebrated performance is Mr. S. Robinson [sic], a bookseller, the suppos'd author of *Pamela*; and with equal reason said to be the author as well as editor of the present work: and it must be confessed that, in this, the public voice has paid an high compliment to his taste and abilities...all the readers whom we know concur in giving it the first rank among romances.

This expression probably may be resented by the French, who have written so many and imagine they have succeeded so well; but perhaps they will acquiesce in our opinion, if the following observations be considered. The most applauded of the French romances are generally no more than representations of the illustrious persons. All the incidents of their private life are suppressed; the heroe [sic] only is exhibited, a being, who has neither wants, or manners, or virtues, or vices, in common with the rest of mankind: the qualities with which these heroes are endow'd may be all included either in courage, generosity, or, which is more common, in constancy, and a devotion of their whole lives and fortunes to the service of certain ladies, who, in return, treat them with indifference and contempt. Who can but smile to see *Cyrus* fill *Asia* with his conquests only in search of his mistress? Indeed, love is universally predominant in the French writings, that they appear to be ignorant of all the virtues except that of loving with ardour and constancy.

It must, however, be confessed that Marivaux endeavour'd to bring back his countrymen to nature. His *Marianne* and his *Paisan parvenu* are paintings after life; in these the author speaks less, and his characters more: but this genius could not wholly cure himself of the fashion, nor did he dare to entertain his country with private and domestic occurrences [sic]. His Marianne speaks like a girl of wit, who loves a kind of general virtue, which consists in preferring her honour to the gratification of her tenderest wishes. But the particulars which constitute a virtuous life are not exhibited; there is no representation of the minutiae of *Virtue*, no example of *her* conduct to those by whom *she* is surrounded as equals, superiors, or inferiors. *Marianne* is a kind of chronicle, in which some memorable adventures are well described. *Clarissa* is an history, where the events of her life follow each other in an uninterrupted succession. Marianne is a young lady of quality, who knows neither the duty of managing or educating children, nor the employments which fill the life of a person of merit; whenever she appears she is loaded with ornament, either to please her benefactress, or her lover. — *Clarissa* is a very different person: she is a lady of quality, who at once knows and fulfils her duty: she mentions, in the most minute and particular manner, her duties towards God (never found in *French* romances), her parents, her relations, her friends, her servants, and herself; the duties peculiar to every hour of a life of perfect virtue are there delineated. The reflexions and remarks which are interspersed in her letters are the result of great knowledge of mankind; yet the whole is within the reach of every capacity, and is calculated to make every reader both the wiser and the better. *Marianne* amuses, *Clarissa* not only amuses, but instructs; and the more effectually, as the writer paints nature, and nature alone....

août, p. 345 (continuation):

Le critique loue l'usage des 'familiar letters': 'The minute particulars of events, the sentiments and conversation of the parties, are, upon this plan, exhibited with all the warmth and spirit that the passion, supposed to be predominant at the very time, could produce, and with all the distinguishing characteristicks, which memory can supply, in a history of recent transactions. Romances in general, and Marivaux's among others, are wholly improbable; because they suppose the history to be written after the series of events is closed by the catastrophe; a circumstance, which implies a strength of memory, beyond all example and probability, in the persons concerned, enabling them, at the distance of several years, to relate all the particulars of a transient conversation. Or it implies a yet more improbable confidence and familiarity between all these persons and their author. There is, however, one difficulty attending the epistolary method, for it is necessary that all the characters should have an uncommon taste for this kind of correspondence, and that they should suffer no event, nor even a remarkable conversation to pass without committing it to writing; but, for the preservation of these letters, once written, the author has provided with great judgment, so as to render this circumstance highly improbable...

Anne CHARLTON
New College, Oxford

# La classification journalistique
# de l'utopie narrative, 1760-1795

En juillet 1739, Voltaire préparait une fête pour Mme de Châtelet à Bruxelles sous le nom de 'l'envoyé de l'*Utopie* de Thomas Morus.'[1] 'Je vous avoue à ma honte', écrit-il à son ami Helvétius, 'que je n'ai jamais lu l'*Utopie*... mais croiriez-vous bien qu'il n'y avait personne dans cette ville qui sût ce que veut dire uthopie [sic]?'[2] Pour Voltaire, et pour son cercle d'amis, le mot *utopie* n'avait donc que peu de résonance; il rappelait tout au plus le titre d'un ouvrage, mais certainement pas une pensée philosophique et encore moins, il va sans dire, un genre littéraire.

Peut-on donc justifier l'étude de l'utopie narrative en tant que genre littéraire, en se servant de textes d'un siècle qui n'avait pas conscience d'un tel regroupement? Le néologisme de More, datant du seizième siècle, est manifestement anachronique au début du dix-huitième siècle pour désigner un genre.[3] De nos jours, par ce terme d'utopie on désigne clairement un genre littéraire: en se fondant sur le modèle de More entre autres, il s'agit d'un corpus de textes ayant pour structure le voyage d'un Européen, la description détaillée d'une société idéale, sous forme de récit destiné aux compatriotes restés en Europe.[4] L'utopie a donc une structure particulière, mais une structure porteuse d'un sens qui se veut très sérieux, une 'forme-sens' selon la formule de Jean-Michel Racault.[5]

Une modification se manifeste-t-elle entre la constatation de Voltaire en 1739 et la période qui nous concerne, une 'période chaude' pour l'utopie

---

1   Thomas More, *De optimo republicae statu deque nova insula Utopia* (Louvain, 1516).
2   Voltaire, *Correspondance*, ed. Besterman (Geneva, 1970), vol 90, 1789, p. 419.
3   More, op. cit., première traduction française de Samuel Sorbière (Amsterdam, 1643), seconde de Gueudeville (Leide, 1715), et troisième de M.T. Rousseau (Paris, 1780).
4   La thèse de Jean-Michel Racault soutient qu'un genre utopique français se distingue de l'ouvrage de More, en ce qu'il imite les récits de voyage du dix-septième siècle, ayant pour texte canonique l'*Histoire des Sévarambes* de Veiras d'Allais (Paris, 1677-1679). Voir son *Utopie narrative en France et en Angleterre, 1675-1761* (Oxford, Voltaire Foundation, 1991) La fin du dix-huitième siècle produit des imitations de ces textes, mais aussi de l'*Utopie* de More, et du *Télémaque* de Fénelon (Bruxelles, 1699).
5   Racault, op. cit., p. 4.

narrative, de 1760 à 1795?[6] Les journalistes de l'époque étaient-ils conscients de la naissance ou de l'évolution d'un genre littéraire? Comment intégraient-ils de tels textes dans les catégories littéraires qui leur étaient familières? Leurs comptes rendus, étaient-ils à l'origine des définitions des dictionnaires, ou n'étaient-ils que le reflet de définitions préétablies? Et dernière question, pourquoi négligeaient-ils l'emploi du terme si utile d'*utopie*?

Afin de répondre à ces questions, nous avons puisé dans les comptes rendus de la presse cherchant des tentatives journalistiques de regroupement des textes utopiques, tentatives qui pourraient nous assurer qu'il existait au dix-huitième siècle une conscience des affinités qui les rapprochaient. Cette réflexion sera fondée sur une analyse des articles provenant de trois périodiques,[7] articles suscités par la parution de textes que l'on qualifierait aujourd'hui d'utopiques. L'enquête menée par G.S. Brown sur les critères de classification des critiques au dix-huitième siècle est une analyse des rééditions des utopies de siècles précédents, qui néglige beaucoup les nouveaux textes publiés pour la première fois entre 1760 et 1795.[8] Il nous semble utile de prendre en compte ces derniers afin que l'analyse des critères soit exhaustive.

Dire que les années 1760 à 1795 représentent une 'période chaude' de l'utopie signifie qu'une multiplicité d'imitations paraît à l'époque: imitations des utopies françaises du dix-septième siècle, imitations des traductions françaises de More, ainsi que du *Télémaque* de Fénelon. La presse périodique fait un effort assez considérable pour suivre ces publications.[9] Nous avons trouvé des comptes rendus pour une vingtaine d'utopies narratives sur les trente-cinq publiées pour la première fois pendant cette période, utopies dans le sens strict du terme, construites sur le modèle décrit plus haut. Le *Journal encyclopédique* analyse neuf romans qui seraient qualifiés de nos jours d'utopiques dans dix articles différents, la *Correspondance littéraire* en analyse dix dans neuf articles, et l'*Année littéraire* onze dans douze articles, ce qui fait un total de 20 romans et 31 articles. Avant de passer à la presse cependant, regardons de près les définitions de l'utopie données à l'époque.

Confrontés à ce corpus de textes de structure et de contenu semblables, les différents dictionnaires, bien évidemment, signalent l'évolution du terme. En 1752 on trouve la première définition française d'*utopie* comme nom

---

6    L'expression vient de Bronislaw Baczko, *Les imaginaires sociaux* (Paris, Payot, 1984), p. 96.
7    Les trois journaux sont le *Journal encyclopédique* (*JE*), l'*Année littéraire* (*AL*), et la *Correspondance littéraire* (*CL*).
8    Voir son article 'Critical Responses to Utopian Writings in the French Enlightenment', dans *Utopian Studies*, 5 (1994), pp. 48-71.
9    Werner Krauss va trop loin quand il parle de 'l'attitude dédaigneuse' et 'le silence absolu dont la critique accompagnait' les utopies dans la presse à cette époque, dans son article, 'Quelques remarques sur le roman utopique au XVIIIe siècle', *Aufklärung* II (Berlin, Weimar, 1987), 463-69 (p. 464).

propre, et dix ans plus tard, dans la période qui nous concerne, son premier usage comme nom commun. Dans le *Dictionnaire de Trévoux* de 1752, *utopie* était simplement le *nom* d'un pays chimérique imaginé par Rabelais. C'était 'le Royaume de Grandgousier ou de Gargantua', une 'région qui n'a point de lieu, un pays imaginaire', auquel n'est aucunement associé dans ce dictionnaire l'ouvrage de More. En 1762, *utopie* se transforme en nom commun dans la quatrième édition du *Dictionnaire de l'Académie*. Voici donc le premier usage figuré du terme, quoiqu'encore hésitant: 'Titre d'un ouvrage. On le dit *quelquefois* figurément Du plan d'un Gouvernement imaginaire, à l'exemple de la République de Platon. *L'Utopie de Thomas Morus*.'[10] La cinquième édition de ce dictionnaire, en l'an VI (1797-8), confirme et précise cette définition en marquant la généralisation du terme, et oublie les exemples antérieurs de Rabelais et de Platon:

> se dit *en général* d'Un plan de gouvernement imaginaire, où tout est parfaitement réglé pour le bonheur commun, comme dans le Pays fabuleux d'*Utopie* décrit dans un livre de Thomas Morus.

Nous pouvons ainsi constater qu'au cours de cette dernière moitié du siècle, les dictionnaires témoignent d'une évolution du sens du mot *utopie*. En 1798 ce n'est plus simplement un titre, ni le rêve de 1762, mais il prend un sens courant et devient nom commun figuré pour désigner un style de littérature, un nouvel imaginaire. Pour résumer, de 'pays', nous passons à 'genre'.

Malgré ces tentatives pour refléter les nouveaux emplois du terme *utopie*, il n'apparaît que très rarement dans la presse périodique. Parmi les trente-et-un articles étudiés, nous n'en avons trouvé que deux, pourtant, qui emploient le mot, exemples qui par ailleurs sont assez révélateurs. Les exemples provenant de la *Correspondance littéraire* au début et du *Journal encyclopédique* à la fin de la période montrent l'évolution du terme. Dans sa description du roman anonyme *Voyage de Robertson aux terres australes* de 1766[11], Grimm utilise l'expression 'une espèce d'utopie'[12], alors qu'en 1792, le *Journal encyclopédique* parle de 'cette nouvelle Utopie'[13], au sujet de *L'Heureuse nation*, du physiocrate Lemercier de la Rivière. Les deux articles se servent du terme en tant que nom commun et ils reflètent aussi les définitions des dictionnaires de leurs époques respectives. Certes, le ton péjoratif du reste de l'article du Grimm se résume pour lui dans ce mot, qui exprime sa critique de la frivolité et de la futilité de l'œuvre:

---

10  *Le Dictionnaire de Trévoux* de 1771 répète cette nouvelle définition mot pour mot.
11  Anon., *Voyage de Robertson aux terres australes* (Amsterdam, 1766).
12  *CL*, mars 1767.
13  *JE*, 1792 ix 449-466. Lemercier de la Rivière, *L'Heureuse nation, ou gouvernement des Féliciens* (Paris, 1792).

C'est un roman politique, qui nous représente une espèce d'utopie ou de gouvernement idéal. Tout cela est à pleurer d'ennui...Je plains ceux qui profitent de la permission de lire ce voyage imaginaire avec ou sans carton.

Mais presque trente ans plus tard, nous nous trouvons dans un autre pays d'utopie, celui de la louange. En 1792, en plein milieu de la Révolution, quand le *Journal* loue *L'Heureuse nation* pour ses 'tableaux du bonheur public', le mot n'est plus une injure, et nous entrons dans le domaine de la possibilité:

> Cette nouvelle utopie est dédiée à la Nation Françoise...L'*Heureuse Nation* pourroit bien ne passer que pour le rêve d'un homme de bien, mais ce ne seroit pas une raison pour en dédaigner la lecture...D'ailleurs il trace les tableaux du bonheur public, qui ne peuvent être indifférens à ceux qui s'intéressent au bien de l'humanité.

De pays inutile et chimérique nous avons donc voyagé jusqu'aux lisières d'un genre, qui peut être (mais ne l'est pas toujours) digne d'éloges. Bref, utopie n'est plus toujours un terme péjoratif.

Ces deux exemples résument également l'interprétation que fait la presse périodique des romans utopiques, manifestant par exemple un manque de respect pour ce genre de romans, à cause de leur peu d'originalité, surtout en ce qui concerne la structure. Les comptes rendus qui les recommandent ont tendance à louer le style ou le contenu, mais à négliger la structure, et ceux qui les méprisent attaquent de façon vigoureuse les idées, le style, et bien sûr, la structure imitative. L'*Année littéraire* se plaint d'un 'moyen usé & rebattu', et d'un 'cadre usé' pour parler de la structure trop familière de deux romans utopiques des années soixante.[14] Leur manque de vraisemblance ne plaisait pas non plus; *La Correspondance Littéraire* surtout fulmine contre les modèles impraticables de ces sociétés idéales. Pour parler de romans utopiques divers, ses articles renvoient à 'une rêverie perpétuelle', 'une chimère', voire 'une rapsodie'.[15] Ces observations sont donc toutes d'accord (même si leurs auteurs n'utilisaient pas le mot *utopie*) avec les premières définitions que les dictionnaires donnent du terme. Elles montrent ainsi une frustration croissante face à cette structure imitative, mais il ne semble pas y avoir pour l'instant de conscience de classification.

Il nous semble que ceci a un rapport avec le problème auquel nous avons déjà fait référence: l'utopie n'est pas un roman 'normal'. Il ne s'y trouve pas de personnages développés, ni d'intrigues, mais au contraire une 'forme-sens', un roman statique, un dialogue entre un voyageur et une

---

14  *Le Voyageur philosophe* de Villeneuve de Listonai (Amsterdam, 1761); compte rendu dans *AL* 1762 ii 289-309. *Histoire des Galligènes* de Tiphaigne de la Roche (Amsterdam et Paris, 1765); compte rendu *AL* 1765 v 1-38.
15  *CL* décembre 1771, qui parle de *L'An 2440* de Mercier (Londres, 1771) et *CL* janvier 1765, des *Voyages de Milord Céton dans les sept planètes* de Mme de Robert (La Haye et Paris, 1765-6).

société. Les critiques journalistiques aveugles aux mérites du 'cadre usé', sont incapables de valoriser la forme commune qui réunit ces textes, et les rend intéressants comme série. L'intérêt naît de la comparaison des structures, des idées, et des variantes subtiles qui en découlent.[16] Mais au dix-huitième siècle, l'intérêt fourni par le style et le contenu jouait un rôle de première importance.

Les journalistes se contentaient-ils de la catégorie de *roman politique*, pour ranger ces oeuvres? Selon plusieurs critiques très érudits de notre époque, parmi lesquels Bronislaw Baczko, le *roman politique* était, pour les critiques du dix-huitième siècle, synonyme d'*utopie*.[17] Dans son ouvrage *De l'usage des romans*, l'abbé Dufresnoy se sert de cette catégorie pour regrouper les utopies de More, Terrasson et Fénelon.[18] De même dans la période qui nous concerne, l'*Encyclopédie méthodique* utilise le terme *roman politique* pour classer les œuvres de Platon, More, Veiras, Fontenelle (*Histoire des Ajaoiens*) et Grivel (*L'Isle inconnue*)[19], tout en ajoutant l'explication suivante:

> Cette division comprend donc les romans politiques [...] qui ont pour but de présenter un système de perfection applicable à des hommes tels qu'ils devroient être et non pas tels qu'ils sont; ouvrages où l'on ne découvre la perspective du bonheur que dans un lointain inaccessible.[20]

Cette catégorie est utile puisqu'elle réunit forme (*roman*) et contenu (*politique*), deux éléments indispensables à la classification d'une utopie. Par contre, une catégorie qui abritait aussi facilement au dix-huitième siècle des romans tels que le *Télémaque* de Fénelon, le *Gulliver's Travels* de Swift, le *Robinson Crusoe* de Defoe et le *Fabius et Caton* de Haller[21], ne saurait être assez précise dans ce contexte.[22] Rappelons ici la structure très particulière de l'*utopie*: voyage, description et récit de retour.

Nous aurions tort de dire que tous les journalistes se contentaient d'une typologie aussi vague et générale. Dès 1766 Grimm précisait le cadre général de ce qu'il appelait le 'roman politique' en ajoutant 'espèce d'utopie ou de

---

16    Racault souligne par exemple la tendance auto-destructive de quelques utopies par la présence d'individualisme et de passions, op. cit., p. 595.

17    Baczko, op. cit., p.85.

18    Lenglet-Dufresnoy, Nicolas Alexandre, *De l'usage des romans* (Amsterdam, 1734). Il cite dans sa catégorie de romans politiques *l'Utopie* de Morus, *Séthos* de Jean Terrasson (Paris, 1731) et le *Télémaque* de Fénelon.

19    *La République des Ajaoiens* (Genève, 1768); *L'Isle inconnue* (Paris, 1783-1787).

20    *Encyclopédie méthodique. Economie politique et Diplomatique* (Paris, 1784), IV, p.815.

21    *Gulliver's Travels* (1726), *Robinson Crusoe* (1719-1720), *Fabius et Caton* (1774).

22    C.G.T. Garnier, rédacteur de la collection de trente-neuf tomes *Voyages imaginaires, songes, visions et romans cabalistiques* (Amsterdam et Paris, 1787-89), classait plusieurs utopies sous la rubrique 'Voyages imaginaires', mais celle-ci est aussi une catégorie fourre-tout au dix-huitième siècle.

gouvernement idéal.'[23] Le *Journal encyclopédique* nous fournit en 1780 un exemple frappant de progrès dans la classification et la définition de ces textes, tout en conservant le terme *roman politique*. Dans un article publié après une nouvelle traduction de l'*Utopie* de More, le *Journal* parle d'une 'espèce de roman politique qu'on lit encore aujourd'hui.'[24] Le critique fait l'apologie de l'œuvre contre ses adversaires, ceux qui parlaient sans cesse de l'aspect irréalisable et quelque peu ridicule de l'*Utopie*. Il prend ainsi le parti des successeurs de More, auteur né dans un siècle indigne de lui:

> Sans doute à l'époque où nous vivons ce livre doit paraître un rêve, rempli d'idées extraordinaires... mais l'*Utopie* comme *La République* de Platon a servi à former nos écrivains. Croyez que Rousseau, Helvétius [et plus tard il cite également Montesquieu et Mably] avoient bien médité ces romans, & le moyen de parvenir à des vérités par le chemin agréable tracé par ces rêveurs politiques.[25]

Le *Journal encyclopédique* souligne, exemple peu commun, le côté pratique et utile du texte de More (la dissémination des idées sérieuses de façon agréable, la capacité de faire du bien) et par cette explication s'éloigne des connotations habituellement péjoratives du mot *utopie*.[26] Cette citation montre bien que le *Journal* s'efforçait de réhabiliter ce titre et d'améliorer le statut de la littérature utopique. Il associe le titre *Utopie* au concept de l'utilité sociale et en limite en conséquence la part de rêve.

Laissons-là cette tentative que faisait le *Journal encyclopédique* pour préciser la typologie trop générale de *roman politique* et réduire les connotations grossières du mot *utopie*. Retournons aux autres journaux afin de sonder leurs essais de classification des textes nouveaux. Une analyse très générale, tirée de ces trois journaux prouve qu'ils s'intéressaient surtout au contenu, méthode la plus courante pour traiter les articles et qui leur permettait de classifier les textes. Mais c'est aussi la méthode qui donne le moins de cohérence à ce groupe d'ouvrages.

Afin de souligner ce problème, nous proposons un exemple: un des romans utopiques, le *Télèphe* de Jean de Pechméja[27], est qualifié selon divers articles critiques de 'roman philosophique', 'poème en prose', 'fable', 'critique', 'satire', 'espèce de poème héroïque', 'sermon moral', 'intéressante fiction', 'roman politique' voire même ouvrage 'amphibie'.[28] Ce dernier qualificatif dévoile d'ailleurs le flottement générique de ces tentatives typologiques.

---

23   Voir la citation de la *Correspondance littéraire* plus haut.
24   Traduction de M.T. Rousseau (Paris, 1780); compte rendu *JE* novembre 1784 vii, p. 485.
25   *JE* novembre 1784 vii, pp. 487-8.
26   D'ailleurs, les auteurs des utopies auraient hésité eux-mêmes à se servir du terme utopie, justement à cause de cette définition péjorative contemporaine.
27   *Télèphe en XII livres* (Londres et Paris, 1784).
28   Classements trouvés dans les articles suivants: *JE* 1784 iii 258-274, et 1784 iii 442-459, *AL* 1784 viii 320-329, *Journal de Paris* 4, 22 iii 1784, *AL* 1784 iii 217-247.

Les journalistes classaient souvent le même roman de cinq ou six manières différentes. De plus, l'équilibre des articles varie énormément en fonction des intérêts du rédacteur. Le *Journal encyclopédique* favorise en particulier les utopies qui possèdent une utilité sociale. Le best-seller de Guillard de Beaurieu, *L'Elève de la nature* était pour le périodique 'un des meilleurs ouvrages de notre siècle' et 'un préservatif de mille faux systèmes'.[29] Cependant, le *Journal* ne se lasse pas d'attaquer les romans qui témoignent d'une certaine indécence, comme par exemple la *Giphantie* de Tiphaigne, et quelques aspects de l'utopie dite de Fontenelle, *La République des Ajaoiens*.[30] Les catégories qu'utilise le *Journal* sont donc aussi nombreuses que variées et on trouve également, 'beau plan', 'rêve d'un homme de bien', 'nouvelle utopie', 'préservatif', 'poème héroïque' et 'folie'.

Les articles figurant dans la *Correspondance littéraire*, journal destiné à une élite européenne, sont toujours attentifs à mettre en valeur le contenu, le style et la structure des textes, même s'ils s'acharnent à ridiculiser cette dernière. Grimm et ses successeurs s'étaient au moins mis d'accord pour ne jamais apprécier une utopie. Leur mépris se manifeste en parti par le peu de place qui leur est consacrée dans les articles, souvent moins de cinq lignes par ouvrage, sans parler des ouvrages qu'ils ne prennent même pas la peine de mentionner. Les articles de la *Correspondance littéraire* sont remplis d'invectives poétiques, la plupart d'entre elles produites par un sentiment d'ennui dominant. *L'Elève de la nature* était 'insipide et plat', et un autre succès de librairie, l'*An 2440* de Louis-Sébastien Mercier, était 'une rêverie si rêverie qu'on n'a pas la consolation d'espérer qu'aucune de ces belles institutions puisse jamais se réaliser', donc une chimère frivole.[31] Afin de souligner la quantité d'imitations dépourvues de mérite, ce journal employait souvent l'ironie:

> C'est comme vous voyez, une tournure toute neuve; elle n'a été copiée d'après Swift que par quatre, cinq ou six cents mauvais auteurs, parmi lesquels le nôtre mérite une des premières places.[32]

Selon la *Correspondance littéraire*, l'utopie de Listonai 'parle de tout' mais ne dit rien[33], et l'*Histoire des Galligènes* était recommandable avant tout comme remède contre l'insomnie:

---

29   Guillard de Beaurieu, *L'Elève de la nature* (La Haye et Paris, 1763), *JE* 1764 II ii 3-24, p. 24.

30   Tiphaigne de la Roche, *Giphantie* (s.l., 1760), *JE* 1760 VII ii 62-74; Fontenelle, op.cit., *JE* mai 1770 iv 17-32, p. 32.

31   *Elève de la nature*, *CL* décembre 1763; *An 2440*, *CL* décembre 1771.

32   *CL*, janvier 1765, au sujet du roman de Mme de Robert, *Voyages de Milord Céton dans les sept planètes* (La Haye et Paris, 1765-1766).

33   *CL* décembre 1761.

> Si votre insomnie résiste au Chevalier de Dampierre, abandonnez-vous à *l'Histoire des Galligènes*... Vous y trouverez une satire des François très assoupissante.[34]

L'ennui semble être le seul point commun que la *Correspondance littéraire* décèle dans les diverses utopies et le périodique persiste à ne leur attribuer aucune valeur, sans condescendre à voir la cohérence de cette série de textes. L'utopie de Listonai est une 'allégorie', l'*Arcadie* de Bernardin de Saint-Pierre un 'poème en prose' et une 'odysée philosophique', les *Galligènes* de Tiphaigne de la Roche, une 'satire', et l'ouvrage anonyme *Voyage de Robertson aux terres australes* comme nous l'avons déjà remarqué, est qualifié d''espèce d'utopie' uniquement dans le but de le dévaloriser.[35] Bref, cette analyse ne renvoie pas à une classification cohérente, ni à un regroupement convaincant.

L'*Année littéraire* est le seul journal à tenter une classification. Même si la méthode est assez simpliste, c'est la seule tentative concrète de regroupement, la seule qui prenne en compte forme et sens. Dans presque tous ses articles ce journal relie les textes modernes à leurs prédécesseurs. Rappelons que cette publication est celle qui se sert de l'expression 'ouvrage amphibie' à propos du roman de Pechméja en 1784, fait qui suggère un intérêt pour la classification, que les autres journaux n'expriment pas.

> Je me trouve, Monsieur, dans un cruel embarras... Tous nos ouvrages modernes sont autant d'êtres Amphibes [sic] dont il est impossible de fixer l'espèce...En un mot, est-ce un digne émule de *Télémaque*, ou bien un triste singe de *Don Quichotte*?[36]

A l'inverse citons la *Correspondance littéraire* qui évoque la structure uniquement pour en souligner le caractère imitatif, et qui ne fait qu'une seule comparaison entre des textes différents, disant du roman de Madame de Robert qu'il ne s'agit que d'une vulgaire copie du *Gulliver* de Swift.

L'*Année littéraire* se sert de l'association entre ces textes aussi bien pour les critiquer que pour les louer. Prenons par exemple la critique sévère de cette 'fiction usée, fond rebattu' au sujet de l'ouvrage de Listonai publié en 1761, que Fréron associe aux romans de Veiras, Cyrano (*Voyage dans la lune*), Foigny (*La terre australe connue*) et Morelly (*Les Isles flottantes*), tous du genre utopique.[37] De même l'intrigue limitée de Duplessis est tellement familière au lecteur que toute surprise est exclue:

> Depuis *Cleveland & Robinson*, on ne voit plus, Monsieur, que des isles désertes, où une ou deux personnes abordent, échappées du naufrage; le ciel nous fit imitateurs. Dans ce seul Roman, vous verrez trois aventures semblables... il s'élève une violente

---

34   *CL* juillet 1765.
35   *CL* articles de décembre 1761, juillet 1788, juillet 1765 et mars 1767.
36   *AL* 1784 iii 217-247.
37   *Voyage dans la Lune* (1657), *La Terre australe connue* (1676), *Naufrage des Isles flottantes, ou Basiliade* (Messine, 1753)

tempête: c'est l'usage; bref, un naufrage affreux: cinq hommes échappent; car il s'échappe toujours quelqu'un.[38]

Il existe une distinction importante, cependant, entre l'imitation pauvre, et l'emploi novateur d'une structure établie, entre plagiat et originalité, et il est évident que les deux se trouvent dans le genre utopique. Il y a un exemple des louanges de l'*Année littéraire* dans un compte rendu de l'*Isle inconnue* de Grivel. Son roman est comparé à un texte ancestral, le *Robinson* de Defoe, et d'après l'*Année littéraire* celui de Grivel est de beaucoup supérieur, pour une raison simple: l'auteur français remplace l'isolement de Robinson dans un paradis terrestre par l'établissement de toute une société humaine. L'*Année littéraire* ne se contente pas de placer cette œuvre dans la catégorie de la Robinsonnade, malgré les ressemblances évidentes et établit ainsi une distinction nouvelle du point de vue critique.

En ce qui concerne le roman de Puget de Saint-Pierre[39], le journal va plus loin encore, en nous rappelant que le *Séthos* de Terrasson et le *Cyrus* du chevalier de Ramsay étaient des imitations faibles de *Télémaque*, mais que l'ouvrage de Puget valait la peine d'être lu pour ses observations sur la société idéale.[40] De même, l'intérêt et l'originalité des *Galligènes* de Tiphaigne l'emportent sur le 'cadre usé', associé à la *République* de Platon, l'*Utopie* de More, et les *Isles flottantes* de Morelly.

L'*Année littéraire* crée donc le tableau d'un genre littéraire sans pour autant lui donner de nom. Ses articles, qu'ils soient critiques ou favorables, établissent une fraternité de textes, témoin d'une catégorie bien plus distincte que celle de *roman politique*. A travers les articles de l'*Année littéraire* quatre règles se dégagent. La première est que ce genre diffère de la pure Robinsonnade, puisqu'il s'agit de toute une société, et non pas de la survie d'un individu. Deuxièmement, ces romans fournissent un plan détaillé du gouvernement d'un peuple (le journal cite Platon, More, Veiras, Foigny et Morelly). Troisièmement, ce genre dépeint un monde isolé, lointain et nouvellement découvert (il cite les *Isles flottantes* de Morelly, *L'Autre monde* de Cyrano de Bergerac, et la *Giphantie* de Tiphaigne). Et dernièrement, ce genre peut avoir une vocation pédagogique, avec des épisodes utopiques intercalés dans le récit (il cite le *Télémaque* de Fénelon).

Selon le regroupement que fait l'*Année littéraire*, ce nouveau genre (encore anonyme) contiendrait aussi pour la période qui nous concerne les textes suivants: *Périphas* de Puget de Saint-Pierre, les *Galligènes* de Tiphaigne, l'*Isle inconnue* de Grivel, *Le Voyageur philosophe* de Listonai, l'*Innocence du premier âge en France* de Billardon de Sauvigny[41] et les

---

38    *AL* 1787 vi 262-282. Duplessis, *Mémoires de Sir George Wollap* (Londres et Paris, 1787-88).

39    Puget de Saint Pierre, *Les aventures de Périphas, descendant de Cécrops* (Paris, 1761).

40    Terrasson, *Séthos* (Paris, 1731), Ramsay, *Cyrus* (Paris 1727).

41    *L'Innocence du premier âge en France: l'Isle d'Ouessant* (Paris, 1768).

*Mémoires de Sir George Wollap* de Duplessis. Nous sommes en présence d'un guide assez complet de l'utopie sans pour autant que nous soient fournies des indications explicites quant aux critères de classement.

Le succès du cas de l'*Année littéraire* résulte de son désir d'associer les qualités formelles à celles du contenu, de sorte que ce journal paraît être très proche des études utopiques du vingtième siècle. Il faut ajouter à cela les progrès des dictionnaires en terme de définition, et pour conclure énumerons les développements quant à l'évolution du sens et de la classification de l'utopie au sein de la presse:

1. Les textes qui en 1760 n'étaient que des chimères impossibles, deviennent la source de critiques constructives. Ceci est illustré dans le *Journal encyclopédique* et par l'évolution du terme dans les dictionnaires, entre 1752 et 1798.

2. A l'intérieur même du genre, la structure des romans, imitative, peu originale, et donc ennuyeuse, devient une source d'innovation et de variation dans le contenu et par conséquent une source d'admiration et d'intérêt, illustré dans l'*Année littéraire*.

3. Le terme *utopie*, une injure selon Grimm en 1766, devient un genre littéraire et une forme de louange pour le *Journal encyclopédique* dès 1792.

4. Le terme *utopie*, utilisé par Voltaire en 1739 alors qu'il n'avait même pas lu le texte de Thomas More, devient genre littéraire à l'aube de la Révolution, parallèlement aux définitions des dictionnaires.

Parler d'utopie de nos jours, implique la conception d'un genre littéraire incluant forme et sens, un lien entre une structure bien définie, et des idées pour l'amélioration de la société contemporaine. S'irriter contre la forme familière que l'on retrouve dans toutes les utopies n'a donc aucune place dans les études qui y ont trait. L'intérêt de l'utopie repose en particulier sur les ressemblances mêmes de la structure, et sur le rôle que chaque roman joue dans la série utopique. Souvent frustrés par les sentiers battus de l'utopie, et par les imitations ennuyeuses d'une poignée de bons ouvrages, les journalistes du dix-huitième siècle, et surtout ceux de la *Correspondance littéraire*, rejettent tous ces textes en bloc, sous prétexte que leur style et contenu n'ont aucun mérite. Toutefois, pendant les trente ans que recouvre cette étude, la presse, et notamment l'*Année littéraire*, a fait quelques progrès vers la précision et la classification d'un genre.

Judith K. PROUD
University of Plymouth

# La fiction devant la révolution:
# le témoignage de *L'Esprit des journaux*

Dans l'article 'fiction' de l'*Encyclopédie*, Marmontel définit quatre types de fiction, dont la fiction 'en beau', ou celle qui 'tend au parfait'. Sa description de cet art se résume dans la phrase suivante:

> Qu'ont fait les artistes? Ils ont recueilli les beautés éparses des modèles existans, et en ont composé un tout plus ou moins parfait, suivant le choix plus ou moins heureux de ces beautés réunies.

Transposez le mot 'rédacteurs' pour 'artistes', et on pourrait y lire une description de *L'Esprit des journaux*,[1] périodique compilateur qui rassemblait, coupait et recousait des extraits de journaux contemporains pour en composer un nouveau journal dans lequel les éditeurs voyaient une parfaite synthèse de la presse et de la culture européenne.

Si ce lien entre les propos de Marmontel et *l'Esprit des journaux* est plutôt forcé, il me sert néanmoins d'entrée en matière pour cette étude de l'évolution de la fiction devant la Révolution et de l'évolution correspondante qui se pratique au sein d'un journal littéraire, témoin, et victime, de son époque.

Etre un journal littéraire au dix-huitième siècle ne veut pas dire, bien sûr, se consacrer uniquement à des oeuvres de fiction, mais dès les débuts du journal en 1772, la fiction a joué un rôle non négligeable dans la composition de *L'Esprit des journaux*. Si l'on prend le terme 'fiction' dans son sens le plus large, c'est à dire si l'on y comprend tout ce qui est du ressort de l'imagination, on peut suivre dans ce journal l'évolution de plusieurs genres spécifiques — la poésie, le théâtre, les contes et les romans. Le lien étroit qui existait alors entre ces genres est articulé de façon explicite dans l'article 'poésie' de l'*Encyclopédie*:

> il y a des fictions poétiques qui se montrent avec l'habit simple de la prose; tels sont les romans et tout ce qui est dans leur genre.

Une déclaration tout aussi claire paraîtra dans *L'Esprit des journaux* en 1792 avec l'assertion suivante:

---

1    L'Esprit des journaux, Liège, Bruxelles, 1772-1818.

Nous comprenons, avec les plus anciens critiques, sous la dénomination de poésie, toutes les productions littéraires dans lesquelles l'imagination rassemble, le jugement combine et le goût exprime dans un langage assorti, les images puisées dans la nature; que l'expression soit ou ne soit pas assujettie aux entraves artificielles du mètre.[2]

On pourrait éventuellement faire une analyse statistique du contenu du journal pour établir la proportion 'exacte' conférée à la fiction et l'évolution de celle-ci dans la période qui nous intéresse. Dans le cadre d'autres recherches, j'ai réalisé une telle analyse sur cinq années de *L'Esprit des journaux*[3] mais entreprendre de compléter cette analyse s'avère fort aléatoire — il existe en tout 477 volumes du journal, dont 114 parus dans la décade révolutionnaire. Dans cette étude j'ai donc décidé de mettre les chiffres de côté pour présenter une analyse plus intuitive, peut-être, mais, je l'espère, plus intéressante.

En l'absence de statistiques suffisamment représentatives, il y a d'autres indicateurs très éloquents sur l'évolution qui s'opère dans le domaine de la fiction dans l'*Esprit des journaux* pour la période qui précède 1789, et pour celle de la révolution elle-même, qui va durer jusqu'en 1801. D'un côté, nous pouvons suivre cette évolution à travers les différentes rubriques du journal, de l'autre, à travers les *avis* et *notices* des éditeurs. Sans donner un pourcentage exact, nous pouvons constater une chute ou une hausse importante dans le nombre d'oeuvres de fiction présentées, et, bien sûr, nous pouvons écouter les critiques qui nous présentent et commentent les changements dont ils sont eux-mêmes conscients.

Lorsque l'*Esprit des journaux* paraît pour la première fois en 1772, il est seulement composé de trois sections: 'Meilleurs livres', 'Notices littéraires' et 'Annonce des livres nouveaux'. La première section contient des comptes rendus de livres récents. Y paraissent également des contes, des poèmes et des essais. Les 'Notices littéraires' de la deuxième section sont des comptes rendus, de 2 pages au maximum. Les 'Annonces littéraires' ne donnent que des détails bibliographiques et commerciaux de publications récentes.

Si l'on fait analyse de la première section du journal dans les volumes de 1772, les belles-lettres, les sciences et les arts se disputent la première position. Les oeuvres d'histoire maintiennent une position honnête; la théologie, la jurisprudence ne figurent à peine. Bientôt, dans la même année, vont s'ajouter de nouvelles rubriques dont les 'Découvertes dans les Arts et Sciences' et les 'Anecdotes curieuses' — dont les liens avec la fiction sont parfois très forts.

---

2    L'Esprit des journaux, juillet 1792, p. 183, article tiré du *Journal encyclopédique*.
3    Il s'agit des années 1772, 1780, 1789, 1790, 1803. Ce dépouillement exhaustif faisait partie de la thèse de doctorat de l'auteur sur *l'Esprit des journaux* soutenue à l'Université d'Exeter en 1990.

A partir de 1775 et après un renouvellement important dans l'équipe rédactrice de *L'Esprit des journaux,* la partie 'fiction' du journal va être mise en valeur. Notons en passant la création de la rubrique 'Spectacles', mais surtout celle de deux sections importantes, les 'Mélanges' et les 'Poésies fugitives'.

La fiction jouera un rôle très important dans la section des 'Mélanges', où paraissent, entre autres, des contes moraux de Marmontel, extraits du *Mercure,* et présentés, comme dans le *Mercure,* sous forme de feuilleton.

L'incorporation d'une rubrique 'Poésies fugitives' confirme l'importance toujours croissante de ce genre. Cette tendance se remarque à l'époque dans tous les journaux littéraires, surtout le *Mercure,* et provoque un commentaire sur la popularité du genre dans l'étude de Gembicki sur *L'Epilogueur moderne.*[4] Si les journaux littéraires jouent un rôle important dans l'essor de la poésie au cours de la deuxième moitié du siècle, la poésie sera à la base de la création de plusieurs journaux, almanachs et étrennes. Comme le remarqueront entre autres les rédacteurs du *Journal des journaux,* le format d'un journal convient parfaitement à la dissémination de morceaux de peu d'étendue:

On voit naître chaque jour des piéces fugitives qui brillent par l'esprit, ou qui présentent une Morale & des recherches utiles, mais que leur petitesse semble avilir, & qui n'ayant point de contre-poids entre l'existence & le néant, tombent & rentrent dans l'oubli; nous leur donnerons place dans notre ouvrage [...].[5]

Une autre rubrique à paraître dans *L'Esprit des journaux* en 1775 s'intitule 'Traits de Bienfaisance'; preuve de l'intérêt que porte la presse littéraire de l'époque aux moeurs du temps, et sa volonté d'améliorer le comportement des lecteurs grâce à l'exemple — que celui-ci provienne de récits dits 'vrais', ou d'oeuvres de fiction. Si l'on regarde le fond des extraits et des oeuvres de fiction commentées de plus près, on remarque, d'ailleurs, comme d'autres l'ont déjà remarqué, que les moeurs et les questions de moralité dominent, d'une façon ou d'une autre, les romans et contes des années 70 et 80. Le journal littéraire joue dans ce domaine un rôle important de médiation entre auteur et lecteur; le critique va servir d'arbitre quant à l'utilité d'un ouvrage, voire de tout un genre. Prenons à titre d'exemple une critique qui paraît dans *L'Esprit des journaux* en 1780:

Le danger moral de ses romans provoque des observations. On veut bien croire qu'il [l'auteur] ait le noble dessein, comme il le dit dans sa préface, de travailler à arrêter la décadence des moeurs: mais il se trompe fort dans le choix de ses moyens. La *Clarisse* de Richardson pourrait toucher un ingénieux libertin, et lui inspirer pendant

4   Rétat, P. (ed), *Le Journalisme d'Ancien Régime,* Lyon, Presses universitaires, 1982, p. 242.
5   *Journal des journaux,* Mannheim, 1er janvier 1760, p. xi.

un moment le désir d'être vertueux; mais en lisant *Siegwart,* il se rira de la vertu et de son fade apologiste [...].[6]

Les relations entre le comportement de l'homme et la fiction qu'il lit ou qu'il écrit seront également une préoccupation des journalistes sous la Révolution. Mais tandis qu'avant 89, on parle plutôt de la façon dont la littérature risque d'influencer les moeurs, par la suite, on verra que l'on parle beaucoup plus souvent de la façon dont la littérature reflète l'âme de la nation.

Si l'on se tourne donc maintenant vers la période révolutionnaire, on peut constater que le profil du journal ne change guère au lendemain des événements de juillet 89. Les rubriques de 1775 demeurent inchangées, et les discussions d'esthétique et de moralité se poursuivent. Loin de dominer les derniers volumes de 89, la politique n'apparaît guère, et la fiction apolitique continue à y tenir une place importante. Les comptes rendus de romans évoquent même, de façon explicite, la hausse importante dans le nombre de romans à paraître en France à cette époque, hausse que Mylne et al signaleront également dans la *Bibliographie du genre romanesque.*

Mais, si la fiction se maintient dans la section 'Mélanges' jusqu'en 1795 et dans celle des 'Poésies fugitives' dans toute la période révolutionnaire, sans interruption, le nombre d'ouvrages de fiction dont on fait le compte rendu dans la première section du journal, commence à décliner perceptiblement à partir de 1790. Ceci semble aller à l'encontre des statistiques publiées dans la *Bibliographie du genre romanesque.* D'après celle-ci la production romanesque se maintient dans les premières années de la Révolution pour tomber de façon très nette en 1794.

Cette contradiction peut, il me semble, s'expliquer par le fait que la fiction nous est transmise par l'intermédiaire d'un journal, et que les journaux, surtout un journal compilateur tel *L'Esprit des journaux,* sont eux-mêmes touchés par la Révolution. La perturbation se fait sentir surtout au niveau des communications, à l'intérieur de la France, et entre les différentes parties de l'Europe. Des restrictions matérielles, manque de papier surtout, vont s'ajouter aux problèmes auxquels les rédacteurs du journal doivent faire face. En 1795 ces problèmes atteignent leur apogée, et les rédacteurs de *L'Esprit des journaux* se voient forcés de réduire le nombre de volumes du journal à paraître dans l'année; de mensuel, le journal deviendra bimensuel. Dans un *avis* qui paraît à la tête du volume de janvier/février 1795, les rédacteurs attribuent cette réduction, entre autres choses, au 'défaut de communication avec une grande partie de l'Europe'. Dans le volume de septembre/octobre de la même année, ils s'excuseront de nouveau:

---

6    *L'Esprit des journaux,* mai 1780, p. 421. L'article donne le compte rendu de *l'Histoire de Charles de Burgheim et d'Emilie de Rosenau* de Muller, auteur de *Siegwart.* L'article est attribué à la Revision de Manheim.

Les entraves sans nombre, & sur-tout la difficulté de se procurer du papier, ont occasionné l'année dernière, du retard dans l'impression de cet ouvrage, & nous ont même forcés d'en employer de toute qualité.

Mais dans le premier de ces deux *avis* les rédacteurs attribuent leurs problèmes à un autre facteur fort révélateur dans une étude du sort des oeuvres de fiction sous la Révolution. En effet, ils désignent comme cause directe de la réduction du nombre de volumes 'l'impulsion presque générale des esprits qui se porte exclusivement vers les discussions politiques'.

Dès juillet 1789, un article paru dans le journal avait parlé des 'circonstances présentes où les esprits tournés vers des objets politiques semblent refroidis sur tout autre intérêt'.[7] Ce genre d'observations sera, par la suite, lié plus étroitement à des oeuvres de fiction. Citons à titre d'exemple les commentaires sur lesquels s'amorce un article concernant un poème de l'abbé Cournand, qui s'intitule *La liberté ou La France régénérée:*

Aujourd'hui que la nation, d'un bout de la France à l'autre, s'occupe des questions les plus importantes; aujourd'hui qu'une philosophie libre et hardie travaille sans relâche à réformer les opinions destructives du bonheur public, est-il bien surprenant que l'on néglige les talens de l'imagination, la belle littérature, et cette fleur d'esprit qui ont fait la gloire et les délices du siècle brillant de Louis XIV? Au moment où, dégagés à peine du bandeau des systêmes politiques consacrés par une longue prescription, les yeux sont encore tout éblouis d'une nouvelle lumière, arrêteront-ils leurs regards sur des ouvrages d'agrément et sur les productions du goût? Non sans doute: ce seroit trop exiger; l'enthousiasme ne fait point partager son attention [...].[8]

En 1790, un journaliste remarquera que la politique a tout changé dans la littérature française 'si l'on peut même dire qu'elle existe encore';[9] et c'est une évolution qui se fait sentir dans toutes les branches de la fiction. Pour citer un article paru dans *L'Esprit des journaux* de novembre 1790:

Les vers qui paroissent parmi les pamphlets dont nous sommes accablés, ressemblent à des brins de verdure, à des primevères hatives, qui percent la neige pour réjouir nos yeux, encore un peu de tems, et le François, rassasié de politique et de complots, de pamphlets et de Révolutions, tournera ses regards vers les arts consolateurs qui s'enfuient, et dont l'absence seroit parmi nous le signal de la barbarie [...].[10]

---

7  *L'Esprit des journaux* juillet 1789, p. 4. L'article, composé d'extraits de plusieurs journaux, fait le compte rendu des *Voyages du jeune Anacharsis en Grèce* de l'Abbé Barthelemy.

8  *L'Esprit des journaux*, octobre 1789, p. 146. Article attribué au Mercure de France.

9  *L'Esprit des journaux*, janvier 1790, p. 75. Compte rendu des *Vœux d'un solitaire* de *Bernardin de Saint Pierre*; article attribué au *Journal encyclopédique* et aux *Annales patriotiques et littéraires de la France*.

10  *L'Esprit des journaux*, novembre 1790, p. 181. Compte rendu de *Poésies diverses* de M. Guietand (pas de source journalistique).

En février 1791, on fera la remarque que:

> Depuis que chaque jour en France fournit quelques pages à l'histoire, on s'y intéresse beaucoup moins aux romans.[11]

L'année suivante, au mois d'octobre:

> Ce n'est pas trop le tems des vers, et surtout de la poésie légère; nous sommes un peu sérieux, et il y a de quoi l'être.[12]

Les préoccupations de la nation se reflètent donc dans son attitude envers la fiction, qui devient superflue à un moment où la réalité dépasse les inventions de l'imagination la plus féconde, et où l'homme participe activement à sa propre histoire, au lieu d'en être le spectateur ou le lecteur passif.

Comme on a pu le remarquer dans les citations qui précèdent, la presse littéraire tente d'arrêter cette évolution fort nuisible aux belles-lettres et à la civilisation elle-même, et soit dit en passant, nuisible également à son propre commerce. Ces citations proviennent de journaux différents, dont les articles sont reproduits dans l'*Esprit des journaux*, mais les rédacteurs de celui-ci, dans une démarche très rare en fait, prennent la parole eux-mêmes à la suite d'un article extrait du *Journal encyclopédique*, pour tenter, à leur tour, d'arrêter le cours des événements:

> Le Journal encyclopédique auquel nous devons cet extrait, s'étend encore en éloges sur ce roman. Nous n'avons pas dû passer sous silence une nouvelle production de la célèbre Mistriss Smith; mais nous sommes bien éloignés de l'avis de ceux qui mettent le jargon politique qu'on trouve ici, au-dessus de l'intérêt répandu sur ses autres ouvrages.[13]

Les rédacteurs du journal avaient d'ailleurs déjà attaqué l'engouement politique du *Journal encyclopédique* dans un avis du mois précédant, où ils reprochent à ce périodique de se 'laisser guider par l'esprit de parti et par l'enthousiasme du moment'. Que leurs paroles soient une preuve de plus d'une certaine rivalité entre les deux journaux, ou que ce soit un aperçu lucide sur les dangers de l'engagement politique à cette époque turbulente, il n'en demeure pas moins que le *Journal encyclopédique* tombera peu de temps après.

Le *Journal encyclopédique* ne sera pas d'ailleurs le seul journal littéraire à disparaître à cette époque. Dans le même *avis, L'Esprit des*

---

11  *L'Esprit des journaux*, février 1791, p. 424; compte rendu des *Heureux modèles*, ou *l'école du bonheur* (pas d'auteur ni de source journalistique).
12  *L'Esprit des journaux*, octobre 1791, p. 64; compte rendu d'une collection de poèmes de Bonnard, extrait d'un article du *Mercure de France*.
13  *L'Esprit des journaux*, novembre 1793, p. 217; compte rendu de *Desmond* de Charlotte Smith.

*journaux* se plaindra d'autres disparitions 'dans un moment [...] si peu avantageux à toute entreprise littéraire':

> Le Journal des savans est tombé, après une existence vénérable d'au-delà d'un siècle. Le Mercure de France se ressemble si peu sous sa nouvelle forme, que bien des gens le confondent avec toutes ces apparitions éphémeres dont il est environné, et craignent qu'il ne partage le même sort.[14]

L'excellent *Dictionnaire des journaux* nous fournira d'autres exemples de journaux littéraires qui ont connu alors le même sort, comme, par exemple, la célèbre *Année littéraire*. Il est à noter qu'à partir de cette époque, c'est-à-dire début 1794, *L'Esprit des journaux* ne cite que très rarement ses sources journalistiques à la fin de chaque article ainsi qu'il avait l'habitude de le faire. Autre manifestation peut-être des perturbations qui se faisaient sentir dans le monde de la presse périodique.

Si *L'Esprit des journaux*, par souci d'impartialité et de survie rejette l'esprit de parti, il ne peut pas pour autant bannir la politique de ses pages, vu le nombre de publications, fiction et non-fiction, qui en font leur matière principale. Si la Révolution porte un coup sérieux aux belles-lettres, elle s'impose aussi sur la partie de la littérature qu'elle laisse survivre, et les comptes rendus de *L'Esprit des journaux* seront, comme les pages des journaux où il puise son matériau, des témoins éloquents de la politisation du théâtre et de la poésie des années 90. Citons à titre d'exemple seulement le volume de *L'Esprit des journaux* de mai/juin 1795, où, sur les 12 morceaux de poésie dans la section 'Poésies fugitives', 9 sont à thème politique. En même temps, parmi les rares poèmes à ne pas parler des événements du jour, on peut constater la percée de l'idylle dans le domaine de la poésie — un genre qui, s'il ne sert pas de contrepoids à d'interminables hymnes nationaux et patriotiques, témoigne peut-être d'un certain désir d'évasion chez un peuple auquel la conjoncture politique laisse peu de liberté pour rêver.[15] On peut noter également, entre parenthèses, que dans la partie non-fiction de l'ouvrage les récits de voyages prennent une place démesurée dans les années 1790 — autre preuve peut-être de ce besoin d'évasion.

Les romans de l'époque, selon le témoignage de *L'Esprit des journaux*, fournissent moins de preuves de préoccupations politiques que la poésie et le spectacle. On attendra plus longtemps pour lire des revues de romans où la Révolution sera explicitement invoquée dans le titre ou dans l'analyse de l'intrigue (1795). Selon un critique du moins, ce mariage de la politique et de la forme romanesque n'était pas sans risques:

> [...] a-t-on pu, dans les Chevaliers du Cygne, sans blesser toutes les convenances, faire de Charlemagne un monarque constitutionnel, donner à des chevaliers des idées

---

14     *L'Esprit des journaux*, octobre 1793 avis [p. 409].
15     Voir par exemple, *l'Esprit des journaux* de juin 1793, p. 173, et de mars 1794, pp. 177-180.

abstraites sur le pacte social, et charger de la défense de la liberté un visir, une sultane et un eunuque?[16]

Si la politique perce moins perceptiblement dans le domaine du roman, les relations internationales de l'époque y trouvent leur place, de façon assez inattendue. En effet, dans les années 1790 on trouve maints commentaires sur la mode des romans anglais, dont, selon les journalistes, la France se trouve inondée:

> On sait combien, il y a quelques années, on voyait de traducteurs à l'afût de nouveautés angloises. Bon ou mauvais, à mesure qu'un livre sortoit de la presse à Londres, on l'envoyait bien vite en France, ou souvent trois ou quatre personnes mettoient le même ouvrage au jour. Cette manie de tout traduire nous a inondés d'une foule de romans souvent insignifians, froids et dénués d'intérêt.[17]

Si le critique trouve à redire sur la qualité de ces romans, les lecteurs en étaient plus que friands et cet engouement pour la littérature anglaise auprès du public français nous donne un aperçu intéressant de l'esprit national des Français en temps de guerre. En effet, cette mode est à l'opposé de la situation réelle qui existait alors entre les deux pays. D'autres symboles de la 'Perfide Albion' étaient d'ailleurs bannis de la France à la même époque: en août 1793 on décrète l'arrestation de tout Britannique se trouvant sur le sol français; en octobre de la même année l'importation de biens manufacturés en Angleterre est défendue, prohibition qui sera réitérée en octobre 1796.

Si les commentaires des journalistes français, en faisant l'extrait de ces romans, se concentrent surtout sur la fécondité des auteurs anglais et sur la qualité des traductions, cette mode provoque également, en 1795, des réflexions sur la littérature en tant que reflet des moeurs nationales:

> Il y a long-tems que l'Angleterre est en possession de nous approvisionner en romans. La balance de cette branche de commerce littéraire est toute entière en sa faveur. On a dit ques les moeurs d'un peuple se peignent dans ses romans; si cela est, que penser des moeurs d'un peuple où ce genre de productions est presqu'entièrement épuisé? Il seroit injuste d'appliquer ces réflexions à la nation française depuis la révolution. Certes elle a été occupée de soins bien autrement importans; et si quelque chose a dû étonner les autres nations, c'est la constante opiniâtreté avec laquelle ce peuple si connu jusqu'alors par sa légéreté, a poursuivi l'ouvrage de son indépendance. Les François ont montré véritablement un caractère que l'on n'auroit pas dû attendre de leurs anciennes moeurs et de la frivolité de leur esprit. Quoique cette teinte si profondément imprimée ne soit pas encore entièrement effacée, il est une remarque honorable pour eux, c'est qu'on ne sache pas qu'il ait

---

16    *L'Esprit des journaux*, janvier/février 1796, pp. 151-152; compte rendu des *Chevaliers du Cygne, ou la cour de Charlemagne*, conte historique et moral, avec des allusions à la révolution française, tirées de l'histoire de Mme de Genlis.

17    *L'Esprit des journaux*, avril 1794, p. 374, extrait des *Affiches, annonces et avis divers*.

paru une seule production de pur agrément durant le cours de leurs agitations politiques.[18]

Voilà une transformation intéressante; la pénurie d'oeuvres françaises 'de pur agrément' au début de la Révolution considérée comme regrettable, voire comme 'le signal de la barbarie', devient maintenant un sujet de fierté nationale. Le même sentiment se trouve exprimé dans la critique de *L'Almanach des muses*, qui devait paraître la même année:

> Les meilleures poésies patriotiques forment depuis plusieurs années la base de l'Almanach des muses [...] Une des obligations que les lettres auront à la révolution, c'est qu'elle bannira de notre poésie le persifflage, le papillotage, en un mot, l'espèce de mauvais goût qui tient à la corruption. Déjà l'on commence à s'en appercevoir: car ces gentillesses grimacières deviennent tous les jours plus rares.[19]

Si les lecteurs français persistent à vouloir se débaucher par la lecture des romans, les journaux littéraires essayeront toujours de corriger les excès dont ces productions font preuve:

> Puisque d'une part on s'obstine à faire, et d'une autre à lire des romans, il vaut bien autant les avoir bons, et à cet effet indiquer, quand l'occasion s'en présente, les moyens d'y réussir; dans tous les cas, il faut bien en parler dans les journaux littéraires, pour que ceux-ci soient, comme ils doivent l'être, des dépôts fidèles de l'histoire, et même de l'historiette de l'esprit humain.[20]

Dans leurs critiques de la fiction, les journalistes se donneront également pour tâche de préserver la pureté de la langue française.[21]

Nous avons constaté ci-dessus que, dans les premiers jours de la Révolution, la lecture de romans en France était inversement proportionnel à la participation active des Français dans les événements politiques du jour. En 1797 cette équation se trouve reformulée à l'avantage du roman, mais au détriment du livre d'histoire:

> Nous observons que jamais en France on n'a si peu lu d'histoire et tant lu de romans; le commerce de la librairie fait foi de cette vérité, qui mérite peut-être d'être expliquée. En seroit-il de l'histoire comme de la tragédie? On demandoit, en '93, à Chamfort, pourquoi le public ne prenoit plus d'intérêt à la tragédie; il répondit; c'est qu'elle court les rues; de même notre indifférence pour l'histoire ne viendroit-elle pas de ce que nous sommes trop occupés à la fournir pour trouver de l'intérêt à la

18    *L'Esprit des journaux*, juillet/août 1795, pp. 75-76; compte rendu de *Celestine ou la victime des préjugés*, de Charlotte Smith.

19    *L'Esprit des journaux*, janvier/février 1795, pp. 88-89; compte rendu de *l'Almanach des muses pour l'an troisième de la république française*.

20    *L'Esprit des journaux*, juin 1798 p. 58; compte rendu de *Gernance, ou la force des passions*, anecdote française, de Joseph Rosny.

21    Voir, par exemple, *L'Esprit des journaux*, juin 1798, p. 70.

lire, et que les choses que nous faisons pour elle, sont plus grandes que ce qu'elle peut nous raconter des autres.[22]

Ce qui ne devra pas empêcher que soit transmise aux générations futures l'histoire de l'ère révolutionnaire; la fiction y jouera un rôle important:

> C'est à la romance à perpétuer, par des chants simples et populaires, le souvenir de tous les faits mémorables qui peuvent nous inspirer, tout-à-la-fois, et la haine de la tyrannie, et l'amour de la justice. C'est à la romance à faire éclore la sensibilité dans les plus jeunes enfans, et à leur transmettre de la manière la plus sûr et la plus touchante la tradition historique.[23]

Cette mainmise sur l'histoire de la révolution et l'exploitation de la littérature à cette fin, n'est peut-être qu'un symptôme d'un autre phénomène dont le journal est témoin; celui de l'accaparement de l'imaginaire par le régime politique:

> Le talent et l'activité semblent être l'apanage de tout républicain; et les travaux de l'homme-de-lettres comme ceux de l'artiste, occupent une partie de l'attention du gouvernement, qui, tout entier aux grands intérêts de la patrie et de la liberté, trouve le temps de penser à tout.[24]

Les belles-lettres ne seraient donc plus l'apanage du monde civilisé, elles seraient, plus spécifiquement, celui d'un peuple libre et républicain!

La fiction, dans ses différentes manifestations, n'a donc pas une valeur fixe, en tant que symbole, dans la période révolutionnaire — c'est le moins qu'on puisse dire — et les interprétations différentes, parfois contradictoires, dont elle est sujette se font sentir de façon très nette dans l'évolution de la critique des traductions de romans anglais. En 1797, comble de l'ironie, ces romans vont servir de modèle de patriotisme aux auteurs français. En commentant la façon dont un auteur anglais fait évoluer ses personnages principaux, le critique remarquera que:

> L'estimable auteur n'a pas eu pour but unique le bonheur de ces deux individus. Son point de vue a été le bien public, le bien que peut faire à l'Angleterre un représentant instruit et vertueux. [...] Français! lisez, lisez; pénétrez-vous de l'importance de la représentation nationale. Pères, mères, parens, amis, voisins, instituteurs concourez à ce grand oeuvre.[25]

---

22   *L'Esprit des journaux*, novembre/décembre 1797, p. 142; compte rendu de *Henry*, roman traduit de l'anglais.

23   *L'Esprit des journaux*, mai/juin 1795, p. 338, compte rendu de *Romances historiques*.

24   *L'Esprit des journaux* novembre/décembre 1795, p. 102; compte rendu d'un *Recueil de hymnes, odes &c. relatifs aux fêtes décadaires*, imprimés par ordre de la commission de l'instruction publique.

25   *L'Esprit des journaux*, septembre/décembre 1797, p. 336; compte rendu d'une traduction d'*Edmond & Eléonora* de E. Marshall.

Mais de telles exhortations à l'émulation sont de courte durée, avec l'arrivée en France du roman noir, mode nouvelle que les journalistes vont essayer de combattre, en dépit du goût prononcé des lecteurs pour ce genre d'ouvrages. Le patriotisme refait surface dans ce débat, mais, loin de prendre la littérature anglaise comme modèle, ce sont des ouvrages de souche française, et des ouvrages plus gais, remarquons-le, qui vont servir de 'contre-poison' à ces 'noires compositions' britanniques. Citons, à titre d'exemple une critique de 1798:

> Voici encore un de ces jolis roman français dont l'intérêt, la délicatesse, la grâce contribueront plus que la critique des journaux, à faire rebuter les monstrueux romans de Londres qui, depuis trois ou quatre ans, ont fait une descente si fâcheuse dans notre littérature.[26]

Et, en 1801, l'on trouvera de nouveau une référence à la façon dont la fiction représente le miroir de l'âme nationale; de ses aspirations, de ses cicatrices:

> Il est temps enfin que nous soyons délivrés de l'influence de la peur, même dans nos plaisirs.[27]

mais tout en évoquant les horreurs nationales, on trouve le moyen de faire valoir la France renaissante — 'Ce roman que nous annonçons a des couleurs toutes françaises',[28] et de dénoncer l'ennemi traditionnel:

> cette espèce de terreur introduite dans la république des lettres en France, au moment ou elle commençait à refleurir, était un don de l'Angleterre, accoutumé à de pareils présens.[29]

L'exorcisme du passé doit se pratiquer à l'aide du sourire, du rire même, comme le dira le critique d'un poème intitulé *L'Epître à mon sans culotte*, dans *L'Esprit des journaux* de janvier 1801:

> C'est sur ce ton qu'il convient de se venger de ce régime de la terreur, non moins insensé qu'atroce, plutôt que par des jérémiades éternelles, ou par des emportements qui ressemblent, pour la plupart, aux coups qu'Arlequin donnoit en l'air, lorsqu'il voyait bien loin de lui le sot et brutal Scapin, par qui il s'étoit fait battre.[30]

---

26  *L'Esprit des journaux*, octobre 1798, p. 80; compte rendu de *La Dot de Suzette, ou Histoire de Mme de Senneterre, racontée par elle-même*.

27  *L'Esprit des journaux*, novembre 1800, p. 235; compte rendu du *Chevalier Robert ou Histoire de Robert le brave* du comte de Tressan.

28  *Idem.*

29  *L'Esprit des journaux*, février 1799, p. 79, compte rendu d'*Elise ou le modèle des femmes*. Il est à noter qu'il s'agit ici d'un roman traduit non pas de l'anglais, mais de l'allemand.

30  *L'Esprit des journaux*, janvier 1801-01, pp. 79-80; compte rendu de *L'Epître à mon sans culotte*, par le C. Daru.

Que les voeux du critique soient exaucés ou non par la suite, que la guérison
de la mémoire collective s'accomplisse à travers les arts d'agrément ou non,
nous voici arrivés en 1801, et au terme de la période que je m'étais prescrite
en abordant cette analyse. Il est certain que cette date, celle de la paix entre la
France et l'Europe, fut accueillie avec toutes sortes de témoignages d'espoir
quant au rétablissment de la stabilité économique et politique, et dans
l'espoir d'une reprise correspondante de l'activité littéraire de la France.

Témoin de toutes les étapes que la France, et la fiction française avaient
traversées, témoin surtout du lien symbiotique qui relie la fiction aux
aspirations et aux craintes des auteurs, des lecteurs et des journalistes
français de cette époque orageuse, *L'Esprit des journaux*, lui aussi,
témoignera du nouveau élan d'espoir. Dans un *avertissment* qui paraît dans le
volume de mai 1801, les rédacteurs prévoient une reprise imminente dans les
relations littéraires et commerciales, et un nouvel essor correspondant de
leurs propres activités. Est-ce qu'il serait trop osé de dire que le journal se
fait la fidèle image de son époque, de la fiction de celle-ci et de son peuple,
jusque dans son aspect 'physique'? Epais et florissant à la veille de juillet 89,
il deviendra plutôt décharné au milieu des années 90 avec une réduction dans
sa périodicité et dans le nombre de ses pages, ses ennuis de santé se lisant
jusque dans son papier légèrement grêlé qui lui donne mauvaise mine.
Malgré la disparition de bon nombre de ses contemporains, il traversera cette
période difficile, pour présenter enfin un nouveau visage tout rayonnant de
santé et d'espoir; la publication mensuelle reprend en 1798 et, en mai 1801,
les rédacteurs annoncent que désormais leur journal sera imprimé 'avec un
nouveau caractère et sur un très-beau papier'.

Yannick SEITE
Université Paris VII Denis Diderot

# Le 'Roman Hebdomadaire',[1]
# Fiction et information dans la gazette au XVIIIe siècle

> Nous lirions nos journaux avec bien plus de plaisir si notre langue, comme celle des Indiens kwakiutl, nous obligeait à dire avec précision quand un discours se fonde sur une expérience personnelle, une extrapolation, une rumeur ou un rêve.
> (Ernst Cassirer, *Le Mythe de l'Etat*, tr. fr. Paris, Gallimard, 1993, p. 31, évoquant une remarque du linguiste Franz Boas.)

## I. Mensonges, romanesque et gobe-mouches: gazettes et nouvellistes dans le discours du temps

On s'est avisé, depuis quelques années, d'aller mettre au jour la fiction dans des sites où l'on ne s'était guère accoutumé à la débusquer d'ordinaire. Dans des lieux *a priori* humblement voués au stockage d'informations pures — un paradis de positivisme — et qui, de ce fait, *ne pensaient pas*: on songe au document d'archive[2]. Dans des constructions textuelles qui, au contraire, éminemment conscientes d'elles-mêmes, de leurs fins et de leurs moyens, réflexives si l'on veut, ont cru longtemps s'élaborer à côté du récit, du récit romanesque en particulier, quand ce n'était pas contre lui: c'est alors du discours historique que nous parlons[3]. Dans cette perspective, se mettre en demeure de chercher la fiction dans la gazette — la moins évidemment littéraire des feuilles d'Ancien Régime — est une entreprise qui, sans aller de soi, apparaîtra d'autant plus légitime que ce journal offre un statut générique

---

1   L'expression est de Camusat qui, dans son *Histoire critique des journaux* (Amsterdam, 1754) désigne ainsi les gazettes. Elle est citée par Shelly Charles, 'Sur l'écriture au présent: la *Gazette d'Amsterdam* et la *Gazette de France*', *Les Gazettes européennes de langue française (XVIIe-XVIIIe siècles)*, textes réunis par Henri Duranton, Claude Labrosse et Pierre Rétat, Saint-Etienne, PU de Saint-Etienne, 1993, p. 178.

2   Les travaux de Natalie Zemon Davis (en particulier *Pour sauver sa vie. Les Récits de pardon au XVIe siècle*, tr. fr. Paris, Seuil, 1988, dont le titre original est *Fiction in The Archives*) et d'Arlette Farge (en particulier *Le Cours ordinaire des choses dans la cité au XVIIIe siècle*, Paris, Seuil, 1994) illustrent cette tendance.

3   Dans la continuité des réflexions épistémologiques désormais classiques de Paul Veyne, Michel de Certeau et Paul Ricœur, l'ouvrage de Jacques Rancière *Les Mots de l'histoire. Essai de poétique du savoir*, Paris, Seuil, 1992 est la plus récente tentative en ce sens. Sur les relations entre fiction et histoire, on consultera notamment aussi le n° 54 de la revue *Le Débat*, Paris, mars-avril 1989.

et pragmatique qui le situe à mi-chemin du document d'archive et du discours historique. Il participe du premier en ce qu'il est couramment sollicité comme source par l'historien[4]. Il fonctionne alors comme une chronique, un réservoir de données, un répertoire de paroles et de gestes. Il se rapproche du second en ce que les textes qu'il contient rendent compte de façon consciente et élaborée de faits politiques intervenus récemment mais qui déjà appartiennent au passé: on peut alors parler d'histoire immédiate[5].

Mais que dit-on exactement lorsqu'on parle de 'fiction' à propos du texte des gazettes? Dans une entreprise qui, en dépit des précédents qu'elle se croit en droit d'évoquer, conserve un caractère paradoxal, le problème du sens que l'on donne à ce mot dépasse la question lexicale pour rejoindre le souci épistémologique. La gazette comme 'fiction'? Les contemporains usaient d'autres périphrases: Camusat parle à son propos de 'roman hebdomadaire' quand le voyageur Maistre de La Tour, en prélude à son *Histoire d'Ayder-Ali-Khan*, évoque avec mépris 'les Contes bleus qui ont paru dans les gazettes'[6] autour de la personne de ce sultan de Maïssour dont il avait commandé l'artillerie et qu'il connaissait donc mieux que personne en Occident. On n'aura pas de mal à repérer deux sèmes dominants dans ce discours des contemporains sur la gazette: celui d''erreur' ou de 'mensonge' et celui de 'romanesque'. La première de ces unités de sens est par exemple privilégiée par telle allusion de Mercier, dans le chapitre de son *Tableau de Paris* intitulé 'Liseurs de gazettes', au 'bourgeois de Paris' qui, 'mille fois trompé [...] le sera encore le lendemain. Il est tellement né pour l'erreur qu'on lui apprête [...]'[7]. Voltaire quant à lui pointe très précisément la seconde lorsqu'il écrit à Madame du Deffand, en décembre 1759:

> [...] je songe à ce que vous pouvez lire d'intéressant, Madame; lisez les gazettes, tout y est surprenant comme dans un roman. On y voit des vaisseaux chargés de Jésuites; et on ne se lasse point d'admirer qu'ils ne soyent chassés que d'un seul royaume. On y voit les Français battus dans les quatre parties du monde; le marquis de Brandebourg fesant tête tout seul à quatre grands royaumes armés contre lui, nos ministres dégringolant l'un après l'autre, comme les personnages de la Lanterne magique, nos bateaux plats, nos descentes dans la rivière de la Vilaine. Une petite

---

4    Ce statut d'archive a été reconnu aux gazettes dès l'origine et c'est à raison que S. Charles (art. cit., p. 177) parle d''une projection immédiate de la gazette dans son devenir d'archive'. Les recueils et collections de gazettes réalisés par les contemporains témoignent de ce fait.

5    Dans 'Les gazettes: de l'événement à l'histoire', *Etudes sur la presse au XVIIIe siècle*, n°3, Lyon, PU de Lyon, 1978, pp. 23-38, P. Rétat, rappelant que 'Bayle, Vigneul-Marville, Camusat, reconnaissent tous l'intérêt des journaux politiques comme recueils de faits historiques, et même comme tentative d'une histoire du présent' (p. 26) a montré que, de cette 'continuité de la gazette à l'histoire' (p. 25) aussi, les contemporains ont conscience.

6    Guy Deleury, *Les Indes florissantes. Anthologie des voyageurs français (1750-1820)*, Paris, Laffont, 1991, p. 47.

7    Louis-Sébastien Mercier, *Le Tableau de Paris*, rééd. Paris, Mercure de France, 1994, vol. I, p. 1218.

récapitulation de tout cela pourrait composer un volume qui ne serait pas guai, mais qui occuperait l'imagination.[8]

Quant à l''erreur', ou au mensonge, les causes en sont structurelles et politiques. Elles tiennent à la lenteur des moyens de communication du temps; à la fiabilité incertaine des réseaux de correspondants entretenus par les gazetiers. A la censure voire aux manipulations auxquelles les pouvoirs sont toujours soupçonnés de vouloir se livrer[9]. La main, la plume qui 'apprête' l'erreur, c'est celle du gazetier ou celle du ministre? Celle de l'espion, pourquoi pas? D'où une constante appréhension de l'information en termes de 'bruits' et de 'fausses nouvelles', un climat général de doute et de suspicion dont Mercier rend compte avec verve dans le chapitre de son *Tableau* que nous évoquions à l'instant et que la *Correspondance secrète* met plaisamment en scène en rapportant tel mot de Monsieur de Bièvre,

> Le Calembourdier par excellence [qui] lorsqu'on lui annonça la mort du Maréchal de Conflans s'écria *fausse nouvelle*; on lui reprocha de ne pas croire un événement dont on avoit la certitude. *Je ne doute pas*, répondit-il, *que cela ne soit vrai, mais il l'est aussi que c'est une* nouvelle fosse *qu'on aura à faire, & voilà ce que je veux vous dire*.[10]

Versant 'romanesque', on constate que le modèle que Voltaire a en tête, lorsqu'il élabore sa comparaison, est plus proche du conte tel qu'il le pratique lui-même — à la rigueur du romanesque tel que Prévost peut l'incarner — que du réalisme richardsonien défini par Diderot dans de son fameux *Eloge*: voyages ('vaisseaux'), guerres ('les français battus'), exotisme ('dans les quatre parties du monde'), la gazette évoque, à l'avantage de son lecteur, des expériences aussi cruelles, comiques et fécondes que celles vécues par Candide. Elle est un écran ('on y voit') sur lequel défilent des silhouettes parfois héroïques, plus souvent ridicules. Ne nous hâtons pas de dire que ce sont les hommes. Des 'ministres', plus modestement. Essentiellement politique et diplomatique, le propos de la gazette ne devient philosophique que secondairement, pour qui sait la lire. Reste cette qualité immédiatement romanesque d'une information — romanesque noir (tout ça n'est 'pas guai'), fondé sur une esthétique de la surprise et de la variété ('tout

---

8   *Best*. D 8630.
9   Sur la manière dont le pouvoir royal réprime les excès de liberté supposés des gazettes hollandaises, on consultera en particulier Jeroom Vercruysse, 'La réception politique des journaux de Hollande, une lecture diplomatique', *La Diffusion et la lecture des journaux de langue française sous l'Ancien Régime*, Amsterdam, APA & Maarsen, Holland UP, 1988, pp. 39-47 et Jack Censer, 'Maupeou et la presse politique', *Les Gazettes européennes de langue française*, op cit., pp. 291-298.
10  *Correspondance secrète, politique & littéraire, ou Mémoires pour servir à l'Histoire des Cours, des Sociétés & de la Littérature en France, depuis la mort de Louis XV*. Tome quatrième. A Londres, Chez John Adamson. 1787, p. 189.

y est surprenant comme dans un roman') — qui, tout comme la fiction, sollicite d'abord 'l'imagination' de qui la lit.

Le lecteur justement. On sait que, amateur de gazettes, on le nomme 'nouvelliste' et que l'espèce, depuis La Bruyère, en est constamment moquée, par les voies du texte comme par celles de l'estampe. La satire du nouvelliste est un genre trop pratiqué pour qu'il soit possible de convoquer toutes les occurrences du personnage. Nous nous en tiendrons au Rousseau des *Confessions* et au Montesquieu des *Lettres persanes* qui illustrent l'un et l'autre, à partir cette fois de la figure du lecteur, la *fictivité* essentielle de la gazette. Les erreurs et mensonges de cette dernière ne peuvent passer qu'auprès d'un lecteur infiniment crédule. Telle va donc être l'une des qualités les plus libéralement reconnues aux nouvellistes par les satiristes, vertu que Jean-Jacques Rousseau, à l'en croire, incarne dignement dans sa jeunesse. Evoquant la francophilie dont il faisait preuve durant son séjour à Chambéry, il remarque:

> J'étois donc François ardent, et cela me rendit nouvelliste. J'allois avec la foule des gobe-mouches attendre sur la place l'arrivée des courriers, et plus bête que l'ane de la fable je m'inquietois beaucoup pour savoir de quel maitre j'aurois l'honneur de porter le bât: car on prétendoit alors que nous appartiendrions à la France [...].[11]

Nouvelliste ou 'gobe-mouches': le second terme est synonyme du premier et témoigne de l'infinie crédulité dont est ordinairement crédité le lecteur de gazettes. Quant à Montesquieu, c'est, par la bouche de Rica, sur le pôle du 'romanesque' de la gazette qu'il met l'accent en remarquant, à propos des nouvellistes:

> La base de leur conversation est une curiosité frivole et ridicule; il n'y a point de cabinet si mystérieux qu'ils ne prétendent pénétrer; ils ne sauraient consentir à ignorer quelque chose; ils savent combien notre auguste sultan a de femmes, combien il fait d'enfants toutes les années [...].[12]

C'est ici bien sûr l'idée de *frivolité* qui importe et doit être rapprochée du discours topique tenu, tout au long du siècle, sur le roman et sa futilité; sur la vanité, l'inexistence ou l'incertitude des savoirs que l'on retire de sa lecture — et bien heureux si celle-ci ne n'est pas purement et simplement assimilée à la porte d'entrée du vice. Ce *topos*, Diderot le formule avec une remarquable densité dans son *Eloge de Richardson*: 'Par un roman, on a entendu jusqu'à ce jour un tissu d'événements chimériques et *frivoles*, dont la lecture était

---

11    Rousseau, *Confessions, Œuvres complètes* I, Paris, Gallimard, 1959, p. 184.
12    Montesquieu, *Lettres persanes*, éd. de Paul Vernière, Paris, Garnier, 1975, p. 272. On peut opposer, à la lecture oiseuse des gazettes ici moquée par Montesquieu celle, proprement philosophique, à laquelle Robert Favre ('Montesquieu et la presse périodique', *Etudes sur la presse au XVIIIe siècle*, op. cit., pp. 38-59) a montré qu'il se livrait lui-même au point d'utiliser directement la matière fournie par les gazettes de Hollande dans *De l'esprit des lois*.

dangereuse pour le goût et pour les mœurs.'[13] Admirons l'identité des vocabulaires: c'est dans les termes réservés à la lecture — réputée féminine — du roman que l'on rend compte de la lecture — considérée ordinairement comme réservée aux hommes — de la gazette.

Cette appréhension générale de la gazette en termes de fausseté, de mensonge et de romanesque, cette identité des discours tenus sur la lecture du journal et sur celle du roman, nous entendons, dans les pages qui suivent, en analyser les causes et les sources. Elles sont multiformes. Présentes à l'esprit des contemporains pour certaines d'entre elles, elles leur échappent probablement pour ce qui est de certaines autres. Nous n'insisterons pas ici sur les raisons liées à l'infrastructure de l'information sous l'Ancien Régime que nous avons déjà évoquées plus haut. Leur mise au jour impliquerait que nous nous livrions à une tâche d'historien de la politique, de la diplomatie, de l'administration... Nous concentrerons nos regards sur les pratiques textuelles et éditoriales. Sur l'écrivain et le gazetier. Sur l'écriture et la composition de la gazette comme sur l'esthétique romanesque alors dominante.

## II. L'écrivain et le journaliste: confusion des statuts, réciprocité des emprunts

Pratiques textuelles donc, mais aussi sociales: si les frontières sont difficilement perceptibles entre texte journalistique et texte romanesque, si les propos du temps témoignent d'une perméabilité des genres et d'une identité de lectures semblablement vaines ou pernicieuses à en croire Montesquieu et Diderot, c'est d'abord parce que, depuis Bayle et en dépit du mépris quasi universel dans lequel est tenue l'activité de qui collabore à la presse périodique[14], le départ est, *de facto*, bien souvent difficile à faire, dans la République des lettres, entre le journaliste et l'écrivain. Conformément à notre souci de privilégier la presse politique, nous n'évoquerons que pour mémoire la presse littéraire et les cas — bien étudiés — de ces nombreux écrivains qui sont aussi journalistes (Marivaux, Prévost, Diderot, Marmontel, Mercier... tant d'autres moins célèbres) et dont l'existence même est tout à fait propre à jeter la confusion dans les esprits, à renforcer l'interpénétration des sphères de l'information et de la fiction qui fait l'objet de nos analyses[15].

---

13  Diderot, 'Eloge de Richardson', *Œuvres*, Paris, Gallimard, 1965, p. 1059. Nous soulignons.

14  Au point que le journaliste devient, sous l'Ancien Régime, un type de comédie; voir François Moureau, 'Journaux et journalistes dans la comédie française des 17e et 18e siècles', *La Diffusion et la lecture des journaux*, op. cit., pp. 153-166.

15  Faute de pouvoir entrer dans le détail bibliographique des grandes études de Michel Gilot sur Marivaux, Jean Sgard et S. Charles pour Prévost, de Jacques Wagner sur Marmontel et le *Mercure*..., renvoyons à la synthèse rapide et récente de Pierre

Nous nous arrêterons en revanche sur le cas du Grenoblois Dubois-Fontanelle qui figure exemplairement, entre fiction et information, l'intrication des pratiques professionnelles et scripturaires. Ayant connu un succès de scandale en 1767 avec son drame *Ericie ou la Vestale*, il fut sollicité 'par le prince Maximilien pour créer une gazette.'[16] Il dirigera 5 années durant la *Gazette des Deux-Ponts* et le bureau de nouvelles qui y était attaché. A son retour, et jusqu'en 1788, il travaillera à la *Gazette de France*. L'intérêt du personnage tient à ce qu'il s'était d'abord fait connaître comme littérateur, s'essayant, nous dit Jean Sgard, 'successivement et sans grand succès à tous les genres à la mode: comédie sentimentale, drame historique, conte moral, traduction de romans anglais.'[17] Egalement auteur de romans, Dubois-Fontanelle incarne donc cette perméabilité des frontières entre activité littéraires et tâches journalistiques qui peut expliquer pour partie la suspicion dans laquelle est tenue l'information puisée dans la gazette. Ses activités de gazetier (mais aussi de journaliste littéraire) et d'auteur ou — d'adaptateur — de fictions narratives (ses *Aventures philosophiques* datent de 1766, ses *Effets des passions ou mémoires de monsieur de Floricourt* de 1768, ses *Contes moraux* sont publiés en 1779, ses traductions de deux romans anglais en 1788) s'interpénètrent profondément[18]. C'est probablement cette double carrière qui explique la place singulière, sans équivalent parmi les feuilles con-currentes, qu'occupent, dans la *Gazette des Deux-Ponts*, les anecdotes, faits divers, historiettes et autres *exempla* que Dubois-Fontanelle publie chaque semaine sous une rubrique spécifique et auxquels Denis Reynaud consacre, ici même, une étude. Son titre de 'Variétés' dit suffisamment la nature *diverti-ssante* d'anecdotes qui se présentent pourtant volontiers comme des textes à finalité instructive voire édifiante[19].

---

Lepape, 'Journalistes et hommes de lettres. Les positions de l'Encyclopédie', *Recherches sur Diderot et sur l'Encyclopédie*, n° 18-19, octobre 1995, pp. 105-113.

16   J. Sgard, *Dictionnaire des journalistes* 1600-1789, Grenoble, PU de Grenoble, 1976, p. 129.

17   *Ibid.*, p. 130.

18   Et si profondément que les trois tomes de ses *Nouveaux mélanges sur différents sujets, contenant des essais dramatiques, philosophiques et littéraires*, publiés en 1781 mais présentés comme écrits pour le *Mercure* entre 1768 et 1770, contiennent un texte intitulé 'La gazette'. N'ayant malheureusement pu mettre la main sur aucun exemplaire des Nouveaux Mélanges, nous tirons nos informations d'Angus Martin, Vivienne Mylne et Richard Frautschi, *Bibliographie du genre romanesque français 1751-1800*, London, Mansell & Paris, France Expansion, 1977.

19   On reconnaît là l'ambiguïté fondatrice de ces occasionnels dont Roger Chartier a montré la fonction d'édification ('La pendue miraculeusement sauvée. Etude d'un occasionnel', R. Chartier dir., *Les Usages de l'imprimé*, Paris, Fayard, 1987, pp. 83-127) mais dont on sait aussi (voir les réactions de Pierre de l'Estoile, grand lecteur de ces 'fadèzes', collectées dans les *Mémoires-Journaux* par Maurice Lever et rassemblées dans sa préface à *Canards sanglants. Naissance du fait divers*, Paris, Fayard, 1993, en part. les pp. 13, 163, etc) que les contemporains les détournaient volontiers de leurs fins apologétiques. Il est sûr par ailleurs qu'entre le XVIe siècle — moment de leur apparition — et le XVIIIe qui les voit disparaître, les canards se

Dans un autre registre, mais toujours à distance du journalisme littéraire, que penser des habitudes du Père Bougeant (détaillées dans le présent volume par Geraldine Sheridan), auteur du fameux *Voyage merveilleux du Prince Fan-Férédin dans la Romancie* et qui collabore à sa manière à l'information de son temps en inventant, sitôt que le besoin d'argent se fait sentir, des monstres qu'il vend pour un louis aux imprimeurs de 'canards', ces occasionnels décrits par Jean-Pierre Seguin comme les vecteurs essentiels de 'l'information en France avant le périodique'[20]? Les échanges entre le journal et l'écrivain ne se font pas à sens unique. Si ce dernier est un pourvoyeur essentiel pour les périodiques ou les occasionnels, les organes d'information, en retour, offrent à l'auteur de fictions une source potentiellement inépuisable. On sait qu'il arrive à Prévost de 'puise[r] simplement dans la gazette'[21]. Un siècle avant les débuts de l'auteur de *Manon Lescaut*, François de Rosset fait paraître en France des *Histoires tragiques* terribles et édifiantes, incessamment traduites et rééditées jusqu'en 1742. Maurice Lever[22] a montré comment certaines d'entre elles consistaient en la réécriture de quelques-uns des canards qui circulaient à l'époque. L'emprunt des littérateurs à l'information (ou, en l'occurrence, à cette forme de paléo-information que constituent les occasionnels) est donc presque aussi ancien que l'information elle-même et les deux figures de Bougeant et de Rosset, chacune à un bout de la chaîne de communication, semblent particulièrement emblématiques de la perméabilité des frontières et de la connivence fiction/information. La chose est tellement entendue que le rédacteur de la *Correspondance secrète* met, à l'occasion, libéralement à la disposition de l'écrivain intéressé plusieurs des historiettes supposées authentiques qu'il rapporte. Narrant une histoire de mari trompé, il conclut: 'Elle a tout l'air d'une comédie qui n'attend plus qu'un bel esprit pour en réjouir notre scène.'[23]

Pourtant, par-delà l'indistinction des statuts professionnels et la réciprocité des emprunts, c'est d'abord dans l'écriture même de la gazette et dans l'esthétique de l'authenticité pratiquée, tout au long du siècle, par la majorité des romanciers, que se trouvent les sources des discours dont les termes ont été plus haut rapportés.

---

sont peu à peu dépouillés de leurs fins édificatrices; voir le cas, évoqué *infra*, du Père Bougeant auteur de 'monstres'.

20 Voir Jean-Pierre Seguin, *L'Information en France avant le périodique. 517 canards imprimés entre 1529 et 1631*, Paris, Maisonneuve et Larose, 1964. Sur Bougeant, voir aussi l'édition procurée par Geraldine Sheridan et J. Sgard du *Voyage merveilleux du Prince Fan-Férédin dans la Romancie*, Saint-Etienne, PU de Saint-Etienne, 1992, p. 11.

21 J. Ducarre, dans son édition de *Manon Lescaut*, Paris, 1955, p. 329.

22 Maurice Lever, 'De l'information à la nouvelle: les "canards" et les "Histoires tragiques" de François de Rosset', *Revue d'Histoire Littéraire de la France*, n° 4, 1979, pp. 577-593.

23 *Correspondance secrète*, t. 7, p. 312.

## III. Roman et vérité au XVIIIe siècle

On sait que l'esthétique sur laquelle se fonde une large part de la production romanesque du XVIIIe siècle repose sur une dénégation de la fiction. Le choix de formes telles que celle de la nouvelle historique, du roman-mémoires, du roman par lettres…; le soin que les auteurs mettent à éviter, en page de titre, la présence de l'indication générique 'roman' au profit des mentions 'Histoire véritable de…', 'Confessions de…', etc tout ceci atteste l'existence d'un rapport différent de celui qui prévaudra au siècle suivant aux notions de vérité, de vraisemblance, d'illusion[24]… Citons Georges May:

> Persuadés que la valeur supérieure de l'histoire par rapport au roman romanesque était proportionnelle à celle de la vérité par rapport au mensonge, la plupart des romanciers […] annexèrent tout simplement le roman à l'histoire et remplacèrent tout bonnement dans leurs titres le mot *roman* par celui d'*histoire* [25].

Pour énoncer les choses rapidement et au prix d'une simplification outrancière de la question — la plus complexe peut-être, et peut-être la plus étudiée de toutes celles posées par le roman au XVIIIe siècle — nous pourrions dire, en empruntant à Jan Herman, auteur du plus récent travail sur la question, son vocabulaire, qu'au fur et à mesure que le siècle avance, les proclamations de soumission à une 'vérité référentielle objective' disparaissent devant la mise en place d'un régime de fiction qui privilégie la 'vraisemblance interne' du roman: 'la vraisemblance apparaît de moins en moins comme l'imitation idéelle d'un fait ou d'un événement historique, mais comme un problème de plausibilité narrative.'[26] Autrement dit, la fiction de la non fiction, qui se traduisait par l'affirmation du caractère documentaire du texte et plaçait ce dernier dans une relation mimétique à une réalité factuelle externe, cède la place à un régime fondé sur un pacte d'illusion que l'auteur signe avec son lecteur. Bien sûr, ce passage d'une esthétique de l'authentique à une esthétique du possible ne s'est pas fait en un jour: diverses conceptions de la vérité et de l'illusion romanesques ont cohabité tout au long d'un siècle durant lequel les protestations de vérité, de véracité, de non fictivité des auteurs n'ont jamais — jusqu'à Sade, à des fins et avec des réussites diverses — cessé de se faire entendre. C'est d'abord cela que nous voulions rappeler: au XVIIIe siècle, la qualité d'une fiction se

---

24  Sur ces questions, voir les travaux de Jacques Rustin, en particulier 'L'histoire véritable dans la littérature romanesque du XVIIIe siècle', *Cahiers de l'Association Internationale des Etudes Françaises*, n° 18, 1966, pp. 89-102 et 'Mensonge et vérité dans le roman français du XVIIIe siècle', *Revue d'Histoire Littéraire de la France*, n° 1, 1969, pp. 13-38.

25  Georges May, *Le Dilemme du roman au XVIIIe siècle. Etude sur les rapports du roman et de la critique (1715-1761)*, New Haven, Yale UP & Paris, PU de France, 1963, p. 143.

26  Jan Herman, *Le Mensonge romanesque. Paramètres pour l'étude du roman épistolaire en France*, Leuven, Leuven UP & Amsterdam, Rodopi, 1989, p. 152.

juge pour partie à l'aune de l'habileté de son auteur à faire croire en l'existence réelle de ces personnages dont on lit les lettres, de ces événements privés ou collectifs dont on tient chronique. C'est dans le langage de la vérité, de l'authentique, en référence à une réalité externe et donnée pour effective qu'au XVIIIe siècle, l'auteur parle de son ouvrage.

Or, en choisissant ce langage, en protestant incessamment de la conformité de son livre à la vérité des faits, en se pliant à cette esthétique de l'authenticité, c'est avec des critères dont on s'attendrait à ce qu'ils soient réservés à l'histoire mais aussi, pour ce qui nous concerne, au discours journalistique, que le roman exige d'être jugé. Et de fait, on constate bel et bien qu'au XVIIIe siècle, la valeur du texte de fiction et celle du texte de journal d'information sont évaluées sur le même terrain, en fonction des mêmes critères de conformité à une vérité externe. Cet écho: bruit ou nouvelle fiable? Et ces lettres? Authentiques ou controuvées[27]? Tout ou partie? Un siècle après le triomphe littéraire — qui se trouve donc aussi, par définition, être un triomphe de la duperie — des *Lettres portugaises traduites en François*, *La Nouvelle Héloïse*, en particulier grâce à la prodigieuse virtuosité de son auteur dans le maniement du paratexte, parviendra à enflammer et à berner à nouveau nombre de lecteurs.

En somme, on le voit, gazette et roman tantôt échangent leurs valeurs tantôt partagent des valeurs ou des contre-valeurs identiques. La frontière est floue et indistincte entre les genres, entre les discours tenus sur ces genres, entre la manière dont l'un et l'autre sont lus. De cette proximité entre fiction et information, de cette dictature de l'histoire véritable ou de la nouvelle historique, le rédacteur de la *Correspondance secrète* se désole. Parlant d'un ouvrage hasardeusement spéculatif de l'astronome Bailly, futur maire de Paris, il remarque: 'Tandis qu'on accuse nos poètes de rejeter les agrémens de l'imagination, on reproche à un de nos célèbres astronomes de s'égarer dans le labyrinthe de l'hypothèse.'[28]

Paradoxe d'un temps qui aborde le roman dans les mots mêmes de la vérité quand il dit la gazette avec le langage propre de la fiction. Aussi, lorsque Michel Butor remarque qu''alors que le récit véridique a toujours l'appui, la ressource d'une évidence extérieure, le roman doit suffire à susciter ce dont il nous entretient'[29], c'est à un aujourd'hui des systèmes d'information et de l'esthétique romanesque qu'il se réfère, en rien aux pratiques et aux mentalités qui prévalaient à l'âge moderne. Reste qu'il est hors de doute que l'éthique des gazetiers ne les ait poussés vers toujours plus

---

27   Sur l'usage — politique mais nécessairement informé par le modèle littéraire du roman épistolaire — des lettres fictives dans le journal, voir Christophe Cave et D. Reynaud, 'La fausse lettre au journal en 1793', à paraître dans *La Lettre et le politique, actes du colloque de l'A.I.R.E*, Calais, 1993.

28   *Correspondance secrète*, t. 7, p. 286.

29   Michel Butor, 'Le roman comme recherche', repris dans *Essais sur le roman*, Paris, Gallimard, 1969, p. 9.

d'objectivité. Simplement, il se trouve que la rhétorique littéraire (la
littérature) a un droit d'antériorité de plusieurs siècles sur la rhétorique du
journal (le journalisme) et que, malgré les efforts du gazetier, le modèle de
l'écriture littéraire est tellement prégnant qu'il a le plus grand mal à s'y
soustraire: thèmes et formes, l'écriture de fait ordinairement neutre et sèche
de la gazette est essentiellement mitée de littérature.

## IV. 'Le roman est le laboratoire du récit'[30]

Lettres de correspondants, anecdotes parfois infléchies vers l'*exemplum*,
longues séries événementielles fractionnées sur le modèle du feuilleton[31]... il
n'est guère de forme, de genre ou de procédé convoqué par la gazette qui ne
trouve son modèle ou son origine dans les pratiques des écrivains ou celles
des journaux littéraires. Mais c'est principalement par le recours au récit,
auquel il se voit contraint incessamment, que le gazetier, malgré qu'il en ait,
côtoie la littérature. Soit cette relation parue en 1775 dans la *Gazette
d'Amsterdam*:

> De VIENNE *le 7 Janvier*. On apprend de *Constantinople* qu'après que le Chevalier
> Renier, Ministre-Extraordinaire de la République de *Venise* auprès de la *Porte*, eut
> fait son Entrée Publique dans ladite Capitale, quatre Sultanes, favorites du Grand-
> Seigneur, lui envoyèrent chacune, avec le consentement de S. H., une Bourse,
> contenant cent de ces Espèces, nommées *Sultanes*; que ces Bourses de couleur jaune
> & cachetées de leurs Cachets, renfermoient chacune un Billet avec ces mots: *La
> Sultane envoye ce Présent à Son Excellence le Bayle de* Venise *pour s'être
> extraordinairement distingué en Présens & en magnificence*; que les Dragomans ou
> Interprètes, qui accompagnerent ce Ministre dans les Audiences qu'il eut du Sultan
> & du Grand-Visir, furent très bien reçus, ainsi que les gens de sa Suite; que les
> Capitaines des Vaisseaux, qui avoient amené le Chevalier, obtinrent une robe
> d'honneur & une bourse de cent Piastres, jusque-là même que la poudre, que l'on
> avoit employée à honorer son Entrée, fut bonifiée; qu'un Présent de Chocolat, que
> son Excellence avoit envoyé au Grand-Visir, fit tant de plaisir à ce Ministre *ottoman*,
> qu'il régala le Porteur d'un Présent de cent Piastres.[32]

La seule typographie de ce texte très riche mériterait une étude autonome.
Contentons-nous de quelques remarques. Pour signaler d'abord que nombre
de procédés, à rebours de toute aspiration à une quelconque joliesse littéraire,

---

30  *Idem.*
31  Au moment où Marmontel tronçonne ses *Contes moraux* pour les faire paraître dans
    le Mercure, les gazettes rendent compte des 'crimes' de la bête du Gévaudan (mais
    aussi, plus généralement, de tout événement de quelque durée) sur un mode itératif
    qui rappelle celui du feuilleton; voir notre article 'La Bête du Gévaudan dans les
    gazettes. Du fait divers à la légende', *Les Gazettes européennes de langue française*,
    op cit., pp. 145-153.
32  Suite des nouvelles d'Amsterdam. Du 20 Janvier 1775.

semblent aller dans le sens d'une sèche restitution de la réalité. Le fait, par exemple, qu'il s'agisse là d'une longue phrase unique, construite à partir d'une proposition principale sur laquelle viennent se greffer une suite de subordonnées complétives — chacune d'entre elles étant introduite par la reprise anaphorique de la conjonction de subordination 'que' — tend à aligner l'écriture du récit sur le modèle de la prose juridique ou administrative. Si tel adverbe, loin d'ajouter à la précision du propos, le pare à l'occasion d'un flou subjectif (les interprètes furent 'très bien reçus'), si telle contruction syntaxique joue évidemment de l'hyperbole ('le présent de chocolat fit tant de plaisir au ministre [...] que...'), frappe la neutralité générale du propos, l'utilisation, par exemple d'un sec adjectif de couleur (les bourses sont dites 'jaunes') qui, par son laconisme et son isolement, en devient presque incongru et acquiert une précision hyperréaliste. Malgré tout, le récit, peut-être même à l'insu de son rédacteur, joue à plein de ses séductions sur l'imagination et sur l'imaginaire du lecteur du XVIIIe siècle.

Il y a d'abord ce puissant effet d'exotisme lié à l'Orient. Nous ne sommes pas loin ici du second niveau de romanesque que nous avons proposé de distinguer: dépaysement, exotisme. Galland pointe le nez. Erotisme aussi tant il est difficile à un lecteur du temps de lire cette nouvelle hors de la production romanesque contemporaine qui tout entière l'informe. Chardin, Montesquieu, des dizaines de suiveurs... on sait le sens qu'ont pris, au XVIIIe siècle, l'Orient et ses sérails dans l'esprit de la France qui lit. Les promesses contenues dans la simple présence, sur une page de titre, du mot 'Orient' ou d'un prénom de houri... Aussi, telle mention qui pouvait paraître banalement informative ne tarde-t-elle pas à se charger d'un sens tout autre. Les bourses contiennent 'cent de ces Espèces, nommées Sultanes' et ce sont quatre sultanes, 'favorites du Grand-Seigneur', qui les font tenir au diplomate vénitien. L'identité des noms fait instantanément de ces objets autant de métonymies de leurs premières propriétaires. Ce sont des sultanes qui sont proposées en présent au Chevalier Renier. Les favorites s'offrent au diplomate. On pourrait dériver de ces rêveries homonymiques vers des considérations symboliques... S'interroger sur le sens de ces 'cachets'... La précision incongrue de la 'couleur jaune' des bourses opère comme un puissant effet de réel. Il semble moins fructueux d'analyser une telle mention en termes de vérité ou de mensonge, comme une manifestation de la volonté du gazetier d'accréditer la vérité de son information qu'en termes de romanesque. 'Ce que nous raconte le romancier, remarque Michel Butor, est invérifiable et, par conséquent, ce qu'il nous en dit doit suffire à lui donner cette apparence de réalité.'[33] Face au présent des sultanes, le gazetier (s'entend: celui qui a écrit la relation) est dans la position du romancier: producteur d'énoncés invérifiables qui doivent d'eux-mêmes tirer leur puissance de conviction. Et devant une telle relation, l'activité

---

33	M. Butor, 'Le roman comme recherche', art. cit., p. 8.

herméneutique du nouvelliste ne peut guère être distinguée de celle du lecteur de roman. On le voit, la fiction est donc deux fois présente dans cet extrait de la gazette. D'abord par la *littérarité* des faits eux-mêmes, avec ces sultanes et cet Orient qui est l'Orient romanesque même avec lequel Galland familiarise ses lecteurs; ses magnificences et son érotisme délicat ou terrible. Ensuite dans le simple fait qu'il y ait recours au récit dans la transmission de l'information. Fiction renvoie alors non à la relation de faits inventés mais à une forme. Comme N. Zemon Davis, nous entendons dans ce cas

> par 'fictionnel' non ce que les textes peuvent avoir de 'faux' mais plutôt, ainsi que l'indique l'autre sens, plus large, du verbe latin *fingere*, ces éléments formels et structurels qui les façonnent et les modèlent: tous ces éléments, autrement dit, qui participent de l'art de la narration[34].

De cette ultime source de confusion entre l'information et la fiction, comme d'ailleurs de cette autre qui tient en propre à l'esthétique romanesque et que nous avons évoquée plus haut, il n'est pas sûr que les contemporains aient été conscients[35]. La proximité des activités de l'écrivain et du journaliste, la prolifération des fausses nouvelles devaient leur apparaître avec plus d'évidence. Mais tout porte à croire que les gazetiers en revanche ont été au fait des prestiges et des dangers du récit comme aussi de ceux de la description, autre procédé fondamentalement marqué par ses emplois littéraires et auquel ils recourent volontiers[36].

Ainsi s'explique sans doute le fait que, dans le texte éminemment rhapsodique d'un numéro de gazette[37], le récit soit incessamment concurrencé par des textes insérés qui ne relèvent pas du genre narratif et qui, se posant d'emblée comme *objectifs*, déplacent les termes de la question du vrai et du mensonger quand ils ne la résolvent pas. Tel est le cas des discours et des textes officiels par la publication incessante desquels la gazette, faute de pouvoir assumer la dimension fictionnelle de son écriture comme aujourd'hui le font nombre d'historiens, s'essaye pathétiquement à tenir séparés *res fictae* et *res factae*[38], le douteux de l'avéré, le narratif du documentaire.

---

34 N. Zemon Davis, *Pour sauver sa vie*, op. cit., p. 19.
35 S. Charles semble pourtant le suggérer quand elle écrit, dans 'Sur l'écriture au présent', art. cit., p. 179, que 'l'effet de "roman" attribué souvent à la gazette viendrait donc moins du recours ponctuel à la fabulation que d'un mouvement nécessaire de compensation, où la connaissance de l'histoire est remplacée par des modèles organisateurs puissants, identifiés comme plus ou moins littéraires.' Nous soulignons.
36 Sur l'utilisation de la description dans la gazette et sur ses effets mystifiants, voir notre article déjà cité sur la Bête du Gévaudan.
37 Sur la structure de la gazette, voir C. Labrosse et P. Rétat, 'Le texte de la gazette', *Les Gazettes européennes de langue française*, op. cit., pp. 135-144.
38 C'est à Hans Robert Jauss que nous empruntons ce doublet; voir 'L'usage de la fiction en histoire', tr. fr. *Le Débat*, op. cit., pp. 89-113.

Eric FRANCALANZA
Université de Nancy II

# La représentation de la réalité littéraire
# dans la *Gazette littéraire de l'Europe* (1764-1766)

La *Gazette littéraire de l'Europe*[1], créée en 1764 par l'abbé François Arnaud et Jean-Baptiste-Antoine Suard, s'offre à nous comme le miroir des réalités culturelles et philosophiques du milieu des années 1760. En ce sens, elle semble s'attacher à un souci d'objectivité: il s'agirait avant tout d'informer des nouveautés littéraires et scientifiques. Son but s'apparenterait ainsi à celui que d'Alembert assigne à l'*Encyclopédie* dans son *Discours préliminaire*: 'que les sciences et les arts se prêtent mutuellement des secours'; en informant, la *GLE* se désigne en effet comme organe de communication entre les savants ainsi que le déclarent les rédacteurs eux-mêmes: 'C'est sur-tout depuis que la littérature est devenue un métier que la fonction des journalistes a du cesser d'en être un et se montrer plus philosophique que jamais'[2].

Mais comment se laisser prendre à un tel jeu aujourd'hui? Nous savons bien que tout discours, surtout écrit, réglé par la typographie, par les conditions mêmes qui lui imposent d'être, (ré)invente le réel, fût-il scientifique. Aussi, ce que la *GLE* nous propose d'interroger, c'est la relation qu'entretiennent science, art et fiction au sein du texte journalistique. Le texte journalistique ne crée-t-il pas en effet lui-même une fiction d'un ordre particulier, née de la fonction objectivante dévolue à l'écriture journalistique et de ses limites obligées?

Le titre même de la gazette postule déjà cette interaction entre un type d'écriture journalistique, une matière l'objet littéraire, qui exclut d'emblée tout factuel politique, et une visée l'Europe. Aussi bien l'objectivation de la réalité littéraire passe-t-elle nécessairement par une représentation de l'espace européen, une définition du statut du rédacteur, enfin des procédés d'écriture tels que l'extraction et l'insertion de lettres, qui ne sont certes pas étrangers à d'autres journaux. En ce sens, la *GLE* peut nous permettre de saisir, avec une acuité d'autant plus précise que cette gazette eut une existence brève (1764-1766), une partie du problème de la relation entre réel et écriture au sein du texte journalistique des Lumières.

---

1    Nous abrègerons désormais *Gazette littéraire de l'Europe* en *GLE*.
2    *GLE*, Tome IV, 9 janvier 1765.

# I. L'espace

Ainsi, la *GLE* propose un découpage du réel qui n'est sans doute pas différent de celui des autres gazettes, mais qui prend, dans le contexte où elle voit le jour — c'est la fin de la guerre de Sept Ans —, une dimension particulière et affirme de manière renouvelée le besoin des penseurs français d'ouvrir leur communauté philosophique sur le monde. Dès lors, le monde se trouve comme réfracté dans la gazette, et les modes d'écriture s'efforcent de dire une réalité qu'il nous faut représenter plus précisément à travers l'analyse de ces modes mêmes. Cette réfraction se lit tout d'abord assez bien dans la mise en texte de l'espace. Aussi, la représentation de l'espace obéit à des lois d'écriture qu'il importe de dégager tout de suite si l'on veut vérifier qu'en effet, la gazette est vraiment pour les savants et les lettrés un moyen de communiquer au-delà des frontières. On distinguera donc le référent réel (Europe), l'espace figuré par le contenu du texte et l'espace typographique dans lequel le texte est mis en œuvre.

## 1. *Une représentation hiérarchisée de l'Europe*

a) Avant le numéro 10 du 28 avril 1765

Jusqu'au numéro 9 du 24 avril 1765[3] inclusivement, l'espace européen est découpé, voire fortement hiérarchisé: les articles sont classés par pays dans un ordre immuable; cet ordre est le suivant: Russie, Suède, Danemark ou Pologne[4], Allemagne, Espagne ou Portugal, Italie, Suisse, Angleterre, Hollande ou Belgique, enfin la France. Les alternatives montrent déjà que tous les pays ne reçoivent pas un écho égal dans la gazette. Vers quatre, voire cinq nations sont plus spécialement tournées les préoccupations des rédacteurs: l'Allemagne, l'Italie, l'Angleterre, la France et, parfois, la Suède. Ce sont donc les Etats du Nord qui intéressent davantage les rédacteurs: l'espace géopolitique — pays avec lesquels ou contre lesquels se fit la Guerre de Sept Ans — correspond assez précisément à l'espace philosophique. Ou plus exactement: à un effort d'universalisme paneuropéen correspond, dans une lecture politico-philosophique de la mise en page générale de la gazette, l'idée d'un pacifisme: les pays sont ainsi regroupés symboliquement sous la même bannière, celle d'une gazette qui depuis Paris,

---

3    A partir du tome V, la numérotation reprend à 1. Le numéro 9 s'étend de la page 177 à la page 192. L'*Avis des Editeurs* qui le clôt marque une rupture dans la conception de la gazette: cf. *infra*.

4    Dans le cas des alternatives, précisons qu'on ne trouve jamais les deux pays ensemble dans un même numéro.

cherche à faire entrer en contact les lettrés de toutes nations, bannière fédératrice des esprits, celle de la République des Lettres[5].

b) A partir du numéro 10 du 28 avril 1765

L'*Avis des Editeurs* de la *GLE* qui figure à la fin du numéro 9 du 24 avril 1765 marque un tournant dans la conception de la gazette. C'est l'inadéquation entre une ambition qui couvre un espace immense — l'Europe — et les réalités dans lesquelles cet espace se voit contraint d'être enfermé qui justifie de prime abord ce changement de cap:

> Dès les commencemens de notre entreprise nous nous apperçumes que le Plan étoit trop vaste pour être exécuté en son entier dans le petit espace que nous avions à remplir.[6]

L'expérience du *Journal étranger* eût déjà dû faire sentir aux directeurs de la gazette quelles restrictions leur imposait le cadre qu'ils s'étaient choisi. Ils paraissent alors renoncer au principe du *Catalogue* — les notices sont jugées *trop austères et trop générales* — pour rendre raison de leur volonté d'étendre le système des suppléments: soit 64 pages in-8° dans lesquelles les nouvelles ne sont plus classées par pays. Ces nouveaux numéros contiennent en outre des *Notices*, qui ressemblent fort à ce que le *Journal des Savans*, par exemple, appelle *Notices littéraires* dans lesquelles la critique est plus sèche — ce sont parfois de simples annonces de livres qui donnent lieu, pour certains, à de plus amples commentaires dans un numéro ultérieur.

En somme, à travers cette modification se saisit l'originalité, si je puis dire, originelle de la *GLE*, mais aussi le besoin de normalisation, d'extension, et peut-être aussi de répit, car les feuilles hebdomadaires sont jugées *la partie la plus difficile du travail*, qui se fait jour à partir de 1765. Il s'agit en effet désormais d'un bihebdomadaire. Une tension vers une forme d'exhaustivité s'accompagne aussi d'un regard plus élargi sur l'Europe: à l'Italie, notamment, sont consacrés davantage d'articles. Mais sans doute les événements n'ont-ils plus besoin d'être traités de la même façon: le *Rapport sur l'Inoculation* donne ainsi lieu à une polémique très violente, et à ce propos l'on voit, dès le numéro du 13 mars 1765, la gazette sortir de la neutralité où elle s'était cantonnée:

> Nous n'osons rendre compte de l'impression qu'a faite sur nous la lecture de cet Ouvrage; c'est celle qu'éprouvent tous ceux qui ont suivi l'histoire de l'Inoculation

---

5    Il est intéressant de lire ce que dans son livre remarquable sur *L'Invention de l'intellectuel* au siècle des Lumières, Didier Masseau dit de l'état de cette République des Lettres dans la seconde moitié du XVIIIe siècle.

6    *GLE*, tome V, 24 avril 1765, n° 9, p. 192.

& qui n'ont porté dans cette dispute d'autre intérêt que celui de la vérité & de l'humanité.[7]

Certes, cet événement ne concerne que la France, mais la bonne foi des journalistes — la *vérité* et *l'humanité* qu'ils invoquent — marque combien leur prise de position est censée relever d'une opinion généralement admise. 1765 marque donc un tournant: l'Europe n'a plus besoin d'être hiérarchisée. Ce qui compte, c'est l'étranger *largo sensu* (tout ce qui n'est pas français), car il permet de se démarquer d'autres journaux tout aussi sérieux. L'espace européen nécessite cependant une plus grande attention: la critique se veut en effet plus approfondie, et l'espace typographique devient un enjeu fondamental dans la réalisation de ce nouveau projet. En fait, ce que l'on découvre, c'est l'impossibilité sans cesse redite de l'exhaustivité, critère supérieur, semble-t-il, de la fonction du journalisme et du rapport du texte journalistique à la réalité.

## 2. *Significations de l'espace typographique*

C'est pourquoi l'espace typographique prend ici une dimension qu'il importe d'éclairer.

En raison du format du livre, le double colonnage n'existe pas: toutes les nouvelles se lisent à la manière d'un roman, voire de pensées, puisque certains articles fort longs succèdent à des articles dont la sécheresse accuse soit l'absence d'information soit le désintérêt:

> L'Auteur de cet Ouvrage est un homme instruit, accoutumé à penser, qui voit assez bien, mais dont les idées sont souvent communes, & qui méprise beaucoup trop la partie du style.[8]

ou encore:

> Voici encore un François travesti en Turc, & que peut-être on trouvera pas assez déguisé pour ne pas désirer qu'il fût resté dans son état naturel,
> Chacun pris dans son air est agréable en soi,
> Ce n'est que l'air d'autrui qui peut déplaire en moi.
> Tout l'historique de cet Ouvrage est sans doute intéressant, mais toute la partie romanesque est foible.[9]

La brièveté ne fait ici que renforcer l'âpreté de la critique, et l'espace typographique réservé à l'article en manifeste le caractère polémique. L'investissement de l'espace, le lot ainsi attribué à chaque article, réduisent

---

7     *Ibid.*, tome V, 12 mars 1765, n° 2, p. 25.
8     *Ibid.*, Tome VIII, 1er décembre 1765, n° 24, p. 64 (article intégral).
9     *Ibid.*, Tome II, 11 juillet 1764, n° 23, p. 159-160.

l'objectivité et mettent en évidence le point de vue du rédacteur. L'information ne peut plus être neutre: elle suppose une part d'invention, qu'on appellera invention critique, et qui se manifeste déjà dans l'espace textuel.

De plus, cet espace est vécu comme une restriction: nous avons parlé du changement d'orientation de la gazette en avril 1765. Il y a là un leurre, car les journalistes ont ainsi l'impression qu'ils pourront couvrir, tant en superficie qu'en profondeur, l'espace des lettres européennes. L'échec se lit alors d'une part dans l'impossibilité d'insérer les notices dans chaque numéro, d'autre part dans des moratoires fréquents tels que 'La suite pour le prochain Journal' ou 'Les Notices dans l'Ordinaire prochain' etc., qui sont autant d'appels à poursuivre la lecture. L'espace typographique réduit ainsi encore l'espace d'exploration et maintient le journaliste dans une constante épreuve de censure[10]: il faut trier les informations, ce qui est un handicap dirimant à l'ambition encyclopédiste d'exhaustivité. Etre objectif, c'est donc aussi faire son deuil d'une représentation complète des réalités. Différer l'information revient en somme à éluder ce problème et à trahir une sorte de naïveté: en cela, les rédacteurs de la gazette ont cru, comme les Encyclopédistes, à la possibilité d'embrasser un ensemble de faits de connaissance. Leur manière de traiter l'espace typographique le confirme.

En outre, l'espace typographique se signifie également par le chapeau que le lecteur distingue du texte du fait qu'il en est isolé et que l'italique et le texte en langue originale, accompagné de sa traduction, lui sont réservés, l'italique étant lui-même l'apanage du texte traduit en français. Dans la gazette, la nécessité de traduire les titres rappelle sans cesse l'œuvre même du rédacteur, traducteur avant tout, c'est-à-dire interprète et non simplement informateur. C'est au prix de cette trahison — la traduction était plutôt une adaptation du texte étranger — que se diffuse la connaissance des lettres étrangères. Suard, on le sait, fait paraître une partie de l'*Ossian* de Macpherson[11], égrenant ces extraits de numéro en numéro, contribuant ainsi à faire connaître davantage la poésie anglaise à propos de laquelle Voltaire, dans un éloge très mêlé, n'avait parlé que 'de morceaux admirables'[12].

Sous un aspect formellement objectif, le chapeau témoigne donc symboliquement, en dépit de son allure, si je puis dire, impartiale, des phénomènes de distorsion, dus notamment ici à la traduction, que met en œuvre l'article.

---

10   S'étonnera-t-on de ce que Suard soit devenu censeur des spectacles?

11   Alfred C. Hunter dit à ce propos dans sa thèse sur *Suard introducteur de la littérature anglaise en France*: 'Suard choisit ses morceaux avec un goût très sûr et un fin discernement de ce qui convenait à un auditoire français. Il publia avec, pour lui, une régularité et une persistance remarquables'.

12   Voltaire, *Lettres philosophiques, 22e Lettre*, Paris, Editions Garnier, 1964, Coll. Classiques Garnier, p. 128.

Mais plus encore, c'est le livre en tant qu'objet d'étude qui se trouve ainsi mis en valeur. Le chapeau consacre sa présence dans un espace — le monde des lettres européennes, d'une part — et son importance dans l'œuvre des journalistes par la manière dont son titre prend place, d'autre part, dans l'espace du livre. L'œuvre littéraire est ainsi donnée comme présence réelle, partie matérielle et déchiffrable du monde, et comme réalité objective — en tant qu'objet — et objectivable — en tant qu'objet contenant un savoir —. C'est aussi sans doute la raison pour laquelle le journaliste s'efface derrière l'œuvre dont il parle en ne signant jamais les articles[13]; mais, chose curieuse, la critique, lorsqu'elle naît de ce rapport étrange du contenu à son contenant — du texte à l'espace dans lequel il est imprimé —, revêt alors une dimension polémique prégnante. Journaliste: *deus in abstentia* ?


## II. Le statut du rédacteur

En effet, le statut du rédacteur contribue nettement à conférer une apparence d'objectivité à cette représentation de la réalité littéraire.


### 1. *Anonymat et multiplicité des rédacteurs*

Il faut dire tout d'abord qu'Arnaud et Suard sont loin d'être les seuls rédacteurs de la gazette et que tout un réseau d'informateurs-rédacteurs — notamment dans les grandes académies d'Europe et les ambassades — fait parvenir des nouvelles au Ministère des Affaires étrangères dont dépend la gazette. Les journalistes reçoivent ainsi soit des journaux soit des articles: le chevalier d'Eon envoie, par exemple, la *London Chronicle* et la *Monthly Review* ou encore le *London Magazine*... Ainsi l'anonymat peut apparaître comme un principe déontologique, car sauf dans le cas des lettres adressées aux directeurs, personne ne signe les articles. L'anonymat est donc renforcé par le fait qu'autour des directeurs-rédacteurs, d'autres noms participent à l'élaboration des articles: Voltaire lui-même demande à rester dans l'ombre![14] Cette multiplicité des rédacteurs et l'ignorance où l'on est des sources — entendons par là de l'identité exacte des rédacteurs — tendent à poser l'article comme le produit d'une pensée ou d'un jugement de type démiurgique.

---

13    Ici se pose en filigrane un problème aigu : la reconnaissance de l'auteur.
14    Je tire cette information d'Alfred C. Hunter, *op. cit.*: 'Voltaire exigea l'anonymat complet, mais Arnaud tissa le voile de telle sorte que tout le monde le perça aisément' (p. 47).

## 2. *Statut et fonction de la première personne*

Mais cela ne signifie pas pour autant que la première personne n'ait pas sa place dans les articles ou qu'aucun jugement de valeur ne soit jamais porté: la présentation des ouvrages ne relève pas souvent de la notice. Le 'nous' sert, comme à l'accoutumée, à faire connaître la démarche ou le sentiment du rédacteur:

> Le second morceau que nous allons traduire présente le tableau d'une fille qui vient pendant la nuit attendre son amant.[15]

Ce qui est remarquable, c'est que l'appréciation qui concerne ce passage est présentée par la suite de manière plus neutre, et la forme impersonnelle est alors requise, soit par l'effacement du pronom personnel, soit par le choix du pronom indéfini qui en appelle au lecteur:

> Il seroit difficile de trouver dans aucun Poète un tableau plus touchant resserré en un aussi petit espace, & dont les mouvemens fussent plus variés et plus rapides: c'est un Drame entier. Qu'on compare ce ton avec celui des Welches, on verra la différence d'un peuple sauvage avec un peuple barbare (p. 258).

Dans le même article, le rédacteur — sans doute Suard — compare le passage d'*Ossian* à une ode de Thomas Gray, 'l'un des meilleurs Poètes d'Angleterre':

> Cette Ode passe généralement pour un des plus beaux morceaux de Poésie lyrique qu'ayent produit les Anglois: elle nous paroît en effet pleine de noblesse, d'harmonie, de chaleur & de force : mais nous ne conseillons à personne d'en juger par les endroits que nous avons traduits. Ceux qui auront lu l'original, qui connoîtront la timidité de notre Langue, & qui auront égard à la précipitation de notre travail, auront quelqu'indulgence pour la foiblesse de notre Version (p. 261).

On note tout d'abord comment ce *nous* tient à se discréditer lui-même par le recours à un jugement bien répandu: *traduttore traditore*. Mais aussi, l'œuvre du traducteur peut se révéler un gage de bonne foi, car le rédacteur se fonde alors, dans le choix qu'il fait du morceau qu'il donne à connaître, sur la réputation de l'œuvre. Autant dire que le rédacteur-traducteur resserre le domaine de ses compétences autant que possible et en laisse entendre l'insuffisance — tant dans la manière dont il traduit (le temps — 'la précipitation' — est une excuse assez facile) que dans le choix des morceaux qu'il propose. Un lectorat plus sérieux lui donne sa raison d'être: c'est d'une part celui qui a déjà pu juger l'œuvre, d'autre part celui qui sera en mesure de juger directement sur l'original.

---

15    *GLE*, Tome IV, 4 novembre 1764, n° 43, p. 255.

Ainsi, le rédacteur s'apparente ici à un simple médiateur, comme si la traduction n'était pas déjà en soi le travail d'un sujet et de ses goûts, en somme une réalité pleine de la subjectivité de celui qui la compose. Il flatte le lecteur, et crée par là même son lectorat, car il lui suppose une érudition, ou tout au moins une connaissance de la littérature, et en appelle de cette façon à ce lecteur particulier qu'est l'homme de goût.

### 3. *Les enjeux de l'effacement du rédacteur*

Mais surtout, le rédacteur, en jouant ainsi sur sa présence manifeste ou implicite dans l'énoncé, fait œuvre de critique et inscrit l'article dans un point de vue. On peut d'ailleurs comparer le début et la fin d'un article; voici par exemple comment le rédacteur présente les *Avantures de Patrick O'Donnel*:

> Ce n'est pas comme un Roman, mais comme une Histoire véritable qu'on nous annonce cet Ouvrage ; en effet, les avantures en sont si communes, & sont racontées d'un ton si sérieux qu'on n'a pas de peine à les croire réelles. L'Auteur paroît avoir été déterminé à écrire sa propre vie, par la crainte qu'après la mort ses papiers ne tombassent entre les mains d'ignorans & de barbares qui ne rendroient pas à sa mémoire toute la justice qu'il croit mériter. Il a voulu nous instruire en se proposant pour modele aux Lecteurs.[16]

Le jugement porte sur sur la nature de la fiction; on a le sentiment de lire une de ces nombreuses préfaces où l'auteur ne laisse pas de prouver l'authenticité de ce qui est raconté. Voici maintenant la fin de ce même article:

> Il est à peu près aussi innocent qu'un certain homme dont il est parlé dans le Spectateur, lequel s'imaginoit n'avoir jamais fait de mal parce qu'il n'avoit assassiné personne (p. 140).

Le glissement de la poétique — problème de la vraisemblance liée à l'art d'instruire, et, plus généralement, du rapport de la fiction à la réalité — à l'éthique s'effectue par l'effacement du *nous*: ce dernier jugement, moral, n'en est ainsi que plus péremptoire, car il se donne comme matière de réflexion au lecteur. La fin de l'article devient un lieu signifiant, car la critique finale, décentrée quelque peu par rapport au propos initial, marque plus spécifiquement l'intention du journaliste.

Aussi bien est-ce encore le plus souvent sous une forme complètement impersonnelle que se mesurent le rôle du critique et sa volonté de satisfaire à une apparence d'objectivité: ainsi, rien n'est parfois moins aisé que de déterminer si l'article tend vers l'éloge ou le blâme.

---

16    *Ibid.*, 4 avril 1764, n° 6, p. 139.

Le rédacteur note, par exemple, que *Les Beautés et l'Utilité de l'Architecture* est un ouvrage qui 'présente de maniere neuve et hardie[17] des choses générales et connues'[18]. Le fond est donc sans grand intérêt, mais la forme paraît relever cette insuffisance.

On peut aussi de temps en temps se demander qui parle. Voici comment le rédacteur rend compte des *Essais sur le Caractere et les Ouvrages des meilleurs Poètes Italiens*:

> Ici l'Auteur fait voir comment il est possible que le même génie passe tout-à-coup des plus grandes beautés aux absurdités les plus grandes. Les principaux traits de la Poésie viennent de la force de l'imagination; cette faculté mise dans un mouvement extraordinaire par la foule et la vivacité des objets dont elle est remplie, attire et absorbe toutes les forces de l'âme; c'est dans cet état de chaleur ou plutôt d'effervescence que le Poète enfante ces pensées & ces expressions si supérieures aux expressions & aux pensées du commun des hommes.[19]

L'idée contenue dans la première phrase est d'abord mise sur le compte de l'auteur de l'ouvrage grâce au discours indirect, qui devient libre dès la seconde phrase. De fait, ce qui pourrait apparaître comme un sommaire de l'ouvrage peut tout aussi bien être compris comme l'exposé des idées mêmes du rédacteur.

Inutile de poursuivre plus avant: le statut du rédacteur est directement en rapport avec la matière qu'il traite. A ce propos, Claude Labrosse remarque très justement que le travail du journaliste consiste à 'faciliter l'accès au texte en lui conférant plus de transparence, à le rapprocher du lecteur pour en [il s'agit du livre] amorcer la lecture'[20]. S'il tend donc à s'effacer du texte, c'est, de manière assez paradoxale, pour mieux l'investir de sa propre subjectivité et lui conférer en même temps la portée universelle que cherche déjà à construire le titre même de la gazette. Représenter une réalité de manière objective, ce n'est pas tant tenir un discours d'où s'absente ou se retire l'écrivain, car il est impossible de se tenir à l'écart de ce qu'on écrit[21]; c'est plutôt objectiviser son propre jugement, le représenter en quelque sorte comme une matière universelle. Ce type d'écriture trouve une pleine réalisation dans le texte journalistique, car partant d'un événement — le livre et sa lecture — qui entretient des rapports étroits avec le monde, l'article de journal qui échappe au factuel politique donne facilement lieu à un énoncé dont l'apparence d'objectivité, voire la neutralité sont garanties par l'absence ou l'effacement, comme on veut, du rédacteur, soit qu'il

---

17    *Hardi*, depuis le XVIIe siècle, a aussi un sens mélioratif: il signifie audacieux avec bonheur.
18    *Ibid.*, Tome I, 25 avril 1764, n°9, p. 178.
19    *Ibid.*, Tome I, 4 avril 1764, n° 5, p. 109.
20    Claude Labrosse et Pierre Rétat, *L'Instrument périodique — la fonction de la presse au XVIIIe siècle*, Lyon, Presses universitaires de Lyon, 1985, p. 65.
21    Voir à ce sujet l'ouvrage de Catherine Kerbrat-Orecchioni, *L'Enonciation — la subjectivité dans le langage*, Armand Colin, 1980, Coll. Linguistique.

s'assimile au lecteur — cas du *nous* —, soit qu'il se fonde sur une norme — cas du *on* [22] —, soit qu'il se dissimule derrière l'auteur qu'il présente, soit que disparaisse toute marque grammaticale désignant sa présence explicite ou implicite. Le statut du rédacteur diffère en ceci de celui du romancier qu'il n'a pas besoin de recourir à un narrateur pour créer une distance ; mais il cherche, comme lui, à être cru, et, pour ce faire, à asseoir ce qu'il dit sur des fondements inébranlables, à rallier le lecteur à sa cause, voire à influencer ses choix et, partant, ses goûts.

## III. Deux procédés d'écriture: l'extrait et la lettre

Reste à voir maintenant par quels procédés spécifiques l'objectivation peut efficacement s'effectuer au sein du texte journalistique. Il semble que le rédacteur puisse recourir préférablement à deux procédés: l'extraction, puis l'intégration de lettres de lecteurs, procédés qui marquent la souplesse particulière de l'écriture journalistique.

### 1. *L'extrait*

Dans le texte du rédacteur, l'extraction apparaît comme un des procédés les plus efficaces pour objectiviser l'objet dont on traite et la critique qu'on en fait. Ainsi, de très larges extraits nous sont donnés des *Nuits* de Young, de l'*Ossian* ou encore de poèmes perses... Le journaliste donne aussi à lire, comme dans toute gazette d'un certain renom, des morceaux inédits tels que l'*Epître à M. Dorat; par un Suisse que la Lettre du Comte de Cominges a fait pleurer* [23]: certes, le poème est commenté, mais par des remarques faites dans des notes infrapaginales. Il semble que le journaliste ne veuille pas intervenir directement dans la lecture du poème; cependant, en homme de lettres avisé, il construit une critique déliée qui ressemble fort à celle d'un éditeur; ainsi, il juge que les mots 'harmonieux' et 'mélodieux' sont 'presque synonymes' et que par conséquent, 'ils ne devroient point rimer', dégageant une loi: 'Tout mot, pour rimer légitimement, doit présenter différence dans le sens et conformité dans le son' (*Ibid.*). A la fin du poème, il note: 'Ces derniers Vers sont tout-à-fait dans la maniere d'Ovide' (*Ibid.*), et achève ses remarques par une critique assez favorable à l'auteur: 'Il a de la sensibilité dans l'ame, de la fraîcheur dans l'imagination et la douce harmonie de sa versification doit faire pardonner les négligences et les incorrections de son

---

22 Le pronom indéfini *on* peut avoir d'autres valeurs et se présente comme une unité linguistique somme toute assez ambiguë. Voir à ce sujet l'ouvrage d'Alain Boissinot, *Les Textes argumentatifs*, Bertrand Lacoste, Coll. Didactiques, p. 79-84.
23 *GLE*, Tome IV, 16 janvier 1765, n° 56, p. 166.

style' (*Ibid.*, p.169). Cette appréciation apparaît comme le résultat d'une étude savante du poème, selon des critères précis touchant à la versification et à l'histoire littéraire; elle est de plus circonscrite dans un espace qui conserve au texte toute son intégrité, n'en gâche donc pas la lecture en en interrompant le cours et fait plutôt office de guide éclairé. En somme, l'intervention du journaliste peut avoir ici tout l'aspect d'une critique objective, non seulement dans la mesure où le rédacteur construit son texte hors de la sphère de l'œuvre qu'il présente, mais aussi du fait que son jugement est fondé sur des critères scientifiques.

L'expression caractéristique qui introduit les extraits — 'donner une idée' — justifie l'intérêt de l'extrait et marque implicitement la valeur objective de l'extraction: le jugement est renvoyé vers le lecteur, appelé ainsi à confirmer la qualité de ce qui est dit. Le choix de l'extrait qui procède d'une intention subjective est objectivé par l'appel au lecteur.

## 2. *La lettre*

D'autre part, l'intégration de la lettre au corps même de la gazette concrétise la volonté de convoquer un lectorat particulier, mais surtout de mettre à distance certains problèmes évoqués dans la gazette en instaurant la polémique par le recours à ce que l'on pourrait appeler des rédacteurs extérieurs, tout d'abord parce qu'ils sont avant tout des lecteurs et non des journalistes véritables, ensuite parce que la lettre est donnée pour telle dans le chapeau:

> LETTRE aux Auteurs de la Gazette Littéraire sur la maniere de nourrir les jeunes enfans,[24]

enfin parce que réponse peut être faite: ainsi, le débat n'a pas lieu de rédacteur à lecteur, mais de lecteur à lecteur. La polémique paraît se donner hors de la sphère de la gazette, laquelle se contente de l'enregistrer. Les lettres ainsi insérées montrent que les journalistes tendent, au-delà de leurs convictions, à rendre compte de la globalité des discussions et à donner une juste mesure des enjeux de telle ou telle question. Il est piquant de voir figurer au début du tome IV une lettre sur la fonction des académies :

> S'IL est vrai que les Arts & les Sciences font aux hommes plus de mal que de bien, en moins de cinquante ans l'Europe doit devenir bien malheureuse, puisque par- tout on éleve des Temples aux Sciences & aux Arts. Mais quand on fait attention qu'il n'appartient qu'aux hommes de génie de reculer les limites des Sciences, & que jusqu'ici le hasard a eu la plus grande part à l'invention & à la perfection des Arts,

---

24    *Ibid.*, 12 décembre 1764, n° 50, p. 17.

on est tenté de demander à quoi servent donc tant d'Académies, instituées sous toutes sortes de noms pour l'avancement des Arts & des Sciences.[25]

Cette ouverture crée un effet de surprise dans un journal qui se donne souvent pour l'écho des académies; l'intention des journalistes est sans doute d'ouvrir un débat qui invite à produire d'autres lettres. Le souci d'objectivité n'est-il pas aussi, d'une certaine façon, soumis à une contrainte publicitaire?

Non seulement le débat commence hors de la sphère du journal, mais le journal lui-même n'entre pas dans le débat: cela ne signifie nullement que les journalistes ne savent pas sortir de leur position de recul. Qu'on relise leur réaction devant le *Rapport sur l'Inoculation* du Parlement de Paris[26].

La lettre et l'extrait tendent à manifester la distance des journalistes, mais une telle situation ne les empêche pas, quand nécessaire, d'entrer dans le débat. Ces procédés garantissent avant tout l'illusion d'objectivité, plus encore qu'ils n'objectivent la critique.

Nous n'avons certes pas fait le tour des procédés, mais nous osons croire que nous avons montré l'effort des rédacteurs de la *GLE* pour conférer à leurs écrits sinon une valeur universelle, du moins une portée encyclopédique et européenne à travers un système de dialogue nouveau par lequel le journaliste crée une communication qui semble s'établir en deçà et au-delà du texte composé par le rédacteur dans la tranquillité de son cabinet.

De fait, le rédacteur est un auteur d'un genre particulier: sa voix se laisse entendre, mais non sans que des procédés tendent à en effacer la présence pour objectiver le contenu de l'article. Et, fort paradoxalement, c'est parfois la matière littéraire, la fiction elle-même qui servent de garant à l'objectivité à laquelle prétend l'écriture journalistique.

Ainsi, les journalistes de la *GLE* ont été, comme leurs contemporains, tentés de dire le monde, et de cet effort est née, nous semble-t-il, une forme de discours journalistique qui fait du journal le lieu où cherche à s'inscrire un réel épuré dont la temporalité, marquée par l'obsolète[27], permet de réduire la présence du rédacteur au profit d'une illusion, phénomène caractéristique de toute écriture qui se codifie, et conséquemment de toute fiction. La *GLE* apparaît ainsi comme le type même de journal où l'écriture journalistique se nourrit de la fiction littéraire pour créer un mode de représentation du monde qui cherche à intégrer l'imaginaire dans une écriture qui le rationalise, mais qui se laisse aussi par contrecoup envahir par lui. Là est peut-être finalement la fiction de l'objectivité journalistique...

---

25  *Ibid.*, Tome VI, 15 juin 1765, n° 13, p. 1: *LETTRE écrite de Ratisbonne aux Auteurs de la Gazette Littéraire.*
26  Cf. *supra*, note 71.
27  Claude Labrosse et Pierre Rétat, *op. cit.*, p. 138: le gazetier *enregistre tous les développements obsolètes d'un événement.*

Denis REYNAUD
Université Lumière Lyon 2

# Violence et passion: les 'variétés' de la
## *Gazette des Deux-Ponts*

A Deux-Ponts, de 1770 à 1776, Dubois-Fontanelle publia simultanément deux gazettes: l'une littéraire et l'autre politique[1]. Cette dernière, qui parut d'abord sous le nom de *Gazette des Deux-Ponts*, était remarquable par son ton philosophique et la large place qu'elle accordait au fait divers, qui la rapprochait des périodiques nouveaux des années 1770 autant que des gazettes politiques classiques.

Remarquable aussi par sa structure: au lieu de suivre l'ordre habituel des gazettes politiques (cette division géographico-chronologique que Linguet appelle l''ordre naturel'), la *Gazette des Deux-Ponts* propose trois sections régulières (Nouvelles des Cours; Affaires ecclésiastiques; Administration, Finances et Police), suivies de rubriques très occasionnelles (Sciences, Phénomène, Evénement funeste, Singularité, etc.). Enfin chaque livraison se termine par une rubrique simplement et invariablement intitulée 'Variété' (au singulier).

Nous avons étudié environ 200 de ces textes de huitième et dernière page, publiés pendant la période 1774-1775[2]. En s'appuyant principalement sur l'analyse stylistique de ces récits brefs (en moyenne 400 mots), on peut essayer de définir sinon les règles de la 'Variété', du moins certains invariants; et montrer la position originale que cette rubrique occupe entre fiction et fait divers.

Selon Littré, 'Variété' se dit 'd'une division des journaux, dans laquelle on place les articles dont le sujet n'est pas directement relatif à l'objet principal du journal' et de citer le *Père Duchesne*: 'Je suis convenu, par semaine, de sacrifier à des variétés une lettre quand je le pourrais, et que je n'aurais pas quelque sujet intéressant à traiter'.

Ce sens ne figure pas dans les dictionnaires du XVIIIe siècle. Au cours du siècle, plusieurs ouvrages, notamment périodiques, s'intitulèrent *Variétés*:

---

1    La gazette littéraire (*Gazette Universelle de Littérature*) est décrite par J. Wagner dans le *Dictionnaire des journaux*, où est oubliée la gazette politique, du moins en ce qui concerne les années 1770-77. Un article récent de J. Schlobach (*Les Gazettes européennes de langue française*, pp. 269-280) a éclairé la question.

2    Les Variétés semblent avoir disparu après le départ de Dubois-Fontanelle, au profit d'une rubrique 'Nouvelles diverses'.

notamment les *Variétés littéraires* d'Arnaud et Suard (1768-1769), et les *Variétés littéraires historiques, galantes* de Coupé (1786-87). Déjà en 1719, à Berne, s'étaient publiées des *Variétés agréables*. Mais il ne semble pas que le mot ait désigné une rubrique avant 1770. Il est en tout cas absent chez les principaux concurrents de la *Gazette des Deux-Ponts*.

On ne trouve de Variétés que dans le *Mercure de France*. Un examen rapide suggère que la rubrique y apparut en juin 1775, mais ces 'Variétés, inventions utiles et établissements nouveaux' n'ont pas grand-chose à voir avec celles de la *Gazette des Deux-Ponts*. Dans les années 1780, le champ des Variétés du *Mercure* s'élargira pour envelopper non seulement le domaine des innovations scientifiques mais toutes sortes d'articles d'humeur, sous forme de lettres; ce sera un pêle-mêle d'essais mi-sérieux vaguement liés à l'actualité. Cette pratique journalistique de la Variété comme remplissage plaisant se généralisera pendant la révolution[3].

Les Variétés de la *Gazette des Deux-Ponts* correspondent certes par quelques traits à ces diverses définitions: elles aussi réalisent notamment un certain rapport entre accident (contraintes de la forme et de la circonstance) et liberté (de la réflexion personnelle). Mais elles constituent surtout un genre littéraire parfaitement distinct et cohérent, quoique mineur et éphémère.

Cette unité est d'abord thématique. Les Variétés de la *Gazette des Deux-Ponts* parlent toutes de faits divers, c'est-à-dire d'informations ni politiques ni littéraires; mais pas de n'importe quels faits divers: les jeux de la nature et les accidents dont la presse est si friande (naissances monstrueuses, centenaires ingambes, désastres climatiques...) sont ignorés par cette rubrique, qui s'occupe de:

| | |
|---|---|
| Crimes crapuleux et passionnels: | 25% |
| Suicides et autres excentricités: | 20% |
| Filous et escrocs professionnels: | 20% |
| Superstitions et fanatisme: | 15% |
| Actes de bienfaisance: | 10% |

A l'exception de la dernière catégorie, il s'agit d'actes irrationnels, guidés par le désir, la cupidité, la jalousie, la folie ou simplement l'ignorance. Les Variétés sont généralement le théâtre des passions incontrôlables, par

---

3    Outre le *Père Duchesne*, des journaux aussi différents que la *Chronique de Paris*, le *Journal de Lyon*, le *Thermomètre du Jour* et la *Feuille de Salut public* proposent leurs Variétés. Parmi les définitions modernes on retiendra celle de Paul Valéry, qui emploie le mot au singulier: 'De ces essais que l'on va peut-être lire, il n'en est point qui ne soit l'effet d'une circonstance, et que l'auteur eût écrit de son propre mouvement. Leurs objets ne sont point de lui; même leur étendue parfois lui fut donnée. Presque toujours surpris, au début de son travail, de se trouver engagé dans un ordre d'idées inaccoutumé [...] il lui fallut, à chaque fois, retrouver nécessairement le naturel de sa pensée. Toute l'unité de cette Variété ne consiste que dans ce même mouvement.' (*Variété*, Gallimard, 1924, p. 7)

opposition aux nouvelles politiques, où il n'y a pas de place pour l'arbitraire; comme le souligne par exemple la *Gazette des Deux-Ponts* du 16 février 1775, à l'article 'Allemagne': 'Il va éclater incessamment dans nos environs une petite guerre; mais elle est utile et nécessaire'. La Variété constitue donc une manière de négation de l'univers ordinaire de la gazette.

Ces faits divers ont en commun d'illustrer une morale; leur étrangeté n'en justifie pas la publication, s'ils ne sont en outre édifiants. Quand une Variété se penche sur un 'phénomène singulier', elle l'assortit d'un alibi didactique. Ainsi, la mésaventure du soldat morave dont le ventre grossit pendant neuf mois et celle de l'homme qui a avalé une souris, sont censées illustrer les dangers insoupçonnés de la sodomie et des plaisanteries stupides, respectivement[4].

C'est d'ailleurs par leur morale que commencent presque toujours les Variétés, qui empruntent leur structure la plus habituelle à la fable[5]. Voici deux introductions caractéristiques:

'Les grands crimes restent rarement impunis. Il semble que la providence permette que les coupables soient toujours découverts et qu'ils subissent le châtiment qu'ils ont mérité. Nous en avons déjà la preuve dans plusieurs faits: en voici une nouvelle'. 'La séduction et l'imprudence conduisent souvent au crime: elles viennent d'en faire commettre un dans les environs de Francfort. C'est une leçon terrible pour la jeunesse [...]'.[6]

La leçon terrible n'est pas toujours univoque. A propos de ce dernier exemple (celui d'un jeune meunier qui égorge sa maîtresse enceinte), le rédacteur met en garde successivement contre l'intransigeance parentale, la fécondité propre aux unions adultérines, les effets négatifs de la jouissance sur le cœur et... le danger des moulins isolés. Tout comme dans certaines fables[7], le récit est moralement surdéterminé.

Une moralité explicite peut en cacher une autre. La Variété du 10 février 1774, s'étant proposé de montrer 'combien peu l'on est en sûreté chez soi', débite l'histoire d'un gentihomme polonais qui, au retour de la messe, découvre sa fille assassinée par deux mendiants auxquels il avait fait l'aumône. Invité à louer la générosité du père, puis à maudire la monstrueuse ingratitude des meurtriers, le lecteur est bientôt conduit à reconnaître que 'ce malheur, ne serait pas arrivé' si ce père trop dévôt 'n'eût pas été à la messe

---

4    *G2P* du 16 mars et du 5 jan. 1775. L'histoire du soldat mère de Niclausburg fit le tour des périodiques, après avoir d'abord paru dans le *Journal de Politique et de Littérature* du 5 mars 1775. Reprenant l'anecdote de la souris, Linguet n'y décèle quant à lui aucune valeur morale; il met en doute sa vraisemblance et suggère une façon de remédier à ce genre d'accidents: boire beaucoup pour noyer l'animal (*JPL* du 15 avril 1775).

5    Type: 'Rien ne sert de courir; il faut partir à point:/Le Lièvre et la Tortue en sont un témoignage'. C'est également la stucture habituelle des anciens 'canards'.

6    *G2P* du 27 avril 1775 et du 31 jan. 1774.

7    Cf. 'Le Lion et le Moucheron': 'Quelle chose par là nous peut être enseignée?/J'en vois deux...'

ce jour là', jour de la fête de S. Paul Hermite, récemment supprimée. Les horreurs que l'on découvre au retour de l'église[8] constituent d'ailleurs un thème de choix pour une gazette anticléricale.

Mais dans l'ensemble, la morale, simple et claire, tient en deux articles: le crime est toujours puni, la vertu toujours récompensée. Serait-ce en définitive un monde d'ordre que proposent les Variétés ?

A première vue c'est du moins un monde de désordre finissant, un monde qui s'éclaire mais où subsistent des poches d'ombre et de barbarie. Le monde du 'encore':

'Il y a des peuples parmi lesquels le dix-huitième siècle n'est pas encore arrivé';
'Il y a encore des pays où les Moines ne sont pas plus éclairés que le peuple'.[9]

Pour cet âge de transition, les Variétés proposent aux particuliers quelques conseils de prudence; elles invitent les gouvernements à 'veiller avec soin sur les mœurs et l'éducation du peuple' (car le libertinage 'est un pas vers l'assassinat'); elles avancent même quelques projets de réforme: police des couvents, suppression des supplices judiciaires.

Ces couplets 'philosophiques' dissimulent mal cependant un climat général de scepticisme. Dubois-Fontanelle a beau écrire le 31 juillet 1775 que 'le siècle de la philosophie a amené celui des mœurs douces', les Variétés apportent un démenti si systématique qu'on se demande s'il ne s'agit pas d'une déclaration ironique. Elles ne décrivent pas tant des abus susceptibles d'être corrigés que des passions incurables. Tout en affirmant par ailleurs, comme la plupart des gazettes politiques, le credo de l'inexorable progrès de la raison, la *Gazette des Deux-Ponts* utilise ses Variétés pour exprimer ses doutes et sa lassitude: certaines contrées n'ont que 'la réputation d'être éclairées'. Le 'encore' fait place au 'encore longtemps': 'Quoique l'on sache lire, le diable fera encore longtemps des siennes dans bien des pays' (et c'est de la Franconie voisine qu'il s'agit)[10]. On n'est pas loin du 'toujours' du moraliste:

La discorde a toujours régné dans l'univers
Notre monde en fournit mille exemple divers.[11]

Tandis que 'la raison réclame en vain' contre de vieux usages, apparaissent même des désordres nouveaux: au lieu de se féliciter de l'adoucissement des mœurs, il convient plutôt de souhaiter leur 'rétablissement'[12]. Un verbe traduit particulièrement ce sentiment d'accélération catastrophique de

---

8    Voir entre autres la Variété du 26 jan. 1775.
9    26 mai 1774 et 23 fév. 1775.
10   24 jan. 1774.
11   La Fontaine, *Fables*, XII, 8.
12   24 juil. 1775.

l'histoire: 'Les crimes les plus atroces se multiplient tous les jours'; 'les crimes les plus atroces semblent se multiplier depuis quelques temps'; 'ces exemples funestes semblent se multiplier depuis quelques temps'[13].

La première différence entre le discours de la Variété et celui de la gazette est donc cette opposition du désordre à l'ordre. Une seconde tient aux acteurs de ces récits.

Alors que le personnel de la gazette est une élite noble, les Variétés mettent en scène une humanité variée. On y trouve certes quelques Lords spleenétiques, voire des Princes (humains et affables), mais il s'agit surtout d'Artisans: Brossiers, Cabaretiers, Pelletiers, Meuniers, Peintres en bleu, Tailleurs, Bouchers; de Domestiques, de Soldats, de Curés, de Marchands juifs, de Pélerins et de Voleurs. Comme ceux des contes et des fables, et contrairement aux héros habituels des gazettes, dont on décline inlassablement les noms, ce petit peuple reste généralement anonyme. Les Variétés proposent les scènes d'un *Opéra du Gueux*, en feignant de s'en excuser auprès des lecteurs: 'Les acteurs ne sont pas d'une classe bien relevée' ou 'du dernier rang des citoyens'[14].

On pourrait penser que le peuple est ainsi promu parce qu'il est le terreau naturel de l'ignorance et des comportements irrationnels; parce que, im-perméable aux Lumières, il constitue en quelque sorte un anachronisme monstrueux et piquant. C'est en partie vrai, mais certaines remarques contredisent cette idéologie. Il arrive souvent dans les Variétés que les crimes soient 'des crimes, sans doute, mais que l'on est accoutumé à n'envisager que comme des faits singuliers et plaisants'; que les bandits soient amusants; qu'on admire leur 'hardiesse', leur 'adresse', leur 'génie inventif'. Bref, 'les voleurs font quelquefois leur honteux et coupable métier d'une manière plaisante'[15].

La sympathie des Variétés pour certains de leurs personnages, qu'elles renoncent à juger, va parfois plus loin encore. Ce n'est plus alors le plaisir de conter qui motive le récit, mais le désir de comprendre le cœur humain; le cœur par exemple de cette domestique qui, au retour d'une exécution, et parce qu'elle-même désire mourir, pousse à l'eau l'enfant de sa maîtresse[16].

Ces premières différences posées, qui détachent la Variété des pages politiques de la gazette, il faut rappeler le point commun essentiel: dans les deux cas il s'agit d'un discours sur l'événement récent.

Dans les Variétés de la *Gazette des Deux-Ponts*, le récit est introduit par une expression du passé immédiat, familière aux gazettes: 'on vient de voir...

---

13    14 et 27 mars,13 jan. 1775.
14    27 juil. et 12 déc. 1775.
15    27 jan. 1774; 16 fév., 11 mai, 17 juil. 1775.
16    24 fév. 1774. Voir aussi l'histoire du meurtrier infortuné de Cunnersdorff dans la
      *G2P* du 29 mai 1775.

il vient de se passer...'. Une fois l'objet situé d'emblée dans un passé récent, sa proximité est nuancée par des compléments de temps généralement formés avec l'adjectif 'dernier': 'Lors des derniers débordements... le carême dernier... le 17 du mois dernier...'; proximité qui peut être soulignée par des allusions à un contexte politique connu du lecteur de la gazette: 'au cours du dernier voyage de l'Empereur...'. Le temps de la Variété est donc le passé proche; aucun événement n'est vieux de plus d'un an. Elle se distingue en cela de l'Anecdote, dans le sens que lui donne par exemple le *Mercure de France*: trait historique ou situé dans un temps indéterminé[17].

Cependant, et c'est encore une différence avec les nouvelles politiques, l'événement ne doit pas être trop proche: le plus faible écart entre le fait et sa publication est de deux semaines: jamais de 'lundi dernier', ni de 'hier' dans les Variétés.

Cet écart chronologique minimal est redoublé par un écart géographique: s'il n'y a presque jamais de Variétés lointaines (Afrique, Orient, Amériques), il n'y en a pas non plus de strictement locales. La plupart des histoires racontées se déroulent à une distance intermédiaire entre le familier et l'exotique: les Variétés couvrent toute l'Europe, mais principalement les petites et grandes villes d'Allemagne, la Pologne, l'Europe centrale. Le bassin naturel des crimes atroces est celui du Danube: de Ratisbonne à Budapest, en passant par Vienne[18].

Cette géographie exclut le lieu d'implantation de la gazette (il y a censure sur les informations locales); elle ne coïncide pas non plus avec la géographie des nouvelles politiques (puisque précisément les Variétés décrivent les limites de l'efficacité de l'action politique). Surtout, cet éloignement moyen permet une liberté, un jeu essentiel au développement du récit.

Il ne suffit pas à la Variété de marquer la proximité relative que nous venons de décrire: au lieu de présenter un récit clos, elle ménage volontiers un inachèvement: '— Cet assassin se désespère aujourd'hui... Tous deux pleurent... Il est encore malade de son effroi... Il est actuellement guéri... Le voleur est poursuivi... Ils seront punis... On espère que le maître...'. La Variété se termine ainsi au présent ou au futur; par ce procédé, en l'étirant jusqu'à incorporer le moment de la narration et celui, presque simultané, de la lecture, elle donne à l'événement une durée, une épaisseur.

Mais le récit lui-même se déroule au passé simple (passé achevé). Il faut ouvrir ici une parenthèse sur l'emploi des temps grammaticaux dans la gazette.

---

17  Il y a d'autres différences: l'anecdote n'a pas de valeur didactique générale; elle concerne des gens célèbres; elle repose en outre sur le discours direct (trait, bon mot) que néglige la Variété.

18  À chaque pays son type de faits divers, et l'on voit se dessiner, au sein de l'Europe, des géographies particulières de la jalousie, de l'excentricité, de la superstition, du suicide, des auberges dangereuses, etc.

Le temps naturel, depuis l'origine, y est le présent. Si on prend la première page du premier numéro de la *Gazette* de Renaudot (1631): on rencontre d'abord le présent inaccompli ('Le Roi de Perse assiège Dille à deux journées de la ville de Babylone'); puis le présent accompli ou passé composé ('Sa Sainteté a finalement reçu les articles et conditions accordées concernant la paix'); on ne trouve pas un seul passé simple.

La valeur du passé composé des gazettes est celle que relèvent les grammaires classiques: moins l'expression d'un passé proche (règle des 24 heures) que d'une période de temps non encore achevée au moment où l'on parle. L'accent est mis sur un état présent plus que sur l'action passée dont il résulte. On écrit 'La Newa a été entièrement prise' ou 'L'Archiduc Maximilien est arrivé avant-hier': parce qu'elle est prise et qu'il est ici, à l'heure où l'on écrit.

Le passé simple n'est pas pour autant exclu des gazettes: il a pour fonction d'isoler l'événement, de l'abstraire de la multiplicité des temps vécus (R. Barthes), soit pour le solenniser et en faire instantanément un morceau d'Histoire; soit parce que l'incidence du récit ne pèse pas sur le présent du lecteur[19]: c'est le cas du fait divers. Contrairement au journal moderne, la gazette dit: 'Le 3 juillet dernier, trois jeunes gens *tombèrent* dans un précipice, où ils *restèrent* douze à quinze minutes'[20].

Au sein d'un système de temps qui repose sur le passé composé, le passé simple prend la valeur particulière de temps de l'exceptionnel ou de l'inattendu, par opposition au prévisible ou au familier. Barthes voyait dans le passé simple romanesque la marque d'un ordre euphorique[21]; sa fonction semble ici inverse: à la fois temps du fait divers et du récit romanesque, il distingue la Variété du discours général de la Gazette, discours d'ordre. Le passé simple serait temps du désordre, de l'événement qui échappe au contrôle du pouvoir éclairé.

Nous avons commencé à voir fonctionner les Variétés au sein d'un premier système constitué par chaque numéro de gazette. Nous allons insister maintenant sur un second système: l'ensemble des Variétés de la *Gazette des Deux-Ponts*. Les lecteurs des années 1770 consommaient les Variétés une à une, deux fois par semaine, à la fin de chaque livraison du journal. Notre lecture n'est évidemment plus la même: alignées sur le même microfilm,

---

19    Pour reprendre les termes de P. Guiraud: 'Le Système des temps', *Essais de Stylistique*, Klincksieck, 1969, p. 147.

20    *G2P*, 16 jan. 1775. En fait la gazette ne respecte pas toujours ces principes. On lit dans la *Gazette d'Amsterdam*: 'Avant-hier, la Duchesse de Cossé donna à Mgr. l'Archiduc Maximilien un splendide souper', mais dans celle des Deux-Ponts: 'Mme la Duchesse de Cossé a donné dernièrement une très belle fête à l'Archiduc'; et, au sein d'une même gazette: 'Le 23 au soir le Roi fit une course de traîneau au sortir de l'Opéra' mais 'Lundi dernier, l'Empereur et les Archiduchesses ont fait une partie de traîneau (*G2P*, 16 fév. 1775). Il est impossible ici de rendre compte de ces incohérences.

21    'L'Écriture du Roman', *Le Degré zéro de l'écriture*, Points Seuil, 1972, p. 26.

reliées par un tour de manivelle, elles échappent à leur périodicité originelle. Cependant cette lecture massive, n'est pas forcément à contresens. Dès l'origine, les pages des livraisons de la gazette étaient numérotées de façon continue en vue d'une éventuelle reliure en volume, et donc de modes de lecture différents. Par ailleurs, bien avant l'invention des gazettes, le *Decameron* et d'autres œuvres littéraires avaient été organisés selon des schémas de narration périodique, qui invitent à lire les Variétés comme un texte continu.

Elles se sont en fait toujours données non comme des pièces disparates, mais comme des variations, des éléments d'une série prenant leur sens par rapport aux autres éléments. Le rédacteur indique volontiers des liens de parallélisme ou de symétrie: 'Il vient de se passer à Rome une scène plus singulière encore que celle que nous avons rapportée dernièrement'. Tel événement 'peut servir de pendant à plusieurs du même genre que nous avons rapportés'; tel autre 'à affaiblir le souvenir des atrocités dont nous avons eu trop souvent occasion de parler'[22]. Le plus souvent est souligné un simple effet accumulatif: 'Ces détails sont une nouvelle confirmation que tous les cultes sont également persécuteurs'[23]. L'adverbe 'encore' prend alors un autre sens: il ne marque plus la survivance d'un temps révolu, mais la conscience d'une inéluctable répétition: 'encore une atrocité causée par la plus douce des passions'[24]. Certaines variétés se détachent de la gazette pour constituer des 'chroniques' ou des 'annales': 'chronique scandaleuse des cloîtres', 'chronique des scandales publics', 'annales volumineuses de la démence', 'annales atroces du fanatisme', 'annales affreuses et ridicules des duellistes'[25].

Un exemple permettra de voir à l'œuvre les deux modes de lecture que nous avons évoqués; c'est-à-dire de comprendre une Variété à la fois comme élément de la totalité de la gazette et de la collection des Variétés.

C'est l'histoire simple d'habitants de Terni (d'autres disent de Spolette) qui s'amusent à élire un faux pape. Si elle fut rapportée par plusieurs gazettes dans les premiers mois de 1775, c'est que cette parodie constitue une sorte de conclusion à quatre mois pendant lesquels un interminable conclave avait dominé l'actualité politique. C'est la marque ludique d'un soulagement; un renversement burlesque au sein de la gazette.

Mais pour les lecteurs de la *Gazette des Deux-Ponts*, l'histoire prend en outre sa place dans une longue série de chroniques italiennes qui avaient déjà montré à l'œuvre les fameux sbires. Les buveurs irrespectueux de Terni s'inscrivent surtout dans un paradigme où l'on trouve cette compagnie de voleurs de Vienne qui prétendaient se substituer à la justice, et dont une

---

22    3 jan. 1774, 27 fév. et 9 mars 1775
23    18 avril 1774.
24    4 déc. 1774.
25    13 fév., 13 déc. et 29 mai 1775, 31 mars et 4 avril 1774.

Variété avait exposé les principes au moyen d'un assez troublant style indirect libre: 'Les vols faits au publics n'étaient pas des vols; ce n'étaient que des moyens de corriger les méprises de la fortune qui donne tout à l'un et rien à l'autre'[26]. Ces Robins des Bois viennois se rattachent eux-mêmes à plusieurs autres brigands, marginaux et originaux qui tournent en dérision le fonctionnement de la société. En poursuivant cette piste, le lecteur peut se rappeller quantité d'exemples d'imposteurs et de déguisements: filous en livrée de prince ou en robe de confesseur, amante habillée en moine et assassin en femme, fille de perruquier jouant les marquises et prince les simples soldats, faux charbonnier faussement pendu, militaires déguisés en diables et aventurier finlandais en précepteur français...[27].

De proche en proche, c'est un monde carnavalesque qui se déploie. Un monde où un voleur anglais offre 50 livres à une victime insolvable, répondant ainsi au brigand marseillais qui avait donné à une veuve de quoi payer l'huissier (qu'il avait dévalisé ensuite); où un Lord rappelle les deux bandits polis qui ont oublié de vider sa bourse; où un autre Anglais supplie un bourreau italien de lui couper la tête; où les forçats payent leurs dettes tandis que 'les hommes qui par leur état prêchent contre la dépravation des mœurs sont les premiers à s'y livrer'[28].

Ce monde déréglé, d'où tout espoir d'ordre est banni, est néanmoins souvent joyeux; les excentriques anglais occupent ici une place stratégique dans la promotion du désordre aimable. On comprend alors un peu mieux le sens de cette sympathie pour les filous déjà évoquée: ces champions de la parodie sont en définitive chargés de dénoncer les dysfonctionnements dont la gazette, dans l'impeccable optimisme de sa partie politique, ne saurait parler.

Le comble du détournement est sans doute celui qu'opèrent ces 80 voleurs suédois 'qui correspondaient ensemble et s'instruisaient réciproquement de leurs desseins par la voie des papiers publics, où l'on croyait lire des articles d'administration, de finances, et même de politique, tandis qu'il ne s'agissait que de leurs propres entreprises, déguisées adroitement par une tournure qui en a imposé à tout le monde'[29]. La presse périodique elle-même devient ainsi à son tour instrument de désordre, soumise à l'inversion générale des valeurs.

Revenons à Terni. Si l'on compare les deux versions que donnèrent successivement le *Courrier du Bas-Rhin* et la *Gazette des Deux-Ponts*[30], on est frappé par la différence des interprétations: tandis que le *Courrier* clame une pieuse indignation; la *Gazette* ajoute au contraire des détails à la scène sacrilège et, par le simple plaisir qu'elle prend à conter, marque une manière

26    29 déc. 1774.
27    16 fév., 13 juil., 9 jan., 28 déc. 1775, 24 nov. 1774, 3 août 1775, 15 août 1774.
28    22 sept. et 3 jan. 1774, 17 juil. 1775, 6 janv. et 26 déc. 1774, 17 fév. 1775.
29    4 mai 1775.
30    25 fév. et 6 mars, respectivement; voir Annexe.

de complicité. Alors que Manzon parle de l'évasion du 'criminel auteur du projet', ou du 'prétendu Pontife', Dubois-Fontanelle écrit: 'il n'y eut que *le pape* et quelques autres qui eurent le bonheur de s'esquiver'; entrant ainsi stylistiquement dans le jeu de la parodie qu'il légitime.

On sait le rapprochement que les auteurs anglais du début du dix-huitième siècle ont opéré entre presse périodique et fiction, et la savante confusion qu'ils ont su entretenir. Le roman empruntait alors aux périodiques leurs thèmes (faits divers) et leurs formes (publication ou republication en livraisons hebdomadaires), tandis que les périodiques se vidaient des nouvelles politiques pour faire place à des récits de fiction. On a pu écrire que si le dix-huitième siècle a été l'âge des romans, c'est parce qu'il a été aussi, d'abord, l'âge des journaux[31].

En France, des conditions politiques et des traditions culturelles différentes n'ont pas produit de tels effets. Même si des auteurs comme Prévost ou Baculard d'Arnaud ont su, un siècle avant Stendhal, trouver dans les gazettes une matière romanesque dont ils nourrissent leurs récits, même si le *Mercure* publie de courtes fictions, la distinction des genres semble avoir été plus rigide. C'est surtout dans la seconde moitié du siècle, quand s'assouplit le système des privilèges des journaux, que paraissent de nouveaux périodiques, notamment en province, et que commence à circuler une multitude de brefs récits non littéraires; au-dessus de ces romans embryonnaires ou virtuels, les romans publiés, si nombreux soient-ils, ne constituent que 'la partie émergée d'un iceberg mal inventorié'[32].

Il pourrait être intéressant de suivre la course des récits des Variétés depuis leurs sources, de les voir passer dans d'autres gazettes, grossir, se transformer, perdre petit à petit leur caractère de fait vrai, quitter le cercle des périodiques pour entrer dans le grand champ commun de la littérature[33]. On se contentera ici de suggérer que ces scènes de tortures et de meurtres, d'enlèvements, de déguisements, d'incognitos et de quiproquos tragiques[34] annoncent et préparent, notamment par leur caractère répétitif, tantôt

---

31   Voir A. Bony: *Joseph Addison et la création littéraire: essai périodique et modernité*, thèse, Paris III, 1979, t. 1, pp. 107-121.
32   *Idem.*
33   Il est trop tôt pour se livrer à des conclusions sur un sujet aussi difficile à cerner. Sur la suggestion de Malcolm Cook lors du colloque, j'ai entrepris la réalisation d'une base de données des faits divers 'romanesques' (ou encore 'moraux') que charrie la presse francophone des années 1770-1780. En attendant la constitution de cet 'iceberg', on peut envisager des objets d'étude circonscrits et immédiatement significatifs, tels que la reprise, la récriture et la réinterprétation de nombreuses Variétés dans le *Journal de Politique et de Littérature* de Linguet en 1774-1776.
34   Exemple de scénario récurrent: un homme échappe à l'assassinat parce que quelqu'un a couché dans son lit à sa place (Variétés des 14 mars 1774 et du 2 mars 1775).

Sade[35], tantôt la littérature populaire du XIXe: le roman feuilleton et même le roman policier[36].

La *Gazette des Deux-Ponts* participe à un grand processus de brassage et de circulation des faits divers ridicules, crapuleux ou passionnels. Elle le fait en outre avec la conscience de se situer dans une tradition littéraire: les personnages des Variétés sont volontiers comparés, explicitement ou non, à des héros de Molière, La Fontaine, Lesage ou Scarron[37]. Les actions de ces personnages rappellent des 'scènes de roman'[38], sans que ces références aient pour fonction de disqualifier le fait vrai. Bien au contraire, elles renforcent sa vraisemblance en assurant sa lisibilité.

La *Gazette des Deux-Ponts* va encore plus loin dans cette entreprise de confusion du vrai et du faux, quand elle affirme que c'est le fait divers qui imite le roman: 'L'amour dans les romans joue toutes sortes de personnages, il prend mille visages différents; quelquefois il se conduit de même dans la société; il ne faut pas en conclure que les Romans se rapprochent de la nature; on peut dire plutôt que des imaginations exaltées se mettent au niveau des Romans; voici un fait qui en fournit la preuve...'[39].

Ce premier exemple n'est pas entièrement probant, puisque l'influence supposée de la littérature reste vague et générique; en voici un autre où le rédacteur prend un évident plaisir à souligner l'imbrication étroite, nécessaire (et en l'occurrence souhaitable) de la réalité et de la fiction: un Seigneur de Bohême très dévôt, et donc ennemi des spectacles, est insensible aux prières d'un fermier endetté; mais le jeune fils de son débiteur joue devant lui une scène qui l'émeut sans qu'il sache qu'elle est tirée d'un récent succès théâtral, le *Déserteur par amour filial*, où l'on peut voir un jeune homme s'engager, déserter puis se dénoncer lui-même afin de toucher la récompense qui sauvera sa famille de la ruine. Dubois-Fontanelle rappelle alors que la pièce salutaire est elle-même inspirée d'un fait vrai publié l'année précédente dans la *Gazette des Deux-Ponts*[40].

---

35  Voir l'assassin de Crems (12 jan. 1775), qui enfonce dans les différentes parties du corps de sa victime les clous de cordonnier qu'elle transportait: 'comme ils étaient en grand nombre, elle en fut presque toute couverte, "Te voilà cuirassée, lui dit-il, si tu rencontres les voleurs, tu n'as rien à craindre"'.

36  27 avril 1775: les assassins sont démasqués au terme d'une longue enquête, grâce à un petit billet dans la poche d'une culotte ensanglantée, trouvée dans un sac caché dans un bois.

37  Un trait malheureux 'rappelle la fable du Pédant' (21 août 1775); des laquais suédois sont comparés aux 'compagnons de Gilblas' (17 mars 1774); la Variété du 3 août 1775 reprend le début du chapitre II du *Roman comique*: 'Il n'y a point de petite ville qui n'ait son rieur'.

38  30 mars et 8 mai 1775.

39  24 avril 1775.

40  6 juin 1774 et 15 mars 1773.

## Annexe: Le Faux Pape de Terni

De SPOLETTE, le 5 février.

    Il vient de se passer ici une scène scandaleuse qui prouve combien la corruption des mœurs et le mépris des choses les plus respectables de la religion ont gagné de nos jours, même parmi les conditions les plus ordinaires de la société. Plusieurs artisans se trouvant, ces jours derniers, à l'auberge pour se divertir, la conversation tomba sur l'élection d'un nouveau pape et sur la longue durée du conclave. L'un des buveurs observa qu'il ne concevait pas comment il pouvait y avoir tant de difficultés à faire un pape, et par une plaisanterie sacrilège, s'avisa de proposer à ses camarades de former entre eux un conclave et d'élire un pontife. Une pareille idée ne pouvait manquer d'être du goût d'une troupe de libertins, déjà égarés d'ailleurs par l'excès du vin. En conséquence, sans perdre de temps, on ferme la porte de la chambre, on commence par les prières usitées en pareil cas; après quoi l'on en vient aux scrutins. A peine en avait-on fait cinq ou six, que les voix se réunissent en faveur de celui qui avait proposé d'en venir à cette farce impie, et il est proclamé pape par tous les électeurs: sur cela, grandes réjouissances, grand triomphe qui ne manque pas d'être arrosé par beaucoup de vin. Après les premiers transports de l'ivresse que leur causait leur coupable succès, ces libertins dressent une espèce de trône au milieu de la chambre, y font asseoir leur prétendu pape, et allaient commencer les adorations lorsque les Sbirres avertis par l'hôte de la maison enfoncent brusquement la porte, se saisissent de plusieurs d'entre eux et les enchaînent. Les autres profitant du trouble et du désordre qu'occasionnait une pareille scène s'échappent et prennent la fuite; de ce nombre est le criminel auteur du projet. Les arrêtés ont été conduits dans les prisons de l'Inquisition, et ils seront punis comme coupables de lèse-majesté divine.

COURRIER DU BAS-RHIN, 25 février 1775

## VARIÉTÉ

    L'élection du Pape s'est faite avec beaucoup de lenteur; on a beaucoup parlé des raisons qui l'avaient retardée; ç'a été le sujet des conversations dans toutes les classes des citoyens; plusieurs personnes du peuple assemblées dans une taverne à Terni, il y a quelque temps, après avoir causé des difficultés qu'il y avait à élire un Pape, imaginèrent de voir si en effet cela était si difficile; elles étaient en grand nombre; chacune prit le nom d'un Cardinal, et toutes représentèrent le conclave. Après avoir joué à leur manière toutes les cérémonies d'usage, les prétendus Cardinaux procédèrent au Scrutin avec beaucoup de sérieux et de bonne foi. Celui d'entre eux qui avait pris le nom du Cardinal des Lances réunit le nombre des voix nécessaires, et fut créé Pape; c'était un maçon, ce qu'ils trouvèrent très plaisant et très heureux, parce qu'il devait ouvrir l'année Sainte; ils poursuivirent leur jeu, allèrent à l'adoration, et firent toutes les cérémonies qui se pratiquent dans ces occasions. On s'attend bien qu'un Conclave composé de gens de cette espèce devait être un peu bruyant; il le fut; le tapage qu'on faisait inquiéta les voisins; le Gouvernement crut en devoir prendre connaissance; une escouade de Sbires fut envoyée au cabaret; il n'y eut que le Pape et quelques autres qui eurent le bonheur de s'esquiver. Les prisonniers crurent se justifier en avouant ce qu'ils avaient fait; ils se trompèrent; on trouva leur plaisanterie si coupable, qu'on crut qu'il fallait les livrer à l'Inquisition, comme des impies qui avaient plaisanté de ce qu'ils devaient respecter; ils ont été conduits en effet dans les prisons du Saint office. Tout le monde n'a pas approuvé le parti qu'on a pris à cet égard; et beaucoup de personnes, en apprenant cette histoire, ont demandé pourquoi l'on ne livrait pas aussi à l'Inquisition les enfants qui jouent à la Chapelle, imitent les Prêtres dans leurs fonctions, et célèbrent même la Messe, cérémonie assurément bien plus respectable.

*GAZETTE DES DEUX-PONTS*, 6 mars 1775

Anne Marie MERCIER-FAIVRE
I. U. F. M. de Lyon

# Dans les marges du vrai: la fiction à l'œuvre dans la *Gazette de Leyde* de 1775

Traiter de la *Gazette de Leyde* dans le cadre d'une étude sur les rapports entre journalisme et fiction peut sembler paradoxal, et l'est en effet. Ce périodique, décrit par Jeremy Popkin dans le *Dictionnaire des Journaux*[1] comme étant surtout apprécié 'pour sa fonction de "Journal of record" qui imprimait des documents officiels de toute sorte', est 'connu pendant les dernières années de l'Ancien Régime comme le journal le mieux informé et le plus sérieux de l'Europe'. Ne s'intéressant pas à la fiction, se préoccupant essentiellement des faits politiques avérés, la *Gazette de Leyde*, malgré son titre alléchant ('Nouvelles extraordinaires de divers endroits', depuis 1679) semble n'avoir affaire qu'avec le réel et avec les faits. Pourtant, la fiction, prise pour cette étude dans son sens large, est à l'œuvre, à l'intérieur de l'événement et dans ses marges, et la gazette se fait dans cette tension-là. Chercher les traces de l'imaginé et de l'imaginable dans la *Gazette de Leyde* revient alors à définir quel rapport les nouvelles politiques, et donc la politique elle-même, entretiennent avec la fiction.

Les traces de fiction sont faibles, rares, mais extrêmement variées. Tout d'abord, on trouve la référence à des œuvres de fiction, qui ont leur place dans les nouvelles politiques lorsqu'elles font événement. D'autre part, les nouvelles elles-mêmes peuvent imiter la fiction, lorsqu'elles sont véritablement extraordinaires. Enfin, la volonté du gazetier, sérieux, qu'est Etienne Luzac, aidé de son neveu Jean Luzac (rédacteur de 1772 à 1798) est de délimiter ce qui est de l'ordre du certain, du probable ou du faux, afin de donner tout son éclat au premier, nuancer le second et expulser le troisième. Mais ce n'est ni simple, ni neutre, quelle que soit l'époque.

La volonté de cette gazette de donner essentiellement des nouvelles politiques (au sens où l'entendait le XVIIIe siècle, ce qui inclut rhumes des Grands, mariages, décès, etc.) s'affirme tout au long des numéros que j'ai étudiés pour cette enquête. Les principaux faits qui occupent le premier semestre de l'année 1775 sur lequel j'ai travaillé sont: en France, la

---

1    *Dictionnaire des Journaux*, sous la direction de J. Sgard, Paris, Universitas, 1991. Voir aussi J. Popkin, 'The Gazette de Leyde and French Politics under Louis XVI', *Press and Politics in Pre-Revolutionary France*, éd. Censer and Popkin, Berkeley, University of California Press, 1987.

réinstallation des Parlements, quelques procès retentissants (Beaumarchais, Linguet, le duc de Richelieu…), une émeute fromentaire en avril et mai, et enfin le sacre du roi (le 11 juin). En Italie, c'est essentiellement l'élection du nouveau pape (faite le 15 février). En Espagne, le siège de Melille par le roi du Maroc. A Constantinople, les mouvements d'ambassadeurs, l'échange des captifs, et la lutte contre les forbans. En Russie, le jugement et l'exécution de Pugatchef. En Autriche, comme dans les deux pays précédents, les mouvements de troupes autour de la Pologne, et en Pologne, l'inquiétude devant l'éventualité d'un nouveau partage. Enfin, l'Angleterre est essentiellement préoccupée de l'imminence de la guerre américaine.

Du premier numéro de l'année 1775 au cinquante-deuxième (30 juin 1775), la part réservée à la fiction est plus que minime. Pourtant, on trouve çà et là quelques allusions à ses manifestations artistiques. On nous rapporte une séance à l'Académie française et les titres des lectures qui y sont faites (N° 17). On apprend que la reine de France a assisté à une représentation d'une comédie intitulée 'Albert le Grand', qui 'a pour sujet un trait de bonté de l'Empereur règnant' (N° 14), et que son royal époux, 'aïant vu représenter, il y a quelques tems, la *Tragédie du Siège de Calais*, Sa Majesté, quoique elle aime peu les Spectacles, frappée cependant des sentimens patriotiques qui distinguent cette Pièce, envoya sur le champ 50 Louis' à l'auteur (qui, mais le bon roi l'ignorait, venait de mourir) (N° 15). Un mois auparavant, Marie Antoinette assistait à une représentation de l'opéra de Gluck, *Iphigénie en Aulide*, et 'le Sr le Gros, dans le rôle d'Achille, en faisant un léger changement à trois vers, dit au Chœur, dont il étoit le Coryphée: "Chantons, célébrons notre Reine, Dont l'hymen nous rend tous heureux!" Cette heureuse application, que le Sr le Gros rendit encore plus sensible en se tournant vers la Loge de Sa Majesté, excita les applaudissemens de tout le public, qui les redemanda à grands cris; & le Chœur fut recommencé avec de nouvelles acclamations. La Reine en parut fort touchée' (N° 7).

De ces exemples, on peut déduire ce qu'est la fiction littéraire pour un journal d'informations politiques: elle n'existe que lorsqu'elle fait événement, lorsqu'elle déplace des grands personnages, c'est à dire lorsqu'elle se fait spectacle, sur scène et autour de la scène. Opéras, pièces de théâtres, ballets, y ont leur place, alors que le roman et la poésie (exception faite de la lecture à l'Académie de l'Abbé Delille (17)) sont absents. Et ces spectacles ne sont pas tous les spectacles, loin s'en faut; les trois exemples cités, qui sont les seuls qui soient autant développés, ont un point commun: ils mettent en scène la figure royale. L'image du roi est en œuvre dans le texte (Albert le Grand comme prototype du bon roi), elle l'est dans la représentation (le texte de l'œuvre de fiction s'infléchit par la 'présence réelle' de la souveraine), tout comme dans ses suites (Louis XVI protecteur, non des arts, mais de l'art au service du civisme, c'est à dire d'une fiction qui tente de produire du réel). La politique envahit la fiction, elle se sert d'elle pour créer ses propres mythes, elle agit en véritable 'parasite', la tire à elle, en lui faisant parler un autre langage, enfin elle lui accorde une fonction nationale. Il est assez révélateur que ces trois exemples soient tous issus du domaine français: dans les nouvelles émanant d'autres pays, il est très rarement fait allusion à des spectacles, alors que bals et feux d'artifices font régulièrement partie des événements marquants pour les nouvellistes de ce royaume. Pour les mêmes raisons on insiste davantage sur les arts, tels que la peinture ou la sculpture, capables d'être 'portraits du roi' (pour reprendre les termes de Louis Marin). La France (et dans une moindre mesure la Russie), apparaît comme le pays dans lequel la fiction artistique fait événement politique lorsqu'elle se fait spectacle. Le monde politique français, plus que celui des autres nations, a à voir avec le spectacle comme avec la sociabilité.

La fiction se fait aussi politique, lorsqu'elle la mine par la dérision ou la caricature. Lors de la difficile élection de Pie VI, un drame satyrique intitulé 'Le Conclave' émeut la Ville et le Monde. Il s'agit d'une pseudo-fiction, et c'est bien son aspect trop réaliste qui la fait entrer dans le politique. 'On doit [lui] attribuer différens faux bruits, qui se sont répandus dans les Pays Etrangers, & qui ont même trouvé place dans les Feuilles publiques, sur le compte de quelques Cardinaux' (supplément au N° 5[2]). Les œuvres de fiction rejoignent la gazette par leur ancrage dans le réel. Ancrage qui tient à leur nature même comme dans le cas de cet écrit satyrique, à leurs conditions de production, à leur pouvoir de créer de fausses nouvelles répercutées dans la presse, ou à l'utilisation que le Pouvoir en fait.

Une œuvre de fiction peut aussi devenir une 'nouvelle' si elle est elle-même une nouveauté nationale. Ainsi, l'annonce d'un opéra russe:

> Puisqu'il n'est pas indifférent de remarquer les progrès que les Arts et les Sciences de goût font en Russie, l'on peut regarder comme une singularité un Opéra en vers Russes qui fut exécuté le 8 du mois dernier [...] Il est intitulé Alceste. (N° 12)

L'œuvre est alors beaucoup plus qu'un événement mondain. Elle représente l'état de la société qui l'a produite, elle montre sa volonté d'égaler culturellement les vieilles nations d'art, et d'exalter sa propre langue nationale.

Telle qu'elle apparaît dans la gazette, La fiction crée l'événement, est un événement. Cet événement touche au politique de différentes manières: il l'exalte (l'exemple d'Albert le Grand, *Le Siège de Calais*) ou le subvertit (*Le Conclave*); il donne au Pays l'occasion de briller, au Prince celle de faire preuve de générosité (Louis XVI) ou de sensibilité (Marie-Antoinette), et au Peuple celle de lui prouver son amour ou son mépris. Si, d'une façon générale, la fiction existe essentiellement en tant que spectacle, un lieu de

---

2    Par la suite les références seront données sous forme abrégée. Par exemple '5, sup'. = supplément au N° 5 de la gazette de Leyde de 1775. Le nom de la ville d'origine de la nouvelle ne sera indiqué qu'au cas où celui-ci ne serait pas rendu évident par le contexte.

sociabilité où l'on est vu autant que l'on voit (la fiction est un prétexte à un jeu bien réel), elle est aussi de l'ordre du spectaculaire en tant que manifestation du politique. La fiction qui intéresse la gazette est celle qui rend visible le réel politique — ou ce qui lui en tient lieu.

Il arrive que la vie même soit un roman, et la gazette ne résiste pas plus que quiconque devant les événements qui semblent rejoindre l'extraordinaire et sont donc alors dignes d'un récit de fiction. C'est ainsi qu'elle s'interroge sur la mort — peu naturelle — du pape précédent. Et l'auteur de cette lettre de Rome, à la façon d'un enquêteur, rapporte les conjectures, énumère les indices. La gazette, dans ces moments, imite le récit policier; elle est confrontée à des traces matérielles, à des faits et des dates, il lui reste à interpréter, ou, le plus souvent, à décréter un non lieu. Ainsi, on ne saura pas qui est à l'origine de l''ouverture, assez grande pour y passer un Homme, qu'on a trouvée faite, dans la nuit du 26 au 27 janvier à la clôture du Conclave', même si 'on ne craint point dans le Public, vu plusieurs circonstances rapprochées, de faire tomber les soupçons sur deux Personnes éminentes, que cependant il seroit téméraire de nommer' (15, sup.). Et quand la gazette rapporte qu'au mois de février, le 'Cardinal Torregiani s'est fait porter dans sa clôture 9000 écus en espèces, sans qu'on sache pour quel usage', les lecteurs sont placés devant une énigme à laquelle nulle autre réponse ne sera donnée que celle qu'ils pourront imaginer. La gazette produit des récits lacunaires dont les vides peuvent favoriser la naissance d'autres récits, issus cette fois de l'esprit du lecteur, et l'on imagine assez bien ce que pourraient en faire un Diderot ou un Crébillon. Même lorsqu'elle choisit de se taire, la gazette raconte, malgré elle, des histoires.

Parfois, l'histoire se suffit à elle-même et ne touche que de très loin les affaires internationales. En Italie encore (c'est en Italie que l'on trouve dans cette période le plus grand nombre de ces exemples, les raisons en seront évoquées plus loin), une mystérieuse princesse russe — qui se prétend polonaise — est enlevée de façon très romanesque par le comte Alexis Orlow (29). Dans le numéro suivant, une lettre de Rome reprend cette nouvelle, donne de plus amples détails, et ajoute: 'il y a bien des invraisemblances dans la manière dont on rapporte son enlèvement […] Voilà comme on raconte ce fait, qui a fait grand bruit en Italie […], qui peut-être est vrai sur le fond, mais dont nous ne garantissons aucune des circonstances'. Et, après avoir semblé convaincu par les indices qui accréditent l'hypothèse d'un enlèvement politique, le correspondant achève sur une phrase qui détruit cette explication, ou du moins la tempère: 'Au reste, cette Dame est, dit-on, une très-belle Personne de 23 ans environ'. Par la suite, plus un mot de cette 'princesse', alors qu'il est très régulièrement question du comte Orlow. Tout comme les non-dits, les 'chutes' des anecdotes rapportées sont des déclencheurs d'histoires par les perspectives romanesques qu'elles ouvrent.

En France, les mystères sont plus ténus: on a volé, pendant une messe à la Sainte Chapelle, en plein cortège des Princes, 'un Manteau rouge brodé et garni d'une plaque du St. Esprit que Monsieur avoit apportée par dessus ses habits à cause du froid' (3). Pendant les six mois en question il n'est pas mentionné de fait plus étrange. Les 'nouvelles extraordinaires', en cette fin de siècle, viennent surtout des lointains, et tout particulièrement de l'Orient, lieu de l'imaginaire occidental.

Lorsqu'elles viennent de lettres locales, les intrigues orientales sont traitées à la façon de petits romans. Satalie est le théâtre d'une lutte entre deux familles et les péripéties, nombreuses et sanglantes, font de ces événements un feuilleton haut en couleurs, tout bruissant de sonorités exotiques. Les termes mêmes évoquent l'univers du roman, et la gazette se fait précise et descriptive.

> Depuis ce tems les deux familles paroissoient vivre en bonne intelligence; mais Ilany méditoit contre Osman-Aga la plus noire trahison. [...] Le Père et le Fils tramèrent de concert la perte de leur Ennemi. Mustapha se rendit à Satanas [!], ville qui est à 9 lieues de celle-ci et envoya prier Osman-Aga, son Beau-Frère, de le venir trouver [...] Mustapha prit, sans qu'on s'en apperçut, un Pistolet qu'il avoit caché avec un Sabre sous une Pelisse, qui couvroit un des coussins du Divan, et, se tournant vers les Effendis, il leur dit en tirant sur Osman-Aga: vous savez que les rebelles aux volontés du Grand-Seigneur doivent être punis de mort : vous en rendrez témoignage. La balle n'atteignit qu'à un bras Osman Aga qui se mit aussitôt en défense: Mais Mustapha, au secours duquel les Tchobadars, qui étoient dans le complot, accoururent, acheva de le tuèr à coups de Sabre. Toute la ville regrette Osman-Aga et a pris en horreur son meurtrier.

L'indétermination du narrateur, les détails, tels que ceux de la pelisse, du coussin et du divan, le caractère théâtral du meurtre, avec le discours qui accompagne le geste, tout cela montre que l'on n'est plus dans le ton habituel. L'auteur construit son histoire, ménage ses effets, ou les annonce ('la plus noire trahison'), il somme le lecteur de participer à l'horreur collective finale.

Un mois plus tard, l'histoire recommence.

> La trahison d'Ilany-Moussa-Aga [...] paroît ne devoir pas rester impunie. La nuit du 21 de ce mois, Bekir-Aga, Jeune-Homme de dix-huit ans, Fils aîné de [...] Osman-Aga [...] rentra subitement dans la ville, à la tête d'un Corps de Jeunes-gens qui lui sont affidés. [...] Ils envoyèrent ensuite à Mustapha-Aga, qui accouroit en forces et qui n'étoit plus qu'à une lieuè de distance, des Messagers pour le sommer de se retirer [...]. On est dans l'attente de l'issuè que pourra avoir cette affaire intéressante. (17)

L'effet de suspension de cette lettre est tout à fait surprenant, et en même temps caractéristique. Le rédacteur écrit 'à chaud', il ne faut pas trop attendre pour qu'une nouvelle reste d'actualité, et l'on est bien souvent tributaire du départ d'un bateau. La lettre de Satalie est datée du 26 novembre, elle est insérée dans la gazette du 28 février. Pendant tout ce temps (trois mois), comme pris en arrêt sur image, Mustapha-Aga est resté figé dans ce mouvement précipité qui devait le conduire à la rencontre des émissaires de la ville. Et les lecteurs, comme l'auteur, restent suspendus au fil de l'histoire, 'intéressante', dont on attend l'issue. On se trouve là devant le type même du feuilleton.

Il arrive enfin qu'un événement réel corresponde si bien à un genre littéraire qu'on lui en donne le nom. C'est le cas de l'histoire du brigand Pugatchef. La gazette rapporte les 'différens Supplices' d''au moins 40' de ses complices et achève par ce commentaire:

> Pugatchef, après les avoir vus mourir, termina la *Tragédie* par être écartelé. Cette *triste scène a duré*, dit-on, toute une journée; mais des *années entières* ne suffiroient pas pour réparer les ravages que *ces malheureux* ont exercés dans une étendue de *plusieurs centaines de miles de Pays*. (16, sup., lettre de Hambourg, souligné par nous)

Mise en scène, close enfin par la mort de son héros, l'histoire de Pugatchef devient 'tragédie', épopée noire que seule une épitaphe quasi shakespearienne peut achever. L'évocation de ces supplices 'divers' sur plusieurs années est une exagération qui donne au personnage et à ses crimes une aura qui dépasse la réalité.

Or, il se trouve que la relation du supplice relève elle-même de l'imagination: dans le numéro suivant (17), il est dit que 'les premiers avis qui en ont couru paroissent avoir été fort exagérés [sic]'; cinq exécutions capitales, c'est tout. La gazette de Leyde avait pourtant fait preuve de prudence en commençant à rendre compte de l'histoire de ce brigand: 'tout ce que l'on débite de sa conduite et de ses prétenduès découvertes est si incertain et contradictoire qu'il est inutile de s'en occuper' (31 janvier, N° 9). Sa prudence est d'ailleurs un de ses traits distinctifs et les mentions 'il court un bruit que nous rapportons sans vouloir le garantir', 'tout ce que l'on sçait de positif, c'est que', 'on n'apprend point que' (20, sup., de Paris), ou 'il ne se confirme point que' (36, sup., de Varsovie) sont fréquentes: dès que certains détails manquent, la nouvelle est donnée comme douteuse, et la mention 'on ne marque ni date ni circonstance' (48, Nouvelles d'Angleterre) précède un avis en général plus que réservé.

La circonspection marquée par le journal est bien souvent trahie par l'imagination de ses correspondants ou du 'public', quand ce n'est pas par des manipulations plus concertées. La gazette traite alors la fiction en tentant de la circonscrire. Sa stratégie discursive consiste à dresser un dispositif (comparable à un cordon sanitaire) autour de la nouvelle douteuse, grâce à plusieurs tactiques qui mettent en doute tantôt la source de la nouvelle (le locuteur second), tantôt la nouvelle elle-même (le procès).

La source peut émaner (du plus fiable au plus douteux):
— 'd'écrits authentiques', ou 'de certificats légalisés dans les formes' (46, de Boston),
— 'd'avis reçus de très bonne part' (ou de 'bonne part') ou de 'personnes dignes de foi'.
— de 'spéculatifs': 'les personnes les moins portées à donner dans les visions politiques' (35, de Pologne), ou 'des personnes attentives à saisir l'occasion de fonder des conjectures' (33, de Pologne), ce qui rend la nouvelle plus douteuse.

Enfin, toujours en allant du plus sûr ou moins certain, on trouve

— 'des lettres', 'des lettres de particuliers', le 'Public', 'des gens' (plus ou moins bien intentionnés)
— ou des termes impersonnels et indéfinis: 'on', 'certains', 'les uns', 'les autres' (ces deux derniers s'annulant lorsqu'ils se contredisent).

Dans le pire des cas, la source elle-même n'est pas mentionnée grammaticalement, et le procès se déroule sans agent visible: 'le bruit court', ou, plus grave, 'se répand'. Un 'bruit se répand', images de l'eau et du son: ondes insaisissables. Une diffusion obscure, comme par résonnance ou par capillarité, rend la nouvelle plus suspecte, lui donne un trajet plus rapide et 'souterrain', se rapproche de la rumeur. Ici il ne s'agit plus de 'source' claire (si l'on veut jouer sur la connotation 'eau pure', incluse dans ce terme), mais de 'résurgence', susceptible d'être souillée, voire empoisonnée à dessein.

Le doute sur la source peut aussi être exprimé par les formes verbales: modes, ou choix de termes (plus ou moins modalisateurs selon le contexte). Les verbes locutoires, fort nombreux, qui présentent un locuteur second (singulier ou collectif, et que nous appellerons X) se répartissent eux-aussi sur un axe, allant du sûr au douteux. Les formules comme X 'assure que', 'apprend que', 'dit que', 'rapporte que', etc., s'opposent à celles qui comportent des verbes intrinsèquement modalisateurs comme X 'prétend que', 'débite que'. Dans la première catégorie, 'le locuteur ne préjuge pas de la véracité/fausseté des contenus énoncés par X', dans la deuxième, il 'prend au contraire implicitement position sur ce point'[3]. A cette liste on peut ajouter des verbes d'opinion (X *est persuadé que, se flatte de, espère que, craint que, croit...*). Ceux-ci sont plus dificiles à analyser que les verbes locutoires quant à la position du locuteur (la formule X *croit remarquer que* étant une des plus subtiles). Dans ce cas, le journaliste fait comme s'il lisait les pensées de X sans que celui-ci les ait formulées de façon nette. Rien n'est *dit*, ni par les uns (ce qui suppose leur sincérité: croire est d'une autre nature que dire), ni par lui-même, mais la nouvelle n'en est pas moins donnée. Enfin, X *sait que* est à part: le locuteur est persuadé, comme ses lecteurs de la véracité de la nouvelle. Le journaliste peut enfin se présenter lui-même

---

3    C. Kerbrat-Orecchioni, *L'Enonciation, de la subjectivité dans le langage*, Paris, A. Colin, 1993, pp. 109-110.

comme la source de la nouvelle; les verbes *sembler, paraître*, etc. présentent des affirmations mises à distances, alors que la formule *se confirme* les rapproche du recevable.

Les deux axes, verbaux et nominaux, peuvent se combiner et multiplier les nuances de façon subtile: un *bruit* qui 'se confirme de différentes parts' (5, de Leyde) ou qui 'se soutient toujours' (34, sup., de Pologne) se rapproche d'une nouvelle véridique et vérifiable. La persistance d'une rumeur, ou la multiplication des sources douteuses mais concordantes modifient son statut. Parfois les deux phénomènes se conjuguent: Un 'dessein [...] paroit être réel, du moins si l'on s'en rapporte aux différens avis de Pologne, qui continuent toujours d'en parler' (6, de Leyde). Une résurgence douteuse, mais persistante et ramifiée, équivaut à une quasi certitude.

Les hésitations et incertitudes, si elles ont essentiellement pour fonction de distinguer le vrai du faux, disent aussi autre chose. Dans certains domaines, notamment celui de la Pologne, les alarmes sont telles que les inquiétudes et les espoirs sont des nouvelles bien réelles: elles sont le lot d'actualité des peuples qui ne savent d'où viendra leur destin, ni s'ils en ont encore un en tant que Peuple. Lorsque la Gazette révèle l'état et l'humeur des Peuples qui *s'étonnent, craignent, débitent*, etc., elle est encore dans la nouvelle politique, et même bien au-delà. Elle prend parti pour eux, contre ceux qui les laissent ignorants de ce qui les touche, et elle fait participer le lecteur à leur angoisse: elle met celui-ci en état de sympathie: la Pologne et les Amériques sont privilégiées dans ce domaine.

Le contexte géopolitique est dans cette quête du vrai un élément déterminant et les doutes exprimés par le journaliste et ses informateurs renseignent sur l'état politique de l'information. Les formes de l'incertitude et l'importance des rumeurs sont très variables, tant en fonction de la géographie que du contexte politique. Tout d'abord, le facteur géographique est marqué principalement par la distance et les difficultés d'acheminement des lettres, donc par le temps que les nouvelles mettent à parvenir à Leyde. En revanche, dans le proche domaine européen, les rumeurs[4] sont démenties en même temps qu'elles sont annoncées.

La géographie joue aussi lorsque plusieurs pays sont en cause. La différence des points de vue et la difficulté qu'il y a à les faire coïncider font que la vérité se brouille, et que, si le gazetier est parfois en mesure de donner les faits, il est bien en peine d'en donner une interprétation cohérente. Les affaires polonaises sont celles qui souffrent le plus de cet émiettement. Les affirmations d'ignorance et les données contradictoires abondent (17, de Hambourg; 34, sup.). Un tiers des fausses nouvelles et des démentis

---

4     Par exemple la nouvelle fausse de l'élection d'un Pape (7, de Bologne), si certaine que des conclavistes ont fait demander leurs habits de cérémonie.

proviennent de ce pays. L'autre pays qui est tributaire de cet éclatement géographique est l'Angleterre. Les nouvelles d'Irlande, d'Ecosse ou de Boston contredisent celles de Londres

Le facteur politique est encore plus déterminant que les aléas de la géographie. Le rédacteur prend parti de façon nette lorsqu'il dénonce une fausse nouvelle émanant 'de bonne part', c'est à dire d'avis officiels ou semi-officiels. Les contes faits pour endormir le peuple ou les autres nations sont différents de ceux forgés par le peuple (celui-ci se contente d'exagérer, de médire, ou d'anticiper). L'instance énonciatrice prend alors d'autres relais. A propos de nouvelles émanant de Constantinople, le rédacteur relève avec un certain mépris: 'peu de gens se payent d'une pareille raison' (14, sup.), ou 'ce prétexte réussit auprès de peu de gens'(17). Le Conclave romain ressemble sur ce chapitre aux nouvelles de Constantinople: l'Abbé Tosca a 'pris une maladie pour prétexte, mais l'on dit que le vrai motif [...]' (12, sup., de Bologne); 'L'on croit que toutes ces négociations ne sont que pour la forme, et pour remplir le tems jusqu'à ce qu'on ait la réponse du roi d'Espagne aux Lettres qui lui ont été envoyées par l'Exprès' (15, sup., de Bologne). Enfin, dans ces deux villes, les témoins ne peuvent qu'indiquer des départs et arrivées de courrier, sans avoir le moyen de leur donner du sens. Ce qui apparaît comme certain, dans le texte du journaliste, c'est que Rome et Constantinople entretiennent le flou quand ce n'est pas le mensonge. Le Conclave vaut la cour du Sultan.

Il semble que ce soit le secret qui nourrisse non seulement les formules du doute, mais aussi la présence de récits proches de la fiction. On a déjà mentionné le cas de l'Italie: le fait que les nouvelles de Rome soient dites à plusieurs reprises 'peu intéressantes', parce que rien ne filtre, semble être à l'origine de cette attention aux petits détails mystérieux qui pourraient livrer un secret. Cela pourrait expliquer aussi que l'on s'attarde sur des faits comme celui de l'enlèvement, douteux, de la douteuse princesse. L'histoire polonaise d'un duel (celui du staroste Tarlo, N°13, sup. de Leyde, 14, sup. de Pologne, démenti dans le 20, sup. de Varsovie) se situe aussi dans un moment où l'on dit que les nouvelles de Varsovie sont 'jusqu'à présent fort stériles' (13, sup., de Leyde). Enfin, si le petit roman oriental de l'assassinat d'Osman-Aga ne relève pas de la même absence d'événement majeur, sa provenance lointaine et marginale, loin des grands événements de politique européenne, justifie son traitement romancé. Le lecteur de la gazette ne peut s'intéresser à ces intrigues lointaines que dans la mesure où elles prennent la forme d''histoires'. Les éléments proches de la fiction naîtraient donc dans ce vide occasionné par l'absence de nouvelles, le trop grand secret, ou l'éloignement excessif. La fiction serait ce qui se développe dans les interstices, comme on se raconte des histoires pour se désennuyer.

Mais le faux en nouvelles politiques peut prendre un poids de réalité qui dépasse le vrai lui-même, lorsque le faux se fait rumeur. C'est alors que le journal se fait non plus narrateur (plus ou moins impliqué) mais acteur, soit en les propageant, soit en essayant de leur donner un autre tour. Dans le cas des nouvelles d'Amérique, le journaliste choisit le camp des insurgés en refusant les bruits que fait courir le gouvernement et en se donnant le rôle du sage 'spectateur': 'tout ce que l'on y voit de plus clair, c'est qu'il se forme ici des nuages, dont il est moins aisé de prévoir les suites, qu'il n'est naturel d'en craindre l'éclat [...] Pendant ce tems, l'on ne manque point de répandre des Nouvelles capables de diminuer les craintes de la Nation' (19, de Londres). On parle, un peu plus tard, 'des efforts que l'on fait pour persuader le Peuple que ce n'est qu'un feu de paille' (29, de Londres), efforts vains si l'on en croit les nouvelles alarmantes et la complaisance de la gazette à publier des lettres de Boston qui affirment le contraire.

La gazette s'allie aux gouvernements lorsque les rumeurs sont à l'origine de troubles populaires. C'est le cas au Danemark, où l'on s'alarme après la décision de diminuer la valeur 'd'une espèce de sou' (42, de Hambourg), et dans le numéro suivant on déclare: 'Comme des Personnes mal-intentionnées avoient répandu dans le Public, qu'il seroit fait dans peu une réduction des Billets de Banque, [...] S. M. promet une récompense à celui qui découvrira le premier Auteur de ce bruit malicieusement controuvé' (43, de Copenhague).

Cette rumeur est sans suite grave. Il n'en va pas de même en France, cette année-là. Une émeute fromentaire, 'excitée par des femmes', selon un premier informateur étranger (38, sup. de Bruxelles), devient au gré des rumeurs et des versions officielles une affaire grave. On annonce des rassemblements de brigands prêts à attaquer la ville (41, sup.), des prophéties (43, sup.). La gazette lutte contre ces rumeurs. Mais, au fil des numéros, en se faisant l'écho d'une version officielle elle aussi étayée par des bruits, elle accrédite une autre rumeur, non moins grave: 'On trouve toujours beaucoup d'or' aux mutins (41); l'idée d'un complot grandit de semaine en semaine: arrestations de juges (41), d'un officier employé à la cour (42, sup.), de négociants, d''un écclésiastique connu par de très bons ouvrages de mathématiques' (46, sup.). Toutes ces nouvelles sont démenties un peu plus tard, mais le ton est donné. Il s'agit d'un 'complot abominable' visant à 'produire une véritable famine dans les Provinces qui environnent Paris, et dans Paris même, pour porter les Peuples par le besoin et le désespoir aux derniers excès' (Extrait de l'*Instruction pour les Curés*, 43, sup.). Enfin, la gazette, en se faisant l'écho des déclarations officielles et d'elles seules, accrédite l'idée que tout est rentré dans l'ordre grâce aux éclaircissements donnés par les autorités, et que le bon peuple, honteux d'avoir pu croire les méchantes rumeurs, est plus décidé que jamais à tout attendre de la bonté et de la prévoyance royale. Traité de la sorte, cet événement, est quasiment réduit à néant, il ne signifie rien de l'état de la France, on peut passer à d'autres nouvelles.

C'est dans cette mesure que l'on peut dire que, dans sa quête du vrai et du faux, la gazette est un véritable acteur du réel politique. En détruisant les tentatives d'un gouvernement pour accréditer sa version des faits, ou en les appuyant, elle fabrique ou refuse de la fiction politique, elle donne au réel sa forme et son devenir. La fiction travaille le politique. Le politique est fasciné par la fiction. Qu'il s'y contemple ou s'y donne à voir, glorieux ou grimaçant, il inscrit ses contours dans ses limites. Il tente de la détruire lorsqu'elle trouble l'ordre (c'est ce qui explique que les auteurs de fausses nouvelles soient poursuivis au même titre que les auteurs de fictions subversives) mais la laisse se déployer lorsqu'il a besoin du secret sur des affaires importantes. L'anecdote romancée, le récit elliptique, les hypothèses hasardeuses comblent les espaces vides. La nouvelle douteuse ou aventurée est ce qui remplit les interstices du vrai pour dire tout de même quelque chose, désennuyer le lecteur ou tenter d'expliquer ce qui est caché. La figure du journaliste, par la distance ou la sympathie qu'il entretient avec les incertitudes de ses contemporains, est loin d'être neutre dans cette tentative pour faire émerger la vérité. La gazette tisse son propre espace politique et lui donne une vie et une profondeur, faites d'intentionnalités suspectes chez les uns, d'espoirs et de craintes chez les autres. Son lecteur est invité à lire, dans les marges du vrai, entre les lignes, sa propre vision du monde.

David J. CULPIN
University of St Andrews

# Journalisme et fiction dans
## *Le Spectateur français* de Marivaux

*Le Spectateur français*, paru en vingt-cinq numéros de 1721 à 1724, est le plus important des ouvrages de Marivaux désormais connus sous le nom collectif de *Journaux et œuvres diverses*[1]. Dans la seconde décennie du dix-huitième siècle la presse périodique en France n'en est plus à ses premiers débuts: pour ne citer que deux exemples, *La Gazette* (fondée en 1631) se consacre à l'actualité tandis que *Le Mercure* (existant depuis 1672 et auquel Marivaux lui-même a déjà collaboré) se confine au domaine des belles-lettres[2]. En fait, ce n'est ni de l'un ni de l'autre de ces modèles que Marivaux s'inspire: il se tourne plutôt du côté du *Spectator* de la plume d'Addison et de Steele, paraissant quotidiennement en Angleterre entre mars 1711 et décembre 1712. Le narrateur du journal de Marivaux, le Spectateur lui-même, évoque expressément son 'confrère anglais' (II. 172), à qui il ressemble par son goût pour la réflexion morale et la forme littéraire de la petite dissertation qui lui correspond. Déjà la première feuille nous informe que le lecteur de ce *Spectateur français* ne se verra offrir que 'des discours généraux' (I. 117) lesquels seront fournis par 'le hasard' ou 'l'occasion' (I. 114). Il s'agit donc d'une vue sur le monde à la fois personnelle dans le choix des matières et subjective dans la façon de les traiter. Dans ces conditions, peut-on parler de journalisme, art d'écrire qui est restreint par le réel et qui se veut impersonnel? Quelle en est la part de la fiction? C'est ce jeu de deux approches opposées que l'on va tenter de cerner, et ceci en deux temps: d'abord le contenu, ensuite la forme.

Jusqu'à présent les spécialistes de Marivaux se sont très peu intéressés à la présence du réel dans cet écrit; mais Marivaux s'avoue journaliste dans la mesure où il observe la vie de ses contemporains pour en faire matière à réflexion. Cette réalité est donc partout présente dans le *Spectateur français*,

---

1     Marivaux, *Journaux et Œuvres diverses*, éd. Frédéric Deloffre et Michel Gilot. (Classiques Garnier.) Paris, Garnier, 1969. Nouvelle édition 1988. Nous renvoyons systématiquement à cette édition et nos références comportent deux éléments: d'abord, en chiffres romains, la feuille de la périodique, suivie du numéro de page en chiffres arabes (e.g. II. 172).

2     Pour l'histoire de la presse périodique on consultera trois ouvrages de Jean Sgard: *Dictionnaire des journalistes* (Grenoble, 1976); *Bibliographie de la presse classique: 1600-1789* (Genève, Slatkine, 1984); et *Dictionnaire des journaux* (Paris, Universitas, 1991, 2 vol.).

mais elle l'est de deux manières: directe dans les cas où l'on peu préciser l'événement qui a fait rebondir la pensée de Marivaux, et indirecte (le plus souvent) où on la sent plutôt qu'on ne la voie.

Une vue d'ensemble sur le *Spectateur français* montre clairement que, comme il se doit, parmi le petit nombre de thèmes qui retiennent l'attention de notre auteur, la littérature occupe une position de première importance. Huit feuilles sur vingt-cinq lui sont au moins partiellement réservées[3]. Dans ces pages on voit Marivaux se défendre contre les critiques qui l'ont tant poursuivi pour le manque de naturel de son style, pour son esprit, son affectation, ses néologismes. Pourtant il ne reprend pas ces questions exclusivement à son compte, mais aussi pour défendre les positions adoptées par ses 'coreligionnaires', les Modernes, auxquelles il s'était rallié lors des dernières hostilités entre Anciens et Modernes en 1714/1716. Une petite série de feuilles, de la sixième à la neuvième, agite ce thème entre avril et septembre 1722. La particularité de cette préoccupation avait certes de quoi agacer ses lecteurs, comme le lui fait comprendre une correspondante fictive de la douzième feuille qui se plaît à lire son ouvrage surtout, dit-elle, 'quand vous ne parlez ni d'*Anciens*, ni de *Modernes*, ni de *bel esprit*' (XII. 176).

Rares, par contre, sont les allusions à une réalité littéraire identifiable. Nous n'en avons trouvé que trois. Dans la troisième feuille, datée du 27 janvier 1722, Marivaux commente la tragédie *Romulus* de son ami La Motte, représentée au Théâtre Français depuis un peu moins de trois semaines. Et deux ans plus tard, le 8 janvier 1724, c'est encore La Motte qui le fait revenir à la chronique théâtrale, cette fois à l'occasion d'*Iñès*, qui, depuis quelques mois, remportait les suffrages du public et soulevait la bile de certains critiques qui n'avaient aucun goût pour la sensibilité naissante. A ces deux titres de l'actualité littéraire viennent s'ajouter les *Lettres persanes* de Montesquieu, parues en 1721 et que le Spectateur est en train de lire au moment de la rédaction de sa huitième feuille en septembre 1722. Les raisons qui ont poussé Marivaux à privilégier ces ouvrages se laissent deviner sans peine: en secondant La Motte, chef de file des Modernes, il réitère de nouveau sa profession de foi esthétique; et en marquant ses réserves vis-à-vis du joli badinage sceptique de Montesquieu, il lance un plaidoyer en faveur d'une soumission intellectuelle aux mystères de la foi chrétienne. A vrai dire, dans le cas de ces auteurs, il ne s'agit pas de journalisme: Marivaux ne tient pas à informer son public des dernières nouveautés de bibliothèque; les textes servent de combustible à sa pensée, qui part en fusée. C'est lui-même et non pas ses lectures qu'il propose à ses lecteurs.

Pourtant, si l'actualité littéraire est très peu présente dans le *Spectateur français* la vie politique et sociale l'est encore moins. Un seul événement est évoqué: la 5e feuille nous décrit l'arrivée à Paris, le 22 mars 1722, de l'Infante d'Espagne. Caché dans la foule de spectateurs qui observent cette

---

3    Feuilles III, VI, VII, VIII, IX, XII, XX et XXIII.

scène, notre Spectateur surprend les paroles d'un homme qui 'parlait de la dernière paix avec l'*Allemagne* et l'*Angleterre*'. Telle était sa véhémence, nous dit-on, qu'il devenait 'tour à tour l'*Allemagne*, l'*Angleterre*, la *Hollande* et la *France*' (V.136). Il s'agit, en fait, de la Triple Alliance, constituée en 1717 par la France, l'Angleterre et la Hollande, transformée, dès l'année suivante, en Quadruple Alliance, par l'adjonction de l'Allemagne. S'ensuivit la guerre entre la France et l'Espagne, de 1719 à 1721, terminée enfin par un traité qui prévoyait le mariage de l'Infante (âgée alors de trois ans) et le futur Louis XV (qui n'en avait que onze). Bien sûr, dans son temps, Marivaux n'avait pas besoin de préciser le contexte politique, et son texte est vierge de toute glose. Mais il se passe de ces précisions surtout parce que l'actualité événementielle l'intéresse peu, et il s'en détourne vite pour entamer des considérations d'ordre moral. Dans un premier temps il fait l'éloge d'un pauvre savetier qui préfère ne pas regarder le faste des grands qui passent devant sa porte, faste qui ne servirait qu'à troubler le repos que trouve ce 'brute Socrate' dans la médiocrité de son état. L'étalage des richesses des grands inspire ensuite au Spectateur des réflexions sur les droits et les devoirs du souverain et un sentiment de la faiblesse du jugement des humains qui se méprennent sur la valeur réelle des choses, surestimant le clinquant extérieur au prix des qualités intrinsèques d'un individu. Bref, cette envolée du Spectateur résume une bonne partie de la pensée morale de Marivaux.

Pourtant le commentaire social de Marivaux ne se limite pas à des références directes, et l'on verra peut-être dans les thèmes qu'il traite un reflet de l'histoire de son temps. Abstraction faite des questions littéraires, la thématique du *Spectateur français* relève de trois principaux domaines: condamnation du libertinage de mœurs, défense de la foi chrétienne et hostilité contre l'insensibilité des grands à l'égard des pauvres. D'une manière générale on perçoit dans le texte de Marivaux une sorte de manifeste, une réaction contre les traits marquants de la Régence et des premières années du règne de Louis XV. Le train de vie du Régent lui-même, la croissance de la libre-pensée attestée par la parution des *Lettres persanes*, et le machiavellisme du premier ministre, Dubois, sont les exemples les plus évidents de la corruption que vise le Spectateur. Mais serait-on fondé à aller plus loin et à suggérer des circonstances, des situations qui auraient été à l'origine de ces remarques? Ce serait sans doute hasardeux. Pourtant, sans passer les bornes de la prudence, on ira jusqu'à souligner certains parallèles. La critique politique et sociale du *Spectateur français* atteint une intensité d'expression particulièrement vive dans trois phases qui sont la première feuille, la treizième, et une série qui va du numéro vingt et un au numéro vingt-cinq (en omettant la vingt-troisième feuille). En partant de la date des approbations de ces fascicules, voyons quelles correspondances existent entre le texte et l'actualité.

Dans sa première feuille le Spectateur met en scène deux personnages: un homme riche dont les habits luxueux témoignent d'une très grande dépense, et un homme démuni qui avait le malheur, nous dit-on, de porter "un visage indigent". Celui-ci vient chercher les secours du grand seigneur, mais se voit rebuté sans égards, et Marivaux de protester contre les grands de ce monde dont l''orgueil contriste, étonne et désespère la généreuse fierté de l'honnête homme qui a besoin de vous' (I. 116). Cette feuille reçoit son approbation le 29 mai 1721. Ne doit-on pas voir là un reflet de la misère, du déséquilibre social provoqués par l'écroulement du système de Law et de la Banque Royale, survenu à peine cinq mois plus tôt en décembre 1720? On se souviendra qu'au moment où la Banque a fermé ses portes certaines gens en place, et parmi eux le duc de Bourbon (premier ministre à partir de 1724), ont réussi à sauver leur fortune tandis que de nombreux petits investisseurs, dont Marivaux lui-même, connaissent la perte de leurs modestes biens. Ici le Spectateur est peut-être plus qu'ailleurs le porte-parole de Marivaux lorsqu'il demande, à propos de ce Crésus au cœur endurci: 'Ne rougit-il pas d'étaler sur lui plus de biens que je n'ai de revenu?' (I. 115).

Les enjeux sont les mêmes dans la treizième feuille, mais à cette occasion il s'agit non pas de la simple bienfaisance, au niveau moral, mais de l'abus du pouvoir politique. Le Spectateur fait parler le sage Hermocrate, qui s'est retiré du monde. Celui-ci explique qu'il est 'issu de parents qui furent autrefois sénateurs dans Athènes' (XIII. 180), c'est-à-dire, dans la ville où siégeait le gouvernement. Pourtant, déçu par la corruption des hommes, il quitte le monde pour vivre dans la solitude. Sa misanthropie s'explique: jeune homme de bonne mœurs, il avait l'habitude d'agir dans ses relations avec générosité et probité; un jour il s'intéresse à un poste qui lui convient; mais tout d'un coup, d'une manière inexplicable, les amis qu'il croyait prêts à servir ses intérêts l'abandonnent. Enfin, comme Figaro, il raconte la suite de son aventure: 'Je manquai le poste, un autre l'emporta; et cet autre, c'était un homme dangereux, malin, vindicatif' (XIII. 183) qui, au contraire d'Hermocrate, ne cherchait dans les affaires publiques qu'à ménager ses propres intérêts. L'approbation de cette feuille date du 30 décembre 1722, et il est difficile de ne pas penser au cardinal Dubois, secrétaire d'état aux affaires étrangères depuis 1718 mais qui s'était fait nommer premier ministre à peine quatre mois avant la publication de ce texte. Dubois s'était acquis une réputation peu flatteuse. On lui reconnaissait volontiers des talents de négociateur, la création de la Triple Alliance étant le fruit de ses efforts; mais son manque de scrupule lui valaient une désaffection générale. Saint-Simon l'a peut-être peint un peu en noir, mais l'historien moderne, Jacques Madaule ne lui est guère plus favorable lorsqu'il affirme avec la force d'une vérité: 'Que celui-ci ait été un coquin, nul n'en peut douter'[4].

---

4    Jacques Madaule, *Histoire de France. 2: De Louis XIV à Napoléon III* (Paris, Gallimard, 1943 et 1945, 3 vols.), p. 86.

On sait, en général, que les Modernes, créatures des salons et de la ville, souvent eux-même de souche bourgeoise, entretenaient des réserves par rapport aux us et coutumes de la Cour et de ceux qui détenaient le pouvoir politique. Marivaux était de leur nombre, et l'effet corrupteur du pouvoir est un thème qui n'a jamais cessé d'éveiller ses inquiétudes. En publiant son petit traité sur *L'Éducation d'un prince* en 1754, après la naissance du futur Louis XVI, Marivaux songe toujours à la formation morale du souverain, qu'il veut solide, pour que celui-ci résiste aux tentations d'immoralisme propres à son état et auxquelles les flatteurs qui entourent toujours un prince voudront immanquablement qu'il cède.

Ce message est préfiguré, trente ans plus tôt, dans une série de feuilles intitulée l''Histoire d'un Inconnu', histoire qui clôt le *Spectateur français*. Elle constitue un réquisitoire formel contre la corruption des Grands et de la Cour. Vivant comme tant d'autres sages à l'écart du grand monde, le père de l'Inconnu veut inspirer à son fils ses propres méfiances. Pour réussir à la Cour, dit-il, 'il s'agit d'avoir une méchanceté habile qui perde finement vos ennemis, sans qu'ils voient comment vous vous y prenez' (XXII. 241). Cette leçon se vérifie dans l'événement. Après la mort de son père l'Inconnu quitte sa province et se met en route pour la capitale. L'injustice dans le comportement des hommes ne tarde pas à lui sauter aux yeux, et il apprend bientôt qu'il suffit d'être riche et de jouir d'un certain 'état' pour vivre sans vertu mais impunément dans le monde. Les approbations de ces feuilles s'espacent d'octobre 1723 à août 1724, période où, après la mort du cardinal Dubois, Philippe d'Orléans et le duc de Bourbon occupent successivement les fonctions de premier ministre. Faute d'informations plus précises, il est impossible d'associer l''Histoire d'un Inconnu' avec un événement tant soit peu concret. Marivaux nous donne, comme il l'a promis, des 'discours généraux'; mais si ses positions restent inchangées depuis quatre ans c'est que ce sont toujours les mêmes personnages qui se relaient dans les hautes sphères du pouvoir.

Les tensions qui existent, dans le domaine du fond, entre vraisemblance et imagination, se répètent dans la forme du *Spectateur français*. Le lecteur avisé aperçoit dès l'entrée en matière que Marivaux emploie un certain nombre d'éléments caractéristiques de la fiction, et surtout du roman baroque à la mode avant 1660 qu'il persistait à affectionner et qu'il avait pratiqué dans son œuvre de jeunesse, *Les Effets surprenants de la sympathie* (1713/14).

On notera tout d'abord la complexité de la structure narrative du texte. La voix du Spectateur s'estompe derrière d'autres voix qui interviennent pour raconter leurs propres aventures. D'ailleurs, il ne s'agit pas d'une seule aventure qui se développe en longueur et en profondeur, mais de plusieurs histoires qui se relaient et s'étalent chacune sur plusieurs numéros du périodique. La seconde moitié du *Spectateur français*, douze feuilles en tout, est presqu'intégralement composée d'aventures de ce genre. On nous

propose des lettres d'une jeune fille abandonnée par son amant (feuilles IX à
XI), un épisode sous le titre de 'Journal espagnol' qui se veut un manuscrit
que le Spectateur lui-même aurait trouvé (feuilles XV à XVI), l'"Histoire de
la dame âgée', une vieille coquette qui se moque de la religion (feuilles XVII
à XIX) et enfin les 'Aventures d'un Inconnu' (feuilles XXI à XXII et XXIV à
XXV). Parfois les aventures s'intercalent les unes dans les autres, faisant de
ce texte un véritable roman à tiroirs. Le récit des malheurs de la jeune fille
abandonnée est interrompue par l'histoire d'Eleonor et Mirski. Celle-ci
commente la narration qui l'entoure en soulignant le danger que court une
femme lorsqu'elle répond aux empressements d'un amant passionné, créant
ainsi un lien thématique entre ces deux histoires distinctes. Ailleurs on trouve
l'ébauche d'une structure où les aventures s'emboîteraient les unes dans les
autres. Dans la treizième feuille on met en scène le sage Anacharsis, qui
passe ensuite chez Hermocrate l'ermite, qui raconte à son tour la visite qu'il
a rendue à un autre philosophe. Toutes ces complexités occultent enfin la
voix de l'auteur du texte. Qui est-ce qui raconte? Est-ce Marivaux lui-même?
Le Spectateur français? Ou bien un autre personnage? Et l'identité du lecteur
supposé change à son tour: le Spectateur s'adresse aux acheteurs de sa feuille
volante, la jeune fille abandonnée s'adresse au Spectateur, tandis que le
destinataire de l'"Histoire de la dame âgée' reste imprécis. Il y aurait là, sans
doute, matière à une étude narratologique approfondie.

En fait, il n'y a pas que l'auteur du texte qui se cache. La notion de
déguisement se voit elle-même accorder une importance qui rappelle les
autres ouvrages de Marivaux. Lieu commun de l'*Astrée* et de toute une lignée
de romans qui s'en inspirent, le déguisement implique parfois le simple désir
de passer incognito, parfois un travestissement (au sens propre) qui rend
équivoque le sexe de la personne déguisée, et parfois il se prête à des scènes
de reconnaissance des plus invraisemblables. Ainsi nous avons affaire à un
déguisement extérieur qui vise à cacher l'identité d'un individu. Par exemple,
dans la onzième feuille, Eleonor se fait secrètement remplacer par son
esclave pendant une nuit d'amour. Ce stratagème lui permettra de sonder les
intentions de Mirski, son amant, et d'apprendre si l'homme à qui elle se
donne lui restera fidèle une fois assouvies ses passions. Pourtant, dans la
plupart des cas évoqués par le *Spectateur français*, cette tradition est
modifiée, le déguisement devenant désormais métaphorique. Il s'agit alors
d'un masque que nous mettons pour cacher notre personnalité, nos pensées,
nos désirs. A la sortie du théâtre, dans la troisième feuille, Marivaux fait
observer que les comédiens ne sont pas les seuls à adopter un caractère qui
n'est pas le leur. Nous sommes tous, dit-il, des 'porteurs de visage' (III. 124),
et selon l'expression d'un correspondant du Spectateur, dans le monde de
tous les jours on ne cesse de 'se donner la comédie' (XIV. 191). Seulement,
le déguisement n'existe chez Marivaux que pour encourager la lucidité et la
sincérité. L'histoire du jeune Hermocrate anticipe, dix ans à l'avance, 'Le
Voyageur dans le Nouveau Monde', conte imaginaire qui occupera les

feuilles 6 à 11 du *Cabinet du philosophe*. Dans les deux récits un dispositif est mis en œuvre qui permettra au jeune ingénu de deviner les véritables pensées de ceux qui se disent ses amis.

Enfin, une dernière ressemblance avec les formes de la fiction contemporaine. On sait que, dans les deux premières décennies du dix-huitième siècle, le merveilleux littéraire connaissait une vogue extra-ordinaire, et ceci sous deux formes: le conte de fées, ravivé par Charles Perrault, et les *Mille et une nuits*, traduites pour la première fois en français par Antoine Galland entre 1704 et 1717[5]. Ces deux courants constituaient une forme littéraire que l'on pourrait considérer comme le genre de prédilection des Modernes, genre qui permettait l'analyse des sentiments du cœur, une certaine affectation dans la manière de s'exprimer, et une évo-cation subtile de la sensualité. Cette tradition est discrètement mais indéniablement présente dans les pages du *Spectateur français*. De véritables fées, il n'y en a pas; mais à deux reprises les sages que nous rencontrons agissent en magicien et opèrent des transformations éblouissantes. Le philosophe consulté par le jeune Hermocrate donne à celui-ci une poudre qui, mêlée dans le vin que boiront ses amis, aura le pouvoir de leur inspirer la franchise et un aveu sincère des raisons qui leur ont fait négliger les intérêts d'une personne qui devait leur être chère (XIII. 184). Une transformation semblable est effectuée dans la vingt-troisième feuille par le Spectateur lui-même qui s'avise d'un stratagème pour ne pas être trompé par un marchand de drap qui passe pour un homme avare et peu scrupuleux. Ce stratagème, le Spectateur l'appelle 'un coup de baguette', et s'il sait l'utiliser, dit-il, s'est parce que 'j'ai fait un cours de magie qui m'a appris bien des secrets' (XXIII. 250-51). Le Spectateur ne manque pas son coup; seulement, l'effet de ce sortilège sera de courte durée.

Voisin du conte de fées est le conte allégorique. Le *Spectateur français* en fournit un exemple mais, comme Tartuffe dans la pièce de Molière, celui-ci revêt une plus grande importance puisqu'il est plusieurs fois rappelé à notre attention avant de paraître en scène. Il est annoncé dans la troisième feuille et différé dans chaque feuille successivement avant de paraître dans la sixième. Un jeune homme se réveille dans un pays enchanté où une femme nommée l'*Estime* lui sert de guide. Elle explique que les arbres et les fleurs sont les vertus que faisait naître l'amour pur d'antan dans l'âme des hommes. Sur la fin de leur conversation elle lui promet de visiter une autre terre où il verra un monstre appelé *Amour* qui figure les inquiétudes et les vices du libertinage à la mode. Marivaux n'en donne pas la suite mais, quelques mois plus tard, dans la onzième feuille, il raconte l'histoire d'Eleonor et Mirski qui, comme le rêve, tourne sur la distinction entre l'amour chaste et la passion corrompue. Selon le Spectateur, il s'agit d'une histoire que lui aurait

---

5     Voir mon article 'Marivaux and the *conte merveilleux*' (*Romance Studies* 15 (1989) pp. 99-107), auquel les remarques qui suivent viennent en supplément.

racontée un Polonais; mais histoire polonaise veut dire histoire exotique, ce qui nous plonge dans le monde des *Mille et une nuits*: serail, érotisme, esclavage, pouvoir tyrannique, tout y est.

Bref, certains éléments formels du *Spectateur français*, la complexité de la structure narrative, le topos du déguisement et le genre du conte de fées, rappellent plutôt l'imaginaire du roman que la vraisemblance du journalisme. Pourtant, à côté de ces procédés, Marivaux adopte d'autres stratégies dont le but est de souligner la véracité du texte. Le personnage du narrateur joue ici un rôle fondamental. *Le Spectateur français* est essentiellement rédigé à la première personne et le rédacteur en chef est le Spectateur lui-même. Il essaie donc de cultiver la confiance de ses lecteurs et se dépeint comme un homme sage dont les opinions ont été formées par 'mon âge avancé, mes voyages, la longue habitude de ne vivre que pour voir et que pour entendre' (I. 117). Il mène une vie qui ressemble à la nôtre: il rend visite à des amis, il dîne et entame des conversations autour de la table, il fait des courses (XXIII). En somme, il ne parle que de ce qu'il a vu, et il sait de quoi il parle. Lorsqu'il produit d'autres écrits il fait tout son possible pour garantir leur authenticité. Il transcrit des lettres que lui auraient envoyées des lecteurs du journal[6]. Les autres aventures qu'il communique porte une étiquette qui les dissocie de la fiction: le 'Journal espagnol' est 'un petit cahier...en langue espagnole' qu'il trouve parmi des livres d'occasion qu'il vient d'acheter (XV. 193), et son statut de journal spécifie qu'il ne traitera que de choses vues; l''Histoire de la dame âgée' se présente sous la forme d'un manuscrit, 'écrit de sa main' et intitulé *Mémoire de ce que j'ai fait et vu pendant ma vie* (XVII. 207); et le Spectateur préface l''Histoire de l'Inconnu' avec cette remarque: 'Un inconnu m'envoya, il y a quelques jours, un paquet que mon valet reçut pendant mon absence; j'y ai trouvé un manuscrit contenant la vie de ce même inconnu' (XXI. 231). 'Journal', 'mémoire', 'histoire': autant de formes qui se distinguent de 'roman' et qui se campent dans le réel.

Le lecteur, pourtant, n'est pas dupe de cette supercherie. Le récit à la première personne dans toutes ses formes appartient bien en cette première moitié du siècle au domaine du roman. Il constitue un exemple de la réhabilitation de la nature humaine qui marque ces années[7]. La quête de la vraisemblance représente le désir de marquer une distance par rapport au genre romanesque du siècle précédent, de hausser le statut d'une forme littéraire méprisée par les grands classiques. Les différentes formes du pseudo-mémoire conçues par Marivaux dans le *Spectateur français* ne signalent donc nullement un pas vers l'objectivité et le rapport-chronique du

---

6    Les feuilles II, IX à XI, XII et XIV.
7    Voir René Démoris, *Le roman à la première personne, du Classicisme aux Lumières* (Paris, Armand Colin, 1975); et Roger Mercier, *La Réhabilitation de la nature humaine 1700-1750* (Villemomble (Seine), Editions 'La Balance', 1960).

journalisme, mais l'emploi d'un certain nombre de stratégies propres au roman que Vivienne Mylne a baptisées 'les techniques de l'illusion'[8].

Deux conclusions ressortent de cette analyse. En ce qui concerne le fond de l'ouvrage, il serait faux de considérer le *Spectateur français* comme un simple recueil de réflexions morales nées uniquement de l'imaginaire de Marivaux. Ces pages proposent en fait un commentaire, plus suivi qu'on ne l'aurait supposé, de certains événements politiques et littéraires clairement définis; mais surtout elles ont pour tâche de mettre en évidence les vices qui défiguraient les mœurs de la période 1721-1724. Par contre, en ce qui concerne la forme de son texte, Marivaux exploite la liberté que lui permet la spécificité du journal pour faire l'essai d'un certain nombre de techniques narratives qui sont le propre du roman. Ainsi le *Spectateur français* constitue pour son auteur une transition entre le roman baroque qu'il a lui-même écrit en 1712-1714 (*Les Effets surprenants de la sympathie*) et *La Vie de Marianne*, roman mémoire écrit à la première personne et publié, selon son éditeur fictif, d'après un manuscrit retrouvé. En somme, l'étude des rapports entre journalisme et fiction dans le *Spectateur français* éclaire non seulement l'ensemble de cet ouvrage, mais elle permet aussi de suivre l'évolution de la maîtrise technique de Marivaux romancier.

---

8     Vivienne Mylne, *The Eighteenth-Century French Novel: Techniques of Illusion* (Manchester, Manchester University Press, 1966; 2e édition Cambridge, Cambridge University Press, 1981).

Ling-Ling SHEU
Université Tamkang de Taipei

# Réalisme et imaginaire dans les
## *Lettres sur les habitants de Paris* de Marivaux

Si l'activité littéraire de Marivaux remonte à 1712, année où il publie, sans l'avoir fait représenter, sa première œuvre, une comédie intitulée *Le Père prudent et équitable*, sa carrière de journaliste débute en 1717 avec la publication, dans *Le Mercure*, de la première de ses *Lettres sur les habitants de Paris*.

Entre ces deux écrits s'écoule un intervalle de cinq ans, durant lequel se passent d'importants événements. Sur le plan politique, la mort de Louis XIV en 1715 marque la fin d'une période austère; l'arrivée au pouvoir du duc d'Orléans amène la libération des contraintes et un renouveau de la joie de vivre dans les milieux mondains. Sur le plan économique, en 1716, se met en place le système de Law pour sauver du désastre le Trésor de l'État.

Entre 1712 et 1717, Marivaux a publié plusieurs œuvres: en 1712, *Pharsamon ou les Folies romanesques*; en 1713-1714, *Les Effets surprenants de la sympathie*, *La Voiture embourbée*, *Le Bilboquet*, et en 1716-1717, *L'Iliade travestie*, poème burlesque qui parodie une traduction d'un partisan des Modernes, La Motte-Houdar: le nom de Marivaux y paraît pour la première fois à la fin de l'épître dédicatoire. Ajoutons un roman burlesque, *Le Télémaque travesti*, mais qui ne sera publié qu'en 1736.

Les six *Lettres sur les habitants de Paris* ont paru dans *Le Mercure* d'août 1717 à juin 1718[1]. Elles étaient destinées à une dame de qualité habitant la province[2], probablement une correspondante fictive de Marivaux. Par le contenu et par la forme, elles constituent un document intéressant et justifient une étude sur 'le Journalisme et la Fiction' au début du XVIIIe siècle.

Dans *Le Mercure*, les *Lettres sur les habitants de Paris* ne portent pas de titre particulier. Mais l'esprit avec lequel elles ont été écrites est clair.

---

1     Dates de parution de ces *Lettres* : août, septembre, octobre 1717 et mars, mai, juin 1718.

2     Marivaux se contente d'indiquer lors de la première lettre, comme destinaire: 'à Madame ***'. En commençant chaque lettre, il introduit le mot 'madame'; il l'emploie encore à la fin de plusieurs lettres, comme dans la dernière: 'Une autre fois, madame, nous verrons le reste.' Au début de la lettre parue en octobre 1717, où il annonce qu'il parlera des 'dames de qualité', il précise: 'C'est là votre ordre, madame'. Enfin, il va de soi que, parlant des habitants de Paris, il ne peut s'adresser qu'à une correspondante habitant en province. A la fin de la première lettre, il dit d'ailleurs clairement: 'madame, si vous venez jamais à Paris ...'.

Déjà l'avant-propos signale qu'il s'agit d'une étude d'un 'Théophraste moderne'. Certes, l'expression ne vient pas de Marivaux, mais du *Mercure*, et Marivaux proteste contre le fait qu'on l'assimile à un successeur de La Bruyère[3]. Cependant, l'idée de poursuivre les *Caractères* en peignant 'les mœurs' du début du XVIIIe siècle, était dans l'air du temps. Déjà en 1700, un ouvrage moral avait paru, intitulé *Le nouveau Théophraste ou réflexions critiques sur les mœurs de ce siècle*. Le *Mercure* tenait à cette filiation. Et dans la table des matières du même volume du *Mercure*, le titre des *Lettres* de Marivaux est devenu: *Les Mœurs de Paris, par le Théophraste moderne*.

## Les détails du vécu dans la réalité parisienne

*Lettres sur les habitants de Paris*[4], ce titre révèle déjà l'intention de Marivaux: entretenir ses lecteurs du caractère et des mœurs de ses contemporains parisiens, intention confirmée par un message adressé à sa destinataire supposée, et qui précède l'étude des différentes classes sociales parisiennes: 'Vous avez raison de vouloir être instruite des mœurs et du caractère des habitants de Paris et de tout ce qui se pratique dans cet abrégé du monde.' (p. 9) Le compte rendu de Marivaux correspond-il à une observation fidèle et réaliste de Paris, capitale, ou plus exactement microcosme de la société française du XVIIIe siècle sous la Régence? Pour répondre à cette question, il convient d'abord d'examiner quels sont les personnages et les faits que Marivaux a observés et peints.

### 1. Les personnages qui constituent les cadres sociaux de Paris

Les portraits sont répartis de la façon suivante: la première lettre est consacrée au petit peuple, la deuxième à la bourgeoisie, la troisième et la quatrième à la noblesse, et les deux dernières aux 'beaux esprits'. En marge, quelques figures jouant un rôle important dans la société de l'époque, mais auxquelles, comme pour les ecclésiastiques, Marivaux n'accorde que quelques lignes et sur lesquelles il est inutile de s'attarder. En revanche, un problème se pose pour les femmes, qu'elles appartiennent à la noblesse ou à la bourgeoisie; ces femmes seront un objet d'attention privilégié de la part de Marivaux dans ses œuvres théâtrales, romanesques et dans ses autres écrits périodiques.

---

3    *Marivaux: Journaux et Œuvres diverses*, Paris, Bordas-Classiques Garnier, 1988 (première édition, 1969), p. 22.
4    Dorénavant, l'énoncé de cet ouvrage sera désigné simplement par *Lettres* et pour les citations ou pour les références concernées, la pagination sera indiquée à la suite de la citation ou du résumé.

## Le peuple

C'est par le portrait du peuple que Marivaux commence ses *Lettres*. Choix significatif et peu habituel, surtout pour un écrivain qui fréquente particulièrement les milieux mondains.

Dans un style concis, nuancé et vif, Marivaux retrace en quelques lignes les traits typiques du peuple parisien, amalgame de qualités et de défauts:

> Imaginez-vous un monstre remué par un certain instinct, et composé de toutes les bonnes et mauvaises qualités ensemble; prenez la fureur et l'emportement, la folie, l'ingratitude, l'insolence, la trahison et la lâcheté; ajoutez tout cela, si vous le pouvez, avec la compassion tendre, la fidélité, la bonté, l'empressement obligeant, la reconnaissance et la bonne foi, la prudence même; en un mot formez votre monstre de toutes ces contrariétés; voilà le peuple, voilà son génie. (p. 10)

Comment se comportent entre eux les gens de ce peuple, de nature variée, confuse et parfois contradictoire?

> Ils se querellent, ils se battent, se tendent la main, se rendent service et se desservent tout à la fois: un moment voit renaître et mourir leur amitié; ils se raccommodent et se brouillent sans s'entendre. (p. 9)

Marivaux dénonce ensuite les mêmes contradictions, apparentes du moins, dans leur attitude envers les gens de qualité:

> Le peuple a des fougues de soumission et de respect pour le grand seigneur, et des saillies de mépris et d'insolence contre lui: un denier donné par-dessus son salaire vous en attire un dévouement sans réserve; ce denier retranché vous en attire mille outrages. Quand il est bon, vous en auriez son sang; quand il est mauvais, il vous ôterait tout le vôtre. (p. 10)

Il semble que Marivaux jette un regard curieux et amusé sur le caractère du peuple. Il n'hésite pas à le comparer à un 'caméléon qui reçoit toutes les impressions des objets qui l'environnent' (p. 12).

Et que dire de sa 'foi' religieuse? Selon Marivaux, la dévotion de ces gens reste 'infiniment dans la forme' et leur 'vraie piété est au-dessus de la portée de leur cœur et de leur esprit': la 'grosse voix' d'un prédicateur, note-t-il, suffit pour les persuader et les pénétrer de dévotion, même s''ils ne comprennent rien à ce qu'il dit' (p. 13).

## La bourgeoisie

Au-dessus du peuple, les bourgeois. Ceux-ci, profitant de l'essor économique et de l'importance nouvelle de l'argent, forment déjà une classe intermédiaire entre les privilégiés et la masse du peuple, avant de devenir la nouvelle élite de la société du XVIIIe siècle. Les composants de cette classe moyenne sont assez variés et s'échelonnent du grand bourgeois au petit boutiquier.

Quels sont les traits caractéristiques des bourgeois parisiens? Laissons parler Marivaux:

> Le bourgeois à Paris est un animal mixte, qui tient du grand seigneur et du peuple. Quand il a de la noblesse dans ses manières, il est presque toujours singe; quand il a de la petitesse, il est naturel. Ainsi il est noble par imitation, et peuple par caractère. Entre les bourgeois, la cérémonie est sans fin [...].
> Le bourgeois voudrait bien imiter [la politesse des gens de qualité], mais, malheureusement, son premier effort pour cela le tire de l'air naturel, et tout ce qu'il fait est cérémonie.
> Le bourgeois dans ses ameublements, ses maisons et sa dépense, est souvent aussi magnifique que le sont les gens de qualité; mais la manière dont il produit sa magnificence a toujours certain air subalterne qui le met au-dessous de ce qu'il possède. (p. 15)

La riche bourgeoisie est ambitieuse, consciente de sa valeur et de son importance dans la société. Elle lutte contre les injustices qui la frappent: tant le mépris des nobles que les préjugés l'écartant le plus souvent des charges importantes de l'autorité. Pour se faire valoir, les bourgeois étalent leur richesse, mais maladroitement, comme presque tous les nouveaux riches.

Outre l'attachement excessif des bourgeois à l'argent (p. 15), Marivaux note aussi que les bourgeois-marchands de Paris s'enrichissent pour se procurer 'tous les plaisirs, tous les délices de la vie' (p. 18), et bien entendu 'l'agrément d'aimer une personne, qui n'est point leur femme, mais qui les traite avec autant de bonté que leur épouse même' (p. 18). Il souligne leur 'souplesse' dès qu'il s'agit d'attirer le client, leur 'art de captiver la bienveillance, d'embarrasser la reconnaissance', métier, selon lui, 'qui s'apprend, comme celui de tailleur ou de cordonnier' (p. 17). Il ne semble indulgent que pour les 'bourgeoises marchandes':

> [Ce] sont, dit-il, de grosses personnes bien nourries. Vous en trouvez de fort brusques, qui vous querellent presque au premier signe de difficulté que vous faites; vous en trouvez d'affables, mais d'une affabilité vive et bruyante. Rien n'est épargné pour vous faire plaisir, on devine ce qui vous plaît; faites un geste de tête, toute la boutique est en mouvement. Cet empressement d'actions est entremêlé [...] d'un torrent de douceurs et d'honnêtetés. (pp. 15-16)

Comme pour le portrait du peuple, c'est avec une observation sur la dévotion que Marivaux achève le portrait des bourgeois commerçants. Pour lui, il s'agit d'une 'bonne foi mitigée, qui [...] s'accommode à l'avidité que les marchands ont de gagner sans violer absolument la religion'.

> Le marchand partage le différend en deux: la religion veut une régularité absolue, l'avidité veut un gain hors de tout scrupule. On est chrétien, mais on est marchand: ce sont deux contraires, c'est le froid et le chaud, il faut vivre et se sauver. Que fait-

on? on cherche un tempérament[5] [...]. Le malheur est que ce n'est presque jamais le chrétien, mais bien le marchand qui fixe ce raisonnable. (pp. 17-18)

## La noblesse

La noblesse, en raison de ses devoirs envers le souverain, continue à bénéficier de privilèges exorbitants, bien qu'il faille distinguer la haute noblesse de la petite noblesse, et surtout des provinciaux: les hobereaux. Sous le règne de Louis XIV, le rôle politique de l'aristocratie était devenu de moins en moins important, de sorte qu'avant la disparition du Roi Soleil, elle tendait déjà à devenir une classe d'oisifs. Cette tendance s'accentuera au cours du XVIIIe siècle. Toutefois, l'honneur, le prestige, le raffinement de la politesse et le genre de vie de cette classe privilégiée exercent une attirance irrésistible sur les bourgeois riches et influents de Paris. Elle devient pour eux un modèle de référence.

Marivaux est surtout frappé par le sentiment de supériorité qu'affichent à Paris les nobles du plus haut rang, ayant 'de l'esprit et beaucoup d'orgueil'. Il dénonce leur fausse modestie, d'hommes plus 'fourbes' que 'sages' (p. 23).

Quant à la petite noblesse, le seul titre qu'elle a pour marquer sa différence avec les bourgeois est un nom de naissance. Mais dans les faits, ce seul titre en impose moins que la richesse des bourgeois:

> Le petit noble ne peut guère se donner ces airs mitigés de hauteur et de modestie; la distance d'un bourgeois à lui n'est pas assez grande pour qu'ils soient à leur place. Dénué de ces équipages magnifiques, de cet appareil de domestiques qui subjugue la vanité des inférieurs à la faveur d'un sentiment de vanité même, il n'a pour toute ressource d'orgueil que le maigre titre de noble; et sa philosophie, quand il se mêle d'en avoir, n'est guère au large avec cela. (pp. 24-25)

Depuis la seconde partie du XVIIe siècle, l'ascension de la bourgeoisie était déjà évidente: Colbert, Le Tellier et Louvois, tous issus de cette classe, en étaient des exemples significatifs. De là, au début du XVIIIe siècle, la nécessité pour les gentilshommes peu fortunés de ruser pour imposer le respect que leur doivent les riches bourgeois:

> Le gentilhomme, pour cela, emploie une familiarité franche, raille la noblesse, vante le bon citoyen, lui fait honneur de sa roture, et le confirme dans le mépris qu'il a pour les avantages de la naissance. C'est là le hameçon qui rattrape le bourgeois qui avait rompu ses filets. (p. 25)

Un petit noble, philosophe et pauvre, adopte une attitude fort différente à l'égard des nobles aisés devant lesquels tout le monde s'incline avec respect:

---

5    Au sens classique de 'équilibre, proportion qui maintient les choses dans la mesure'.

Jeune, il brigue sa compagnie, son amitié, sa confidence; quelquefois, par un autre tour d'imagination, il travaille d'esprit, de geste et de dépense, pour arriver à prendre un ton d'égal à égal, il s'enfle, fait comme la grenouille, qui veut être aussi grosse que le bœuf. (p. 25)

Pour les nobles provinciaux, qui viennent se mêler aux nobles de Paris, Marivaux est discret. Il s'en tiendra au seul portrait d'une femme noble vivant à la campagne, qu'il appelle 'la campagnarde de qualité'. Ôtez-lui, écrit-il, son 'masque', sa 'vanité' choquante quand elle rappelle 'les antiquités de sa famille',

[...] ôtez-lui son fils le marquis et le chevalier, petits enfants qu'elle dresse devant vous à la révérence villageoise, et qui, par fatalité, sont toujours morveux quand ils arrivent, afin d'être mouchés du mouchoir de la mère; [...] ôtez-lui toutes ces choses, il ne vous reste plus rien de curieux chez elle, si ce n'est la langueur ou le ton emphatique des compliments qu'elle fait, quand elle est en ville. (p. 26)

*Les femmes*

Suite à ce portrait de 'la campagnarde', Marivaux compare 'la femme de qualité' à 'la bourgeoise'. Et les traits qu'il relève tendent à passer pour traits généraux de toutes les femmes qu'il a pu observer.

Certes, il s'en prendra à la vanité des femmes, mais c'est à la coquetterie féminine, qui est souvent liée pour lui à la légèreté, qu'il s'attache surtout dans son premier essai journalistique. Il voit dans la coquetterie un élément inséparable de la nature des femmes: aucune n'y échappe, et les femmes, écrit-il, sont 'coquettes sans relâche' (p. 28). Le négligé des femmes de qualité, habit jugé par Marivaux comme 'un honnête équivalent de la nudité' (p. 28), lui donne l'occasion de définir la coquetterie féminine:

Les femmes ont un sentiment de coquetterie, qui ne désempare jamais leur âme; il est violent dans les occasions d'éclat, quelquefois tranquille dans les indifférentes, mais toujours présent, toujours sur le qui-vive: c'est en un mot le mouvement perpétuel de leur âme, c'est le feu sacré qui ne s'éteint jamais, de sorte qu'une femme veut toujours plaire, sans le vouloir par une réflexion expresse. La nature a mis ce sentiment chez elle à l'abri de la distraction et de l'oubli. Une femme qui n'est plus coquette, c'est une femme qui a cessé d'être. ( p. 28)

Chez les petites bourgeoises marchandes, cette coquetterie prend la forme d'une provocation (p. 19). Mais c'est aux dames de qualité que l'auteur des *Lettres* réserve ses traits les plus piquants:

Celles-là font l'amour indistinctement; ce sont des femmes à promenades, à rendez-vous imprudents; ce sont des furieuses d'éclat; elles ne languissent point, elles aiment hardiment, se plaignent de même; c'est pour elles faveur du hasard, quand on trouve un de leurs billets d'intrigue; tout cela va au profit de leur gloire. Il y a les femmes prudes; ce sont celles qui s'entêtent, non de l'amour de l'ordre, mais de

l'estime qu'on fait de ceux qui sont dans l'ordre. Elles sont ordinairement âgées
[... et] du côté des plaisirs, dans une oisiveté dont elles enragent. (p. 27)

Marivaux n'en est pas encore à disséquer le sentiment et les mouvements de
l'amour chez les femmes. Il se contente d'évoquer les petits commerces
d'amour que la société permet en fermant les yeux.

Voici pour les bourgeoises: 'Les marchandes à Paris peuvent, au
comptoir, avoir impunément auprès d'elles un soupirant.' (p. 19) Et pour les
femmes de qualité:

> Les femmes de qualité élevées dans les usages de la cour, qui savent leurs droits et
> l'étendue de leur liberté, ne rougissent pas d'avoir un amant avoué; ce serait rougir à
> la bourgeoise. De quoi rougissent-elles donc? C'est de ne pas avoir d'amant, ou de le
> perdre. J'aurais pu dire des amants; ce pluriel, ailleurs déshonorant, fait ici cortège
> glorieux. (p. 29)

On comprend dès lors ce qu'il a dit de celles qu'il appelait les 'coquettes
honoraires', celles qui sont 'résolues d'être sages' et se refugient dans la
dévotion:

> Quand je vois ces saintes âmes, je ne puis m'empêcher de les comparer à ces soldats
> que leurs blessures envoient aux Invalides. Les blessures de nos femmes, c'est l'âge
> et le déchet de leurs charmes: adieu le monde, belle vocation! (pp. 31-32)

## Les beaux esprits

Après les femmes, ce sont les beaux esprits ou plus exactement les écrivains
qui occupent une place de choix dans les *Lettres*. Marivaux consacre deux
articles sur six à cette catégorie d'hommes dont lui-même commençait à faire
partie, et qui jouaient un rôle de plus en plus important dans l'évolution des
idées du XVIIIe siècle.

Selon Marivaux, il en est des beaux esprits 'à peu près comme d'une
armée; il y a peu d'officiers généraux, beaucoup d'officiers subalternes, un
nombre infini de soldats'. Que peut-on entendre par 'officiers généraux',
'officiers subalternes' et 'soldats'? Sur un ton humoristique, Marivaux le
précise à ses lecteurs:

> J'appelle officiers généraux les auteurs qu'en fait d'ouvrages de goût le public avoue
> pour excellents.
> Après eux, viennent les grands médiocres [qui] sont à la tête des officiers subalternes
> [...]. Imaginez-vous un espace entre l'excellent et le médiocre; c'est celui qu'ils
> occupent. Leurs idées sont intermédiaires.
> Après eux sont les médiocres, comme les officiers subalternes; gens dont le talent est
> de fixer avec ordre sur du papier un certain genre d'idées raisonnables, mais
> communes, qui ne méritent pas d'être expressément offertes à la curiosité du lecteur
> un peu délicat.

> [Les] esprits du plus bas rang: ce sont des auteurs au-dessous du médiocre. [Ces] messieurs n'ont point de nom: on ne connaît chacun d'eux ni par la chute ni par le succès particulier de leurs ouvrages. [...] Un médiocre compose-t-il ? S'il tombe, du moins dit-on: un tel est tombé, comme on dit: un tel officier a été tué; mais à l'égard de ces derniers, on sait [...] que mille de leurs productions paraissent et ne valent rien; c'est comme un bataillon qui se présente, et que le mousquet fait tomber: qui est-ce qui s'avisera de demander le nom des soldats morts? (pp. 32-33)

Marivaux ne se contente pas d'énumérer les différents ordres d'écrivains classés d'après leur mérite personnel; il dénonce l'hypocrisie, l'amour-propre et la vanité des auteurs figurant à la tête des gens de lettres (p. 35). Il révèlera la tactique (p.38), face à leurs confrères, qualifiés de 'grands médiocres', de ceux qu'il appelle ironiquement les auteurs excellents — ils sont, dit-il, ceux 'dont l'amour-propre est le plus subtil' de tous les auteurs (p. 35) — et à l'époque des *Lettres*, Marivaux est, rappelons-le, un jeune écrivain peu connu: il s'exclut donc de ces gens-là!


## 2. Les faits

Outre les portraits de ses personnages qui constituent l'essentiel des cadres sociaux de Paris, Marivaux relate aussi des faits, soit sur les rapports dans la vie quotidienne entre certains éléments de ces cadres sociaux, soit sur des événements ou faits survenus à l'époque des *Lettres*. Les sujets sont divers: querelles entre les femmes du peuple (pp. 10-11), situations fâcheuses sur les marchés publics (p. 13), comportements dans la vie conjugale des petites gens:

> L'union des gens mariés parmi le peuple est la chose du monde la plus divertissante. Vous diriez, à les entendre se parler et se répondre, qu'ils ne peuvent se supporter et qu'ils souffrent de se voir.
> [...] Les gens mariés d'entre le peuple se parlent toujours comme s'ils s'allaient battre; cela les accoutume à une rudesse de manière qui ne fait pas grand effet quand elle est sérieuse et qu'il y entre de la colère: une femme ne s'alarme pas de s'entendre dire un bon gros mot, elle y est faite en temps de paix comme en temps de guerre; le mari de son côté n'est point surpris d'une réplique brutale, ses oreilles n'y trouvent rien d'étrange; le coup de poing seulement avertit que la querelle est sérieuse; et leur façon de se parler en est toujours si voisine que ce coup de poing ne fait pas un grand dérangement. (p. 11)

Sensible au fait que le peuple, faute de distractions, cherche toutes les occasions pour se distraire, Marivaux évoque les circonstances d'une exécution capitale:

> On allait un jour faire mourir deux voleurs de grands chemins. Je vis le peuple, qui les suivait; je lui remarquai deux mouvements qui n'appartiennent, je pense, qu'à la populace de Paris.

Ce peuple courait à ce triste spectacle avec une avidité curieuse, qui se joignait à un sentiment de compassion pour ces malheureux. Je vis une femme qui la larme à l'œil courait tout autant qu'elle pouvait, pour ne rien perdre d'une exécution dont la pensée mouillait les yeux de pleurs. (p. 12)

A la différence du portrait du peuple, la peinture des bourgeois est parfois accompagnée d'une conversation révélatrice ou d'une anecdote en forme de récit, afin de mieux esquisser le comportement caractéristique de cette classe intermédiaire. Ainsi en va-t-il de la réaction d'un riche bourgeois quand il apprend qu'un de ses amis voulait lui emprunter de l'argent (p. 15), et de la mésaventure d'un provincial dans une boutique parisienne (p. 16).

Les mêmes procédés sont repris pour le portrait des nobles. Après avoir défini en quelques grands traits les gens de haut rang, il relate une scène dont il a été le témoin: un grand seigneur paraît, les gens s'écartent et lui prodiguent d''honnêtes déférences'. Marivaux prend soin de reproduire ce qu'il a entendu:

Messieurs, dit [cet homme de haut rang], avec un geste de main qui mélangeait artistement la hauteur et la simplicité, [...] point de cérémonie, je vis sans façon, et partout où je vais, c'est m'obliger que de n'en point faire. (pp. 23-24)

Marivaux en revient toujours à deux aspects réalistes de l'époque: l'importance de la naissance et de l'argent, cet argent qui, depuis la Régence, est devenu la grande préoccupation de tous, peuple, bourgeois et nobles.

Pour la vie de société, Marivaux évoque le rôle que commencent à prendre les salons où les intellectuels conversent, discutent du mérite des ouvrages récemment parus, et où s'acquièrent les réputations. Et terminant ses observations sur les beaux esprits, il évoque discrètement une des actualités de l'époque: la querelle des Anciens et des Modernes (p. 39)[6].

Aux femmes parisiennes, Marivaux a consacré plus de neuf pages: six aux femmes de qualité, trois aux bourgeoises et une petite demi-page aux femmes du peuple. Certaines de ses observations sont illustrées par des faits dont Marivaux a été le témoin. Ne retenons que quelques exemples significatifs: son aventure avec une des plus belles femmes de Paris (pp. 18-19), les propos hypocrites d'une jeune femme de qualité en tenue négligée adressés à un cavalier (p. 29).

A première vue, ces personnages-types et ces épisodes vécus ou perçus par Marivaux, constituent un ensemble désordonné qui pourrait paraître peu cohérent. Mais en les examinant de près, on constate que, quelle que soit leur complexité et malgré une apparente négligence d'ordre dans la composition, ils révèlent une certaine réalité de Paris au début de la Régence.

---

6   Il annonce, en juin 1718, qu'il traitera longuement de cette querelle dans un prochain numéro. Mais Marivaux ne donnera suite à cette annonce que dans *Le Spectateur français*, septième feuille (août 1722).

# Réalisme et imaginaire: Marivaux est-il un observateur objectif?

## 1. Une observation sélective

Il est difficile aujourd'hui de savoir exactement en quoi Marivaux est un témoin crédible de la société de son temps. Il faudrait comparer minutieusement ses observations avec celles de ses contemporains.

Mais quelques points de repère permettent d'en juger, sans procéder à de longues recherches comparatives. Ainsi l'étude de Jean Meyer: *La vie quotidienne en France au temps de la Régence*[7]; celle de Guy Chaussinand-Nogaret, *La vie quotidienne des Français sous Louis XV*[8]; celle de Hubert Méthivier, *Le siècle de Louis XV*[9];et celle, plus récente, de Benoît Garnot , *La France et les Français au XVIIIe siècle (1715-1788)*[10]. Ces études[11], qui s'appuient sur de nombreux témoignages de l'époque, n'offrent guère de versions différentes de celle de Marivaux.

Mais le témoignage de Marivaux dans les *Lettres sur les habitants de Paris*, qui, rappelons-le, datent des années 1717-1718, est un témoignage sélectif. Lorsqu'il écrit ses *Lettres*, Marivaux est un écrivain d'une trentaine d'années et elles ne sont qu'un premier essai dans sa carrière journalistique. 'Théophraste moderne', comme il a été appelé dès 1717, il n'entreprend pas une sorte de traité sur les mœurs, comme l'avaient fait près de trente ans auparavant La Bruyère[12] avec ses *Caractères ou les mœurs de ce siècle*, et dix-huit ans auparavant Dufresny dans ses *Amusements sérieux et comiques d'un Siamois*[13].

Il s'en tient, on l'a vu, à des catégories sociales nettement définies, mais dans leurs caractères généraux: la noblesse, la bourgeoisie, le peuple. Il traite aussi des écrivains, ses 'confrères'. Il s'attache enfin particulièrement aux femmes, à quelque catégorie sociale qu'elles appartiennent. D'ailleurs, les *Lettres* ne sont-elles pas adressées à une femme[14]?

---

7      Paris, Hachette, collection: 'La vie quotidienne', 1979.

8      Paris, Hachette, collection: 'La vie quotidienne', 1989, (première éd. 1979).

9      Paris, Presses Universitaires de France, collection: 'Que sais-je?', 1966. Voir notamment les chapitres II et III: 'L'aventure de la Régence' et 'La France au temps de Fleury'.

10     Gap, Ophrys, 1992.

11     Cette liste est limitative. Que ne faudrait-il pas citer? Pour information complémentaire, voir entre autres, Daniel Roche, *Le peuple de Paris, essai sur la culture populaire au XVIIIe siècle*, Paris, Aubier-Montaigne, 1981; Heyden-Rynsch (Vernea, von der), *Salons européens, Les beaux moments d'une culture féminine disparue*, Paris, Gallimard, traduit de l'allemand par Gilberte Lambrichs, 1993.

12     La première édition des *Caractères* de La Bruyère date de 1688, la quatrième 'corrigée et augmentée' de 1689, et la neuvième, définitive et posthume, de 1696.

13     Première édition, Paris, 1699. Rééditions, sans changements, 1701, 1706, etc. Voir le texte présenté et annoté par John Dunkley, Université d'Exeter, 1976.

14     Voir ci-dessus note 2.

Notons chez Marivaux, héritage classique, cette tendance à généraliser. Il limite les portraits individuels. Et même quand il en fait, il ne donne aucune indication précise sur l'identité des personnes concernées, ni sur les lieux exacts où se déroulent les événements, sauf pour Paris, puisque ses *Lettres* portaient justement sur les habitants de cette ville[15]. Cette méthode, il faut le dire, a été souvent celle de ses contemporains. Le 'Théophraste moderne' procédait aussi, et peut-être involontairement, comme le Théophraste grec. Marivaux dit toujours 'le peuple'. Un mot si vague finit par ne plus dire grand-chose[16]. Même quand il relate un fait divers, l'anonymat des personnes s'impose à lui.

Dans sa relation d'une scène d'exécution, il n'emploie que les termes 'deux voleurs de grands chemins', 'une foule de peuple', 'une femme [...] la larme à l'œil'. La vivacité de ce reportage permet aux lecteurs d'imaginer la scène: la réaction de la foule et celle d'une femme qui 'courait tout autant qu'elle pouvait, pour ne rien perdre d'une exécution', mais les lecteurs auront de grandes difficultés à localiser la scène et surtout à identifier les personnages.

De même, dans le récit de la réaction d'un bourgeois qui refuse de prêter de l'argent à son ami. Pour le désigner, Marivaux utilise le nom commun 'bourgeois' ou le pronom 'il', et le mot 'Monsieur' dans le dialogue. Ce procédé réapparaît dans les lettres sur les gens de qualité, sur les beaux esprits, ou sur les femmes nobles et bourgeoises.

Dès lors se pose la question: Marivaux connaît-il le petit 'peuple' autrement que par une vue globale, systématique? Il est plus précis pour les bourgeois, les nobles et les écrivains, allant même jusqu'à supposer leurs arrière-pensées, les plus subtiles et les plus fines.

Ce manque de précision voulu par Marivaux empêche peut-être le lecteur de faire la comparaison entre les portraits et les êtres réels, de situer correctement sur le plan spatio-temporel et dans une totale réalité tous les éléments rapportés; mais ses observations perspicaces, ses portraits fouillés et bien vus, ses analyses psychologiques fines peuvent néanmoins fournir une image des Parisiens de l'époque, même si cette image est incluse dans une réalité générale[17]. De ce fait, il serait difficile de nier le côté réaliste de ce que Marivaux a voulu transmettre sur Paris et sur les habitants de cette ville.

---

15   Dans les *Lettres sur les habitants de Paris* , le terme 'Paris' revient seize fois: deux fois dans le préambule, cinq fois dans l'article consacré au peuple de Paris, sept fois dans l'article sur les bourgeois, deux fois dans les articles sur les beaux esprits. Il est à noter que dans les articles sur la noblesse, Marivaux n'a jamais mentionné le mot 'Paris'.

16   Ce terme revient vingt-six fois dans la première des *Lettres*; et une fois il utilise le terme 'populace', devenu aujourd'hui péjoratif.

17   Et ses romans montreront combien la fiction romanesque reste chez lui proche d'une certaine réalité observée.

## 2. L'intervention directe de Marivaux

Dans les *Lettres*, on constate une absence presque totale d'éléments concernant la personnalité de Marivaux. Ce refus de parler de lui-même laisse à penser qu'il a voulu prendre une certaine distance afin de passer pour un journaliste objectif.

Cependant, au cours de son reportage, il lui arrive quelques fois d'intervenir d'une façon plus directe ou plus personnelle, soit par une petite phrase, soit par un exposé plus détaillé.

Ses interventions sont perceptibles grâce à l'utilisation de la première personne du singulier: 'je', 'me', 'moi', ou du pluriel: 'nous'. Parfois, un verbe à la première personne suffit pour marquer l'intervention de Marivaux[18]. Ces interventions se traduisent aussi par des digressions, des commentaires, des réflexions et des propos que Marivaux adresse à son interlocuteur fictif ou plus exactement à ses lecteurs. Bien sûr, aucune comparaison possible avec la manière d'intervenir qu'avait jadis Montaigne dans ses *Essais*, puisque l'intervention de Marivaux reste généralement fort limitée.

Dans son avant-propos, il avait d'ailleurs averti ses lecteurs qu'il ne se livrerait dans ses *Lettres* qu'à des 'réflexions'. Ses réflexions sont exprimées tantôt par un simple commentaire fait sur un ton neutre: tel est le cas lorsqu'il décrit les comportements contradictoires du peuple lors de la scène d'exécution. Tantôt elles relèvent d'un jugement moral. Par exemple, quand il critique l'orgueil et la fausse modestie des grands seigneurs:

> Sur cela je fais une réflexion. De tous les hommes les plus sots, peut-être les plus misérables, ce sont les hommes orgueilleux; mais l'homme qui pousse l'orgueil jusqu'à vouloir contrefaire le modeste, pour mériter l'estime qu'on donne à la modestie, cet homme-là est un petit monstre. (p. 23)

Il arrive à Marivaux de prendre un ton moqueur ou sarcastique, ainsi dans les termes qu'il utilise pour qualifier les différentes classes sociales:
'monstre', 'caméléon', 'amazones' et 'gros mâtin'[19] pour le peuple;
'animal mixte', 'singe', 'air subalterne' et 'petitesse'[20] pour les bourgeois;
'philosophe', 'sage', 'fourbe', 'grenouille', 'bœuf' et 'aventuriers de roman'[21] pour les grands et petits nobles;
'femme obligeante', 'femme excessivement bonne', coquettes 'les plus honorables', 'honoraires' ou 'courageuses', 'saintes âmes' et 'soldats' envoyés 'aux Invalides'[22] pour les femmes.

---

18  L'utilisation de ces termes est si fréquente qu'on en relève une dizaine dans la même page. Tel est le cas pour les pages 12, 15, 18, 19.
19  *Lettres sur les habitants de Paris*, pp. 10, 12, 13, 14.
20  *Ibid.*, p. 14.
21  *Ibid.*, pp. 23, 24.
22  *Ibid.*, pp. 18, 27, 31.

Certains passages contiennent même des remarques qui traduisent la révolte de Marivaux à l'égard des phénomènes scandaleux de l'époque. L'exemple le plus significatif se trouve dans l'anecdote sur 'une des plus belles personnes' parisiennes qui, faute de biens, accepte d'être la maîtresse d'un homme riche, âgé de cinquante ans: 'Comment n'a-t-elle pas honte de se montrer en si bonne compagnie, puisque l'on sait le secret de son petit ménage? [...] Mais enfin, répondis-je, l'honneur?' (p. 19)

On constate également que Marivaux ne cesse d'interpeller son interlocuteur imaginaire ou le lecteur, de le conseiller, de l'interroger ou de le faire parler, de le prendre à témoin. Ces procédés marquent l'intervention directe de Marivaux; le plus souvent, cette intervention se veut discrète, celle d'un jeune écrivain qui, à la différence de ses maîtres, La Bruyère et Dufresny, n'a pas l'expérience ni le jugement des hommes mûrs. Dans la plupart des cas, il se contente de montrer ou de dépeindre ce qu'il a vu, et laisse la liberté à ses lecteurs de juger eux-mêmes leurs contemporains. Il n'a même pas de plan précis: il suit, comme il le dit, le hasard de son inspiration. Parle-t-il des marchands? il s'arrête soudain avec cette confidence: 'Ce discours sur le commerce commence à m'ennuyer: changeons de sujet' (p. 18). Il confesse même quelques lignes plus loin: 'Je ne sais plus où j'en suis' (p. 19). Ailleurs, avant d'abandonner un sujet pour un autre: 'Varions les matières' (p. 22).

## 3. *La réalité idéalisée sur la noblesse et sur la bourgeoisie*

Quelle est alors la part exacte de l'imaginaire dans ces *Lettres*? Certes, le cadre et les observations reflètent la réalité d'un temps déterminé, mais de nombreux traits reprennent ce qu'on trouve précédemment dans La Bruyère et dans Dufresny, notamment sur les femmes. Il s'agirait d'une réalité vue à la manière des moralistes.

Le premier essai journalistique de Marivaux laisse l'impression qu'il fait surtout le procès des Français nantis avant l'effondrement du système de Law: on n'y découvre que leurs défauts et leurs vices. Aucune mention de leurs qualités. Il semble partir d'une certaine réalité pour imaginer ce que serait une société idéale:

> Pouvoir être impunément superbe, parce qu'on est d'une grande naissance; sentir pourtant qu'il n'y a point là matière à l'orgueil, et se rendre modeste, non pour l'honneur de l'être, mais par sagesse: cela est beau.
> Etre né sans noblesse, acquiescer de bonne grâce aux droits qu'on a donnés au noble, sans envier son état, ni rougir du sien propre: cela est plus beau que d'être noble, c'est une raison au-dessus de la noblesse. (p. 23)

Voilà les caractères que Marivaux apprécierait chez les nobles et chez les bourgeois. Mais il n'est pas dupe de son idéalisme: ces caractères souhaités

sont 'peut-être sans exemple', une 'chimère respectable' (p. 23). Sur l'image
de la femme idéale, il se tait. Non pas, heureusement, qu'elle n'existe pas, car
plus tard dans *Le Spectateur français*, il en brossera l'image, mais seulement
une 'image', comme si Marivaux, jeune marié[23], n'en connaissait encore
aucun exemple vivant. La 'surprise de l'amour' ne viendra que quelques
années plus tard, avec la comédienne Silvia Zanetta Benozzi[24].

La dernière des *Lettres sur les habitants de Paris* parut dans *Le Mercure* de
juin 1718. Elle en annonçait d'autres: 'une autre fois, madame, nous verrons
le reste. Je vous parlerai de ...'. Mais dans *Le Mercure* d'août 1718,
Marivaux ne publie qu'une lettre mêlée de prose et de vers 'sur la perte d'un
perroquet', et dans l'avant-propos, il annonce qu'il continuera ses *Lettres*. Il
n'en fut rien: en mars 1719, les lecteurs du *Mercure* n'eurent droit qu'à des
'pensées sur différents sujets', pensées toujours adressées à la même dame,
mais qui s'éloignent des observations sur les habitants de Paris, puisqu'il y
traite de 'la clarté du discours' et de 'la pensée sublime'. Marivaux a d'autres
soucis en tête, le théâtre notamment; et il faudra attendre mai 1721 pour qu'il
crée son propre périodique, *Le Spectateur français*. C'est donc ailleurs qu'il
faudra puiser par la suite pour compléter l'opinion de Marivaux sur la vie
quotidienne des Français de son époque.

---

23   Marivaux avait épousé Colombe Bollogne, de cinq ans sa cadette, le 7 juillet 1717,
      deux mois avant la publication des premières *Lettres sur les habitants de Paris*.
24   Silvia tint déjà le rôle de la Bergère dans *Arlequin poli par l'amour* (1720). En 1722,
      elle détrônera dans la troupe italienne Flaminia, la femme du directeur de la troupe,
      et tiendra, pour longtemps, le rôle de la 'première amoureuse'.

Géraldine SHERIDAN
University of Limerick

# Voyage d'un jésuite dans la Romancie: père Bougeant journaliste et la fiction romanesque

Le père Guillaume-Hyacinthe Bougeant est devenu journaliste aux *Mémoires de Trévoux* en 1725: le jeune Breton avait été nommé au collège Louis-le-Grand en 1721, non comme enseignant mais comme *scriptor*, et il y restera dans la même fonction jusqu'à sa mort en 1743[1]. Il s'est mis à rédiger des extraits parallèlement aux autres activités littéraires entreprises à la demande de la Société de Jésus, comme, par exemple, la très-estimée *Histoire des guerres et des négociations qui précédèrent le Traité de Westphalie* publié en 1727. A partir de 1734, dans la réorganisation des *Mémoires,* il fera partie d'une équipe de brillants jésuites qui vont collaborer sous la direction de 'L'agent', le père Rouillé. Après une période de crises les *Mémoires* esquissent une nouvelle direction, sur laquelle Michel Gilot et Jean Sgard ont commenté:

> Virtuoses de l'adaptation, les jésuites semblent ici analyser la conjoncture culturelle pour retrouver un public qui leur échappe [...] ils affrontent soudain la modernité. Ils affirment la force de leur tradition et leur désir d'ouverture; ils accueillent le progrès et le conjurent tout à la fois.[2]

Les pères jésuites ne négligent plus la littérature (au sens moderne), et prétendront de plus en plus à dominer la culture contemporaine; fin lettré, le père Bougeant répond tout à fait aux nouveaux besoins du journal.

Nous savons que les jésuites avaient traditionnellement condamné les romans, et que les *Mémoires* n'en parlaient jamais sauf dans de très rares exceptions tel le *Télémaque*. Cette exclusion avait été annoncée dès le premier numéro du journal (Avertissement de janvier-février 1701) et la condamnation du genre avait été réitérée en 1703[3]. D'après l'Avertissement de 1734, la politique ne changera guère à cet égard:

---

1   Voir André Dabezies, 'L'Erudition et l'humour: le père Bougeant (1690-1743)', *Dix-huitième siècle*, no. 8, 1976, pp. 260-261.
2   'Le Renouvellement des *Mémoires de Trévoux* en 1734', *Dix-huitième siècle*, no. 8, 1976, pp. 205-6.
3   *Mémoires de Trévoux*, fév. 1703, pp. 311 et suiv.

Il y a une sorte d'écrits qui courent aujourd'hui le monde ['brochures', 'feuilles volantes'] et dont apparemment la source ne tarira pas de si-tôt. De ceux-là le public veut bien nous tenir quittes. (jan., pp. iii-iv)

Ce parti pris se confirme dans l'image du lecteur que Pierre Rétat a trouvé implicite dans les énoncés des journalistes de Trévoux précisément dans cette année 1734:

Il y a de bons et de mauvais lecteurs: d'un côté les 'vrais lecteurs qui lisent pour s'instruire' (mai, p. 806), 'esprits solides' (nov., p. 2020-2021), de l'autre 'ces esprits oisifs ennemis de la réflexion, et de ce qu'on appelle penser, qui préfèrent à des lectures sérieuses et utiles, celles qui sont de pur amusement' (mai, p. 957). Le partage qui s'opère entre les productions ('historiettes', 'gazettes', 'romans' (mai, p. 806), par opposition aux 'sciences', à l'histoire...) répond à un partage des facultés humaines ('imagination' par opposition à 'l'esprit' et au 'cœur' (mai, p. 956-957; avril, p. 741).[4]

Mais là où les journalistes opposaient traditionnellement aux romans le dédain du silence, cette année marque précisément le début d'une campagne ouverte contre l'abbé Lenglet Dufresnoy et son traité démoniaque *De l'usage des romans.* On a démêlé ailleurs les raisons pour lesquelles la Société détestait particulièrement l'abbé Lenglet[5]; sans cet antagonisme personnel, et le défi supplémentaire qu'était le soi-disant 'Eloge historique' de Jean-Baptiste Rousseau, protégé des jésuites, reproduit dans le premier volume, la Société aurait-elle laissé passer ce livre aussi sous silence, plutôt que d'y conférer une publicité éclatante? C'est fort possible, mais on ne peut guère douter que les confrères étaient réellement choqués par la culture libertine, particulièrement provocatrice, de Lenglet; dans une lettre privée le père Brumoy écrit à Brossette le 7 avril 1734:

Nous avons vu avec horreur la preuve complète des noirceurs d'un homme qui se dit prêtre et qui a le front de se jouer de la probité, de la religion, des mœurs de la république littéraire et du monde entier.[6]

C'est délibérément qu'ils choisissent le père Bougeant pour lancer une attaque frontale contre *De l'usage,* et par extension contre les romans en général, attaque où on a cru voir une contribution majeure à une campagne

---

4    'Rhétorique de l'article de journal. Les *Mémoires de Trévoux 1734', Etudes sur la presse au XVIIIe siècle*, Presses Universitaires de Lyon, 1978, no. 3, p. 84.
5    Voir Géraldine Sheridan, *Nicolas Lenglet Dufresnoy and the Literary Underworld of the Ancien Régime*, Oxford, 1989 (*Studies on Voltaire and the 18th Century, vol. 262), p. 125 et suiv., et 'Censorship and the booktrade in France in the early eighteenth century: Lenglet Dufresnoy's *Méthode pour étudier l'histoire', Studies on Voltaire and the 18th Century*, vol. 241, 1986, pp. 95-107.
6    *Correspondance de Jean-Baptiste Rousseau et de Brossette*, publiée par Paul Bonnefon, Paris, S.T.F.M., 1911, vol. 2, p. 187.

pour la proscription du roman qui aboutira en 1737[7]. Ce ne sera nullement un simple 'extrait' dans la tradition qui primait à l'époque: l'intention polémique et le ton virulent sont annoncés dès le mois de février dans la rubrique des 'nouvelles littéraires'. Les jésuites n'ont aucune intention d'épargner l'auteur, qui risque la prison:

> S'il était vrai, comme on l'assure, qu'un Catholique Romain fût le père de cette monstrueuse production, c'est à l'école de Cythere et de l'Epicurisme le plus grossier qu'il en a formé le plan.[8]

Le père Bougeant dans son compte rendu se place surtout, quoique pas exclusivement, dans le champ moral: le livre de Lenglet est composé 'de saillies pleines d'impieté, qui font frémir la Religion; de discours pleins d'indécence, qui font rougir la pudeur'[9]. Il réaffirme le dogme moral sur lequel reposait la pédagogie des jésuites, et qui s'opposait à la tendresse intime, à la chasse au bonheur:

> L'amour vertueux des romans, n'est pour l'ordinaire qu'une chimère; c'est que l'homme est naturellement beaucoup plus porté au vice qu'à la vertu; or dès que son cœur a une fois appris à aimer, il est moralement certain que cette passion le portera au vice et au crime. L'expérience sur ce point confirme ce raisonnement. (p. 690)

Il en appelle au bras séculier, ce qui est quand même rare dans les *Mémoires* à cette époque de renouvellement — 'Qu'il y aurait ici un beau feu de joye à faire, à commencer par le livre dont nous venons de rendre compte. Mais c'est l'affaire des Magistrats' (p. 694) — et en réponse au précepte de Lenget sur 'l'utilité des Romans pour amuser l'âge, et donner le goût des Lectures' il ajoute: 'de pareilles maximes mériteroient un châtiment exemplaire' (p. 689). Que Lenglet risque gros dans cette affaire est confirmé par la *Bibliothèque raisonnée des ouvrages des savants de l'Europe*:

> Il y a longtemps qu'il n'a paru de livres où les bienséances aient été plus méprisées, la hardiesse de l'Auteur est d'autant plus étonnante que rien ne lui serait plus avantageux que l'obscurité. Il est de son intérêt et de son honneur qu'on ne parle, ni de lui, ni de ses livres. ...[10]

Bougeant combat pied à pied l'abbé Lenglet, et dans ses ripostes — souvent satiriques, ironiques — la position dogmatique traditionnelle aux jésuites se fait entendre dans toute sa clarté. Notons cependant qu'une pareille

---

7 Voir, par exemple, Georges May, *Le Dilemme du roman,* Yale et Paris, P.U.F., 1963, Chapitre III.

8 *Mémoires de Trévoux,* fév. 1734, p. 373.

9 *Ibid.,* avr. 1734, p. 674; voir également p. 685: 'Est-il permis dans une dissertation sur les Romans, dans l'endroit même où l'on paraît vouloir traiter sérieusement de la religion, de répandre mille traits pleins d'impieté, de rapporter de fades bouffonneries de libertins, et d'enchérir sur les saillies du cynique Rabelais?'

10 Vol. xiv (1735), p. 422.

condamnation de *L'Usage des romans* n'est pas unique dans le monde des journaux francophones: dans la *Bibliothèque française* de l'abbé Goujet le correspondant anonyme flétrit la morale de 'M. l'Abbé' en donnant un résumé fort satirique de ses arguments en faveur des romans[11]. Mais si certains journaux sympathisent avec le point de vue 'catholique romain', ils ne se dévouent pas avec la même rigueur et la même longueur que Bougeant au démantèlement des positions 'philosophiques' et littéraires de l'auteur de *De l'usage*. Ajoutons que d'autres journalistes adoptent un point de vue plus moderne: par exemple, dans un numéro précédent de la même *Bibliothèque française* l'auteur avait avoué qu''Il y a d'excellentes choses' dans le traité de Lenglet (vol. xix, p. 178). La première réaction du *Pour et contre* — et probablement de Prévost lui-même — est de dire que 'Le nouveau Livre... est amusant et écrit avec beaucoup de feu et de liberté'[12], et *Le Journal littéraire* — publié à La Haye et se moquant de la censure — prend le contre-pied des jésuites. Ainsi le journaliste reflète-il certainement la réaction privée d'un grand nombre de lecteurs quand il déclare:

> Les romans, les contes, les histoires galantes, les comédies, les tragédies, se sont extrêmement multipliés, et cette espèce de livres est presque aussi commune que les livres de dévotion. Est-ce une marque que le goût se déprave ou que les mœurs se corrompent? Non: ils prouvent seulement que la démangeaison d'écrire augmente, et que la plupart de ceux qui lisent, cherchent aujourd'hui comme autrefois à être amusés et flattés plutôt qu'à être instruits; tout ce qui réjouit l'imagination, tout ce qui la pique, tout ce qui l'élève et l'agrandit, plaît au grand nombre. En vain la philosophie condamnera ce défaut: si c'en est un, on ne s'en corrigera point, et les livres qui savent remuer les passions et intéresser le cœur par les sentiments qu'ils y excitent, seront toujours les plus recherchés... Il y faudrait du choix; et un guide dans ce pays serait aussi nécessaire que dans tous les autres. Monsieur de Percel s'est chargé de cet emploi. On peut dire qu'il s'en acquitte gaiement et en homme d'esprit. Ses préceptes n'ont rien de dur et de sec, il les accompagne de réflexions ingénieuses, il y mêle des faits curieux, son style est libre, enjoué, et quelquefois un peu libertin.[13]

Nous reprendrons plus tard les termes précis de cet extrait qui cristallisent tout ce qui dans la défense du roman est contraire à la conception catholique de la direction des consciences.

Pour revenir à la campagne des *Mémoires de Trévoux* contre Lenglet, en juillet 1735 Bougeant a consacré un deuxième 'extrait' étendu à *L'Histoire justifiée contre les romans* (pp. 1200-1235), cette œuvre plate et mal conçue que Lenglet Dufresnoy avait écrite à la hâte pour se défendre contre l'accusation d'être l'auteur de *De l'usage*[14], et où il prétend n'avoir lu que

11   Vol. xxi, pp. 131-8.
12   Vol. iii, (1734), p. 142.
13   Vol. xxiii, 1ère partie (1736), pp. 91-2.
14   Voir Sheridan, *Lenglet Dufresnoy*, p. 157 et suiv.

très peu de romans, et avoir trouvé dans l'histoire 'ce plaisir qu'un homme sage et vertueux ne saurait sentir dans le roman'[15]. A sa parution le *Journal littéraire* a commenté fort à propos:

> *De l'usage des romans* amuse, la singularité des pensées, la liberté, l'enjouement du style plaît; l'*Histoire justifiée* est une source de baillements... On dira pourtant encore, qu'au libertinage près, on aimerait mieux avoir écrit une seule page de *De l'usage des romans*, que toute l'*Histoire justifiée*.[16]

En fait, comme Marian Hobson l'a bien démontré dans *The Object of Art,* les deux textes de Lenglet occupent le même espace entre la fiction romanesque et l'histoire, où l'un se définit toujours par rapport à l'autre[17]. Avec une lourde ironie, le père Bougeant s'efforce de souligner toutes les raisons qui subsistent pour reconnaître dans l'abbé Lenglet Dufresnoy l'auteur de *De l'usage,* et il cite même le témoignage convaincant de Charles-Etienne Jordan publié en 1735 dans son *Voyage littéraire* où celui-ci raconte avoir vu le manuscrit 'De l'utilité des romans' lors d'une visite chez l'abbé à Paris[18]. Les jésuites ne désespéraient donc pas encore de voir enfermer leur auteur, ou au moins étaient-ils décidés à se venger. Bougeant renforce sa morale par rapport à *De l'usage:* l'amour des romans 'n'est qu'une passion méprisable, quoiqu'on en dise, qui étouffe à la fin le devoir et la sagesse malgré leur résistance' (p. 1230), mais termine avec une sorte de désinvolture satirique:

> En général son travail peut être regardé comme un cadre très-joliment imaginé pour dire à l'infini de fort bonnes choses et pour égayer le trop grand sérieux des lecteurs. La mauvaise humeur voudra dans quelques endroits appercevoir de la malice; pour nous, nous n'y voyons qu'à rire et à nous édifier! (p. 1233)

Ce ton badin qui transparaît dans un extrait qui vise un but autrement sérieux, et qui ne reflète pas le style dominant des *Mémoires de Trévoux*[19], constitue un lien entre les deux articles, pièces de résistance de l'attaque officielle des jésuites contre le roman, et le *Voyage merveilleux du prince Fan-Férédin dans la Romancie* que Bougeant a publié de son chef dans la même année; il l'a rédigé très vite, et a dû le terminer dès la fin de 1734[20].

---

15    *L'Histoire justifiée contre le roman*, Amsterdam [Paris], J.F. Bernard, 1735, 'Avertissement'.
16    Vol. xxiii (1ère partie), 1736, pp. 99 et 104.
17    Cambridge, C.U.P, 1982, p. 90.
18    *Mémoires de Trévoux*, juillet 1735, p. 1206-7; un extrait du livre de Jordan (La Haye, Moetiens, 1735) se trouve inséré directement après l'article de Bougeant sur *L'Histoire justifiée*.
19    Le ton ironique et badin dominait dans les extraits d'autres journaux: le stratagème de Lenglet provoquait une certaine hilarité dans son public. Voir, par exemple *Les Observations sur les écrits modernes*. vol. i (1735), pp. 208-213, et *La Bibliothèque française*, vol. xxii (1736), pp. 180-187.
20    L'approbation date du 5 mars 1735; pour l'historique de la publication voir *Voyage du prince Fan-Férédin dans la Romancie*, édition critique par Jean Sgard et

Ce petit livre est assez bien connu dans le contexte de la 'querelle des romans': parodie pour l'essentiel dans le goût de *Don Quichotte*, il exploite par ailleurs différents types de récit, du voyage imaginaire au procès allégorique, et ressasse sans merci les formes les plus pratiquées par le roman contemporain. Le jeune prince Fan-Férédin (personnage de rêve, apprendrons-nous à la dernière page) ayant été élevé par sa mère d'après le principe de Lenglet Dufresnoy, selon lequel les romans forment admirablement le cœur et l'esprit des jeunes gens, est dégoûté par la réalité banale qui l'environne et s'en va, le cœur plein de beaux sentiments, à la recherche du pays merveilleux des romans et de ses vertus héroïques. Ayant passé à travers une caverne lugubre — qui rappelle de très près la caverne de Rumney-hole de *Cleveland*[21] — il trouve ce pays peuplé de toutes sortes de créatures fabuleuses provenant à la fois du monde des romans anciens et modernes, et, curieusement, de l'antiquité classique, Bougeant privilégiant particulièrement dans ses références les *Métamorphoses* d'Ovide (pp. 47, 49 et 55). Il y découvre les secrets du héros romanesque, ayant rencontré un noble personnage qui lui servira fort à propos de guide et d'interprète de la langue romancienne; il y connaîtra l'amour et les obstacles à franchir pour y parvenir. Tout finit heureusement — et sainement — par un double mariage: le prince Fan-Férédin se réveille pour se retrouver dans la personne d'un gentilhomme de la campagne, M. de la Brosse, qui a rêvé sous forme romanesque la double alliance projetée entre sa famille et celle de son ami le ci-devant prince Zazaraph. Ce M. de la Brosse 'joint aux amusements de la campagne celui de la lecture qu'il aime passionnément'; le narrateur défend-il alors les lecteurs de romans? Oui, malgré lui: 'Quoiqu'il sache préférer les bons livres aux mauvais, il ne laisse pas de lire quelquefois des romans, moins par l'estime qu'il en fait, que parce qu'il aime à lire tous les livres' (p. 124). Cette hésitation est perceptible d'ailleurs au niveau stylistique: Bougeant oscille entre un critique analytique du roman et la parodie, la voix de l'auteur brisant parfois la narration pour appuyer la satire. Ceci a été vivement dénoncé par ses confrères journalistes, d'abord dans *Le Journal des savants* qui invoque les 'maîtres de l'éloquence' pour censurer le fait que 'le ton ironique [...] soit presqu' immédiatement suivi du ton sérieux'[22], et ensuite dans *La Bibliothèque française* qui regrette qu'il n'ait pas imité de plus près 'Michel de Cervantes'[23]. C'est justement dans la partie consacrée au pastiche que Bougeant triomphe: il décèle les tours de langage, les tics d'écriture, il les classe et les reproduit en vraie machine à traiter le texte. Le style de Prévost revient à maintes reprises sous sa plume, mais aussi celui de

---

Geraldine Sheridan, Publications de l'Université de Saint-Etienne, 1992, 'Préface'. On se réfère par la suite au texte de cette édition.

21   *Fan-Férédin*, p. 41; voir *Le Philosophe anglais, ou Histoire de M. Cleveland* dans *Oeuvres de Prévost*, Presses Universitaires de Grenoble, 1985, t. II, p. 37.
22   1735, p. 378.
23   Vol. xxi (1ère partie), 1735-6, p. 172.

Desfontaines. On reconnaît tour à tour, et dans le détail, des passages de *Cleveland*, des *Mémoires d'un homme de qualité*[24], des *Mémoires de Madame de Barneveldt*, livre qui prête à beaucoup de plaisanteries assez risquées sur le transvestisme (pp. 61, 109). C'est Desfontaines lui-même qui soulignera, en se vengeant dans les *Observations sur les écrits modernes*, l'ambiguïté de la position qu'adopte Bougeant dans ces passages:

> Il pouvait se donner pour un *Casuiste* partisan de la morale commode, puisque malgré son zèle il ne laisse pas d'honorer de ses louanges certains ouvrages de galanterie, ou l'on trouve une bonne partie de tout ce qu'il semble condamner. De plus ce Docteur, à l'article *du bois d'amour*, parle savamment des effets de la jouissance, et ce qu'il dit sur ce point n'est pas indifférent.[25]

Desfontaines a compris que pour bien faire le pastiche, on doit connaître d'une façon intime les textes d'origine, et au fur et à mesure qu'on tourne les pages de *Fan-Férédin*, il ne fait aucun doute que notre jésuite était un grand lecteur de romans. La familiarité qu'il manifeste avec un très grand nombre d'entre eux, surtout de son époque, n'était nullement le travail de quelques mois. Outre les auteurs déjà nommés, on retrouve des allusions aux œuvres de Le Sage, Crébillon fils, Marivaux, Swift[26], et d'une foule d'écrivains aujourd'hui négligés. L'ambiguïté de sa position vis-à-vis de ces romanciers modernes relève en partie de l'abandon de la critique morale, qui primait dans ses articles de journal mais qui s'intègre difficilement dans la parodie, et son remplacement par une critique littéraire à laquelle il s'astreint, mais qui n'est guère convaincante. Il ressasse de vieux arguments, quelquefois contradictoires — l'action invraisemblable, la bassesse des personnages, le style trop fleuri, les sentiments excessifs — trop connus pour faire de l'effet, et qui à la fin fournissent un alibi assez faible pour la rédaction de ce livre. Ce qui a dû rester au lecteur contemporain, comme au lecteur de nos jours, c'est l'humour créé par la confrontation d'épisodes et de tics de style que le lecteur se plaît à reconnaître, c'est le plaisir et l'amusement — cher aux enfants — de retrouver dans le texte ce qui leur est déjà familier. Nous avons d'ailleurs un témoignage contemporain précieux dans la correspondance privée entre le Président Dugas et Bottu de Saint-Fonds actuellement conservée à la Bibliothèque Municipale de Lyon qui nous indique que l'ambiguïté inhérente à la position de Bougeant a été pleinement ressentie par les lecteurs contemporains. Dans une lettre du 30 mai 1735, Bottu parle de *Fan-Férédin* qu'il qualifie de 'mauvais roman'[27]:

> Mais je vous avoue que je n'ai pas encore pu bien deviner quel est le but de l'auteur. Loin de donner du dégoût pour les romans qui n'assomment pas par leurs longueurs

---

24   Voir par exemple *Fan-Férédin*, pp. 58, 60, 82,84, 88, 92, 94, 110-11, 119.
25   Avril 1735, p. 139.
26   *Fan-Férédin*, pp. 104, 105, 76, 75.
27   B.M. Lyon ms. 6224, t. III, p. 506.

ou pour les historiettes romanesques bien écrites, il donne au contraire envie de les lire; et à tout prendre je crois que la république des lettres aussi bien que la morale auraient [pu] se passer de cette critique. (p.482-3).

Ensuite, par rapport aux remarques que l'auteur, encore anonyme, de *Fan-Férédin* avait faites sur *La Princesse de Clèves,* il souligne la distance qui se creuse entre les recommandations de celui-ci et la position 'morale' des traditionnalistes:

> Voici un [extrait] par lequel vous jugerez si l'intention de l'auteur a été de donner de l'éloignement pour les livres d'amourettes. 'J'oubliais, ajouta-t-il, de vous faire remarquer une de nos plus belles boutiques. La voici, continua-t-il, en me la montrant; elle a, comme vous voyez, pour enseigne, la *Princesse de Clèves*; et l'ouvrier jouit, à juste titre, d'une grande réputation, pour n'avoir jamais perdu de vue dans un travail extrêmement délicat les règles du devoir et de la plus austère bienséance.' Dites-moi, je vous prie si ceux qui ne connaissent pas encore ce petit roman n'auront pas une extrême envie de le lire sur le jugement qu'en porte l'auteur? Cependant quoique la plus austère bienséance y soit observée en conseilleriez-vous volontiers la lecture aux jeunes gens? Et de quelle utilité peut-elle être aux personnes raisonnables?

Autrement dit, le jeune Fan-Férédin aurait le goût presque autant corrompu par la lecture d'un 'bon' que d'un 'mauvais' roman: Bougeant s'est laissé séduire par les charmes du genre qu'il est censé condamner, la morale a perdu au profit du goût littéraire. Bottu souligne que les lacunes dans *Fan-Férédin* sont tout aussi significatives que les mentions:

> Dans tout le livre il n'est pas dit un mot des ouvrages scandaleux de Mme de Villedieu. Il me semble qu'après avoir loué la *Princesse de Clèves* par la bienséance qu'il prétend régner dans ce roman, au moins devait-il remarquer combien elle est peu ménagée dans tout ce que Mme de Villedieu a donné au public. Mais ce n'était pas le dessein de l'auteur de prendre la chose du côté des mœurs et il se contente de critiquer et même assez légèrement la manière fade et ennuyeuse dont la plupart des romans sont écrits. C'est pourquoi il dit assez plaisamment que la grande maladie qui vogue dans la Romancie est la maladie des baillements.[28]

Ce commentaire est très perspicace: en effet, Lenglet-Dufresnoy, dont la *Bibliothèque des romans* servait souvent de guide à Bougeant, avait donné une place importante à Mme de Villedieu sous la rubrique 'Romans d'amour français'[29], et elle aurait fourni une cible de choix si Bougeant avait sérieusement voulu faire une leçon de morale.

D'autre part, c'est paradoxalement aux romans merveilleux, au fantastique populaire et classique (monstres, fées...) que Bougeant semble accorder sa préférence personnelle, lui qui condamne l'invraisemblance des auteurs

---

28   *Ibid;* sur la maladie des baillements voir *Fan-Férédin,* p. 76.
29   Amsterdam [Rouen], 1734, p. 53-55.

modernes. Rappelons avec Henri Coulet que 'la plus grande partie des romans écrits dans ce siècle de philosophie expérimentale et sensualiste sont des fantaisies extravagantes, badinages érotiques, féeries orientales, allégories, voyages imaginaires'[30]. Là où pour les romans de chevalerie Bougeant se rapporte à Lenglet et se contente pour la plupart de faire la liste des titres[31], pour les contes de fées il reproduit un détail dû de toute évidence à une lecture attentive. Il décrit la 'jument sonnante' (p. 52) qu'on trouve dans *Histoire de Fleur d'Epine,* conte d'Antoine Hamilton publié en 1730; il fait mention du 'portrait qui parle' qui se trouve dans *La Biche au bois* de Mme d'Aulnoy, publié dans ses *Contes nouveaux* en 1698, ainsi que de *La Bonne petite souris* et du *Serpentin vert,* qui figurent dans la même collection (p. 99); ces derniers contes se retrouvaient d'ailleurs dans la Bibliothèque bleue. Les *Mille et une nuits,* traduites par Antoine Galland et publiées en 1704, et les *Contes chinois* de Thomas Gueulette, publiés en 1725, reçoivent plusieurs mentions favorables (pp. 70, 85 et 99), confirmant le goût du merveilleux et même de l'exotisme de notre auteur. Position d'une part assez logique du point de vue moral: le bon triomphe dans les contes de fées édulcorés au goût du siècle. Mais le lecteur n'a nulle part l'impression que ce sont ces soucis qui priment chez l'auteur: ce qui transparaît c'est encore son penchant, son goût personnel pour 'la gloire et le sublime merveilleux des temps passés' qu'il oppose aux 'vils sujets' de la Basse Romancie (p. 70).

Il paraîtrait alors que le père Bougeant, peut-être tout autant que l'abbé Lenglet Dufresnoy, aimait 'réjouir son imagination' en dépit de — ou peut-être pour échapper à — ses obligations envers son ordre, et les lourdes tâches qui lui incombaient comme 'scriptor'. Il a écrit *Fan-Férédin* non seulement par devoir, mais par goût. On se rappelle d'ailleurs cette étrange remarque de Grimm dans sa *Correspondance littéraire:*

Ne sait-on pas que la moitié de [la Bibliothèque bleue] est du père Bougeant, le grave historien de la *Paix de Westphalie*? Il publiait régulièrement tous les quinze jours sa petite historiette, et le prompt débit de cette espèce de marchandise payait ses confitures et son café.[32]

Il y a une autre version de cette description dans les *Anecdotes littéraires de l'abbé de Voisenon,* qui date de 1764:

Quand il avait besoin d'argent pour acheter ou du café, ou du chocolat, ou du tabac, il disait naïvement: 'Je vais faire un monstre qui me vaudra un louis'. C'était une petite feuille qui annonçait la rencontre d'un monstre très-extraordinaire qu'on avait vu dans un pays très éloigné, et qui n'avait jamais existé.[33]

30    *Le Roman jusqu'à la Révolution*, Paris, Armand Colin, vol. i, p. 319.
31    Voir par exemple *Fan-Férédin*, p. 70 et Note 1.
32    Mai 1754 (édition de 1812, vol. iv, p. 17).
33    Paris, Librairie des Bibliophiles, 1880, p. 119.

Cette version est plus convaincante: il s'agirait des 'canards', petites pièces de 6 à 16 pages qui restent encore abondantes au XVIIIe siècle, et qui racontent une nouvelle qu'on invente pour relever les faits divers quand ils sont pâles. L'histoire du monstre est l'un des fondateurs du canard, dont on retrouve d'ailleurs des traces dans la Bibliothèque bleue[34]. Bougeant aurait pu glisser de telles pièces aux imprimeurs sans craindre des suites fâcheuses; cette anecdote tend à confirmer son goût pour l'imaginaire, et même le fantastique, et le rend auteur de fictions à plus d'un titre.

La relation entre ce roman et le travail du révérend père journaliste des *Mémoires de Trévoux* est-elle alors aussi transparente qu'on l'a toujours supposée? Tenait-il tellement à renforcer sa critique morale par un autre biais? Nous avons déjà vu que le message est plutôt brouillé. Cette assiduité en surplus de sa fonction aux *Mémoires*, dans un ouvrage anonyme dont la Société a gardé assez strictement le secret, contraste avec ce que l'on sait du caractère de Bougeant. D'une santé délicate il n'aimait guère le travail: la notice nécrologique que ses confrères lui consacreront dans les *Mémoires de Trévoux* de 1744 parlera de la 'paresse' qui était inséparable de 'son goût exquis et fin', et qui l'empêchait de mener à bien certains grands projets[35]. Ne savons-nous pas d'après les condamnations réitérées des *Mémoires de Trévoux* que ce sont précisément les 'esprits oisifs' qui risquent le plus d'être séduits par les romans[36]? Plus brutalement, son confrère le père Castel a raconté dans un document manuscrit que le Père Provincial de la Sociéte, en réorganisant les *Mémoires de Trévoux*, 'voulait ... que le P. Bougeant, qui n'était qu'un paresseux, y travaillât aussi un peu, mais avec quelques égards pour sa paresse, et en lui accordant 2 ou 3 mois de vacances tous les ans, ou même de 2 mois l'un, etc.'[37]. Mais, il admet, 'On se dégoûte ... bientôt d'un ouvrage de tous les mois, et qui demande des années pour faire sa réputation. La première fois que le P. Bougeant y fut mis [aux *Mémoires*], il en fut dégoûté pour cette seule raison, comme il l'avoua, en 8 mois' (p.198). Le poète Gresset, qui a également écrit 'Sur la paresse du P. Bougeant à lui écrire'[38], nous présente par ailleurs un personnage aimable, urbain, dont il prisait haut la compagnie:

> Moins révérend qu'aimable Père,
> Vous, dont l'esprit, le caractère
> Et les airs ne sont plus montés

---

34   Jean-Pierre Séguin, *L'Information en France avant le périodique. 517 canards imprimés entre 1529 et 1631*, Paris, Maisonneuve et Larose, 1964.
35   'Eloge historique du P. Bougeant', *Mémoires de Trévoux*, juin 1744, p. 972.
36   1733, p. 957; voir Françoise Weil, *L'interdiction du roman et la librairie, 1728-1750*, Paris, Aux Amateurs de Livres, 1986, p. 130.
37   'Les anecdotes inédites des *Mémoires de Trévoux* (1720-1744),' *Dix-huitième siècle*, no. 8, 1976, p. 200.
38   *Poésies inédites de Gresset*, éd. Victor de Beauvillé, Paris, Claye, 1863, p. 131.

Sur le ton sottement austère
De cent tristes paternités.[39]

Bougeant était, en effet, un grand mondain: les épîtres de Gresset évoquent les étés qu'il passait dans la maison de campagne du duc et de la duchesse de Chaulnes, et il était un habitué de leur salon, où il a pu d'ailleurs rencontrer Lenglet Dufresnoy[40]. La nécrologie fait aussi mention du 'bon nombre d'amis illustres, et de personnes respectables, qui se faisaient un plaisir de le voir et de vivre avec lui'[41]. C'est apparemment à Chaulnes que Bougeant avait écrit sa pièce *La Femme docteur ou La Théologie tombée en quenouilles* en 1730, comédie qui ridiculise les bourgeoises jansénistes, et met en scène sans doute des personnages reconnaissables du jansénisme parisien[42]. 'Cette pièce a été faite à la campagne, par amusement et par pure complaisance', dit-il dans sa préface; elle était destinée à égayer la société distinguée plutôt qu'à des fins pédagogiques, comme on l'a souvent supposé. De même, en 1739 il rédigera, également à Chaulnes, sa célèbre *Amusement philosophique sur le langage des bêtes*[43] qui va lui occasionner de grands malheurs, et comme il lisait facilement son travail en public[44] on peut s'imaginer le profit que ses hôtes en tiraient. Il est vraisemblable alors que *Fan-Férédin* ait été aussi le fruit de ses longues vacances; les premières éditions contenaient une dédicace de type mondain, 'A Madame C** B**', où il construit une confrontation badine entre une femme du monde qui aime les romans et lui-même qui ne peut les souffrir:

Vous me demandez pourquoi; je vous dis mes raisons; et comme si vous étiez disposée à vous laisser persuader, finement vous m'engagez à les mettre par écrit. Mais quoi! faire une dissertation raisonnée, une controverse de casuiste ou de philosophe pédant? Non, dis-je en homme d'esprit; il faut donner à mes raisons un tour agréable, les envelopper sous quelque idée riante, sous quelque fiction qui amuse. (p.35)

L'idée de ce jeu mondain est encore plus piquante du fait que Lenglet Dufresnoy était également un protégé des Chaulnes; ce fait explique-t-il pourquoi *Fan-Férédin* ne vise pas en premier, comme on s'y attendrait, *De*

---

39   'Epître au P. Bougeant, Jésuite', dans *Œuvres de M. Gresset,* Paris, Belin, 1805, vol. i, p. 114.
40   Voir Sheridan, *Lenglet Dufresnoy*, p. 239.
41   'Eloge historique', p. 978.
42   Voir Dabezies, 'Erudition et humour', p. 263.
43   Voir Hester Hastings, édition critique de l'*Amusement philosophique sur le langage des bêtes*, Lille, 1954, et David Adams, *Lettre à Madame la comtesse D*** pour servir de supplément à l'Amusement philosophique sur le langage des bêtes*, Exeter, University of Exeter, 1984, p. xxviii sur le débat qui s'est soulevé autour de cet ouvrage.
44   Voir Louis Moréri, *Le Grand dictionnaire historique, sacré et profane*, Paris, 1759, vol. ii, p. 125.

*l'usage des romans,* mais, comme l'a souligné Jean Sgard, la cible de choix de Bougeant serait plutôt l'abbé Prévost, ennemi qu'il a en commun avec Lenglet Dufresnoy[45]? Les motivations du père Bougeant étaient donc peut-être beaucoup plus complexes, moins dogmatiques que sa situation officielle de journaliste jésuite ne le ferait soupçonner.

D'ailleurs, la position prise par ses confrères en ces années 1730 vis-à-vis des romans n'était pas non plus aussi claire que pourrait le faire croire l'attaque contre Lenglet dans les *Mémoires de Trévoux* . Françoise Weil a montré au contraire qu'entre 1731 et 1737 les jésuites hésitent face au flot de romans qui tend à devenir déluge dans ces années-là précisément[46]. Voulant capter un nouveau public, ils n'ont plus la volonté de rejeter complètement ce genre à la mode. L'article sur *De l'usage* ne parle lui-même de jeter au feu que 'les trois quarts et demi de ces ouvrages'[47], faisant grâce ainsi à quelques romans — ceux des Jésuites et de leurs amis, évidemment: Ramsay, mentionné en 1731, Pernetti en 1733 — et reconnaissant implicitement le droit d'existence du genre. En effet, les attaques contre le roman au nom des valeurs morales remontent à plus de trente ans, et ne sont guère originales: on défend implicitement le roman en suggérant parfois que, pour écrire un roman moral, il suffit de faire en sorte que la vertu soit récompensée et le vice puni[48]. Ainsi, si les *Mémoires* signalent un roman chaque année entre 1731 et 1733, le nombre passera en 1734 à douze romans, et la Table des matières comportera pour la première fois la mention 'romans'; cette rubrique ne disparaîtra qu'en 1737. Françoise Weil souligne la contradiction entre l'existence même de ces comptes rendus et la teneur du discours prononcé le 25 février 1736 par le père Porée contre les romans au Collège Louis-le-Grand. Ce qu'elle appelle 'un front commun' des Jésuites contre le roman ne se manifeste donc qu'en 1737: on ne trouve plus de compte rendu de roman dans les *Mémoires* après septembre 1736[49]. Les écrits du père Bougeant sur le roman appartiennent justement à cette période d'hésitation et de perplexité de la part de ses confrères jésuites.
La suite de la carrière du révérend père confirme ses faiblesses en matière d'orthodoxie. En 1739 le désastre le frappe quand il publie son *Amusement philosophique sur le langage des bêtes* dans lequel il expose les idées les plus avancées sur le rapport entre la pensée et la matière avec un humour et une désinvolture qui ont beaucoup choqué son public, et ont donné lieu à un vif débat. Il a ainsi exposé sa Société aux attaques des jansénistes. Non

---

45    'Prévost en Romancie', *Nottingham French Studies*, vol. 29, no. 2, automne 1990, pp. 92-98; sur la querelle entre Lenglet et Prévost voir Sheridan, *Lenglet Dufresnoy*, pp. 153-155.

46    *Interdiction*, p. 129 et suiv.

47    Avril 1734, p. 688.

48    Voir Weil, *Interdiction*, pp. 127-8.

49    *Ibid.*, p. 132.

seulement ses supérieurs l'ont obligé à publier une rétractation[50] — qui n'était pas entièrement de sa main et où, se plaint-il, on ne reconnaîtra pàs son style[51] — mais en plus il a été exilé à La Flèche. Il cachera avec beaucoup plus de soin la part qu'il a eue à la Préface d'un livre de cuisine, *Les Dons de Comus*, qui est franchement sensualiste, et où on reconnaît son tempérament badin[52]. Il se méfie désormais des frivolités. Plus prudemment encore, il laissera le manuscrit de ses *Lettres philosophiques sur les physionomies* à l'abbé Jacques Pernetti, qui ne le publiera qu'après sa mort[53]. Un paragraphe de ces mêmes *Lettres* exprime peut-être la peine qu'il a connue dans sa disgrâce, et le sacrifice qu'il a fait de ses goûts personnels, n'ayant pas la vocation de martyre pour la modernité:

> Plusieurs de ceux qu'on regardait de leur temps comme des hommes fous ou dangereux, passent aujourd'hui pour des modèles de sagesse et de courage, et cette pensée ne m'enhardit point: l'espérance d'un nom, écrit un jour au Temple de Mémoire, ne me console pas de le voir effacé de mon vivant du nombre des Gens sensés: j'aime mieux la gloire dont je puis jouir, que celle qu'on peut me promettre; et toute obscure qu'est ma réputation, je la préfère à l'éclat incertain de celle qu'on me fait espérer. (pp. 3-4)

Pour expier sa faute il a 'sacrifié ses goûts à ses devoirs', si l'on reprend les termes de Sabatier de Castres, et a composé son *Exposition de la doctrine chrétienne* qu'un bon mot de l'époque a titré 'L'Amusement théologique du père Bougeant'[54].

Pour terminer sur l'histoire du roman, ce qui me semble intéressant dans tout ceci c'est de constater le paradoxe selon lequel un des chefs de file de l'attaque orthodoxe contre les romans, 'scriptor' de la Société de Jésus, partage et confirme en tant que lecteur, et même en tant qu'auteur, le goût dominant du siècle pour l'imaginaire, le profane, le plaisir individuel et intime, l'amusement. Georges May a souligné que c'est précisément à l'époque où Bougeant écrit que 'l'évolution particulière du roman sous l'influence de l'histoire et surtout des mémoires permet de pressentir, grâce à

---

50  *Lettre à M. l'abbé Savalette*, reproduite dans *Lettre à Madame*, éd. Adams, pp. 14-15.
51  Lettre manuscrite reliée dans un exemplaire de l'*Amusement philosophique* à la Bibliothèque de l'Arsenal.
52  *Les Dons de Comus, ou les Délices de la table,* Paris, Prault, 1739: l'ouvrage est attribué à François Marin, maître d'hotel du maréchal de Soubise. Voir Geraldine Sheridan, '*Les Amusements d'un Jésuite*: Père Bougeant, Physiognomy and Sensualist Theories', *Australian Journal of French Studies*, vol. xxx, no. 3 (1993), p. 297.
53  La Haye, Jean Neaulme, 1746. Sur cette affaire voir Sheridan, 'Les Amusements', pp. 292-310.
54  Voir lettre de Bonardy à Bouhier, *Correspondance littéraire du président Bouhier*, éd. Henri Duranton, Saint-Etienne, Université de Saint-Etienne, 1977, p. 73.

l'aspect intime des œuvres, le changement de sensibilité qui amènera soudain
des hommes à préférer le bonheur des individus au bien public'[55]. Cette
sensibilité que Bougeant avait fine et exquise le portait beaucoup plus
volontiers vers le plaisir littéraire que vers le militantisme moral, politique,
théologique que lui prescrivait sa fonction de journaliste jésuite. Rappelons
les termes employés par *Le Journal littéraire* que j'ai cité plus haut: les
lecteurs en 1730 veulent être 'amusés' plutôt qu''instruits', et ce terme
d''amusement', comme nous l'avons vu, notre pauvre et naïf Bougeant se
l'est fait attacher à la honte de son ordre. C'était son malheur personnel
d'avoir eu les goûts de la modernité quand son état le vouait à la défense de
la tradition.

---

55   'L'Histoire a-t-elle engendré le roman?', *Revue d'histoire littéraire de la France*,
     vol. lv (1955), p. 172.

Richard A. FRANCIS
University of Nottingham

# L'Angleterre comme sujet de narration chez l'abbé Prévost, romancier et journaliste

Pour comprendre l'abbé Prévost, il faut tenir compte de trois postulats de départ. D'abord, il sait que son grand talent est celui de raconter une histoire; c'est la narration qui est le fondement de son art. Ensuite, il est un personnage suspect. Impliqué dans des scandales religieux, financiers et sexuels, il s'efforce de se construire une image respectable, et pour cela il doit se masquer. Troisièmement, il sait que ses genres choisis, le roman et le journal, ne sont pas respectables selon les valeurs littéraires consacrées. Il s'ensuit qu'il cherche à donner une tournure à la narration qui conférera à ces genres un meilleur statut littéraire et moral. Chacun exige cependant des techniques différentes; mon but est d'étudier ce qui les rapproche et ce qui les sépare.

Je me bornerai aux deux moments de son exil anglais qui sont rapportés dans le cinquième volume des *Mémoires d'un homme de qualité* et les soixante premiers numéros du *Pour et contre*[1] dont on dispose maintenant grâce à la magnifique édition de Steve Larkin[2]. Le roman, paru en 1731, exprime le premier enthousiasme de Prévost devant un pays qui se présente aux yeux du moine fugitif comme la terre de la liberté, et l'enthousiasme subsiste lorsqu'il reprend la matière anglaise dans son périodique, qui commence à paraître en juin 1733. Mais à ce moment sa situation est devenue grave; il a fui la Hollande avec une maîtresse pour qui il s'enlise dans les dettes et les fraudes, il prépare une réconciliation avec les Bénédictins qui l'oblige à une grande prudence, et l'image de l'Angleterre qu'il évoque devient plus nuancée. Mon but n'est pas de définir ces deux

---

1   Après le no. 60, Prévost s'établit de nouveau en France, et son périodique cesse d'être l'expression immédiate de son expérience anglaise, bien qu'une matière anglaise y prédomine toujours. Rappelons aussi qu'une proportion des soixante premiers numéros n'est pas de la plume de Prévost; pour les détails, voir l'étude de Larkin cité ci-dessous, J. Sgard, *Le Pour et contre de Prévost* (Paris: Nizet, 1969) et M.R. de Labriolle-Rutherford, *Le Pour et contre et son temps*, *Studies on Voltaire and the Eighteenth Century*, 34-5 (Geneva, 1965).

2   *Le Pour et contre, nos 1-60*, édité par S. Larkin, *Studies on Voltaire and the Eighteenth Century*, nos. 309-10, 1993, 882 pp. La pagination des citations du *Pour et contre* (abbrév. *PC*) sera celle de la première édition, qui est reproduite dans l'édition de Larkin; la pagination de Larkin (abbrév. *L*) sera indiquée aussi, le cas échéant.

images, déjà largement étudiées, mais plutôt d'examiner les techniques de narration mises en œuvre dans leur formation.

Dans tout texte narratif, il importe de savoir qui raconte, surtout chez Prévost qui, pour se masquer, se construit, dans chaque œuvre, un personnage narrateur qui ne correspond ni à lui-même, ni à ses autres narrateurs. Pour connaître sa pensée, il faut la chercher dans une multitude de porte-parole divers, parmi lesquels l'auteur impliqué du *Pour et contre* n'est pas forcément plus digne de foi que les narrateurs romanesques. Pour chaque texte, il faut prendre comme point de départ le personnage du narrateur, définir sa vision du monde et identifier sa stratégie narrative.

Dans le cas des *Mémoires d'un homme de qualité*, ce personnage est issu des quatre premiers volumes; c'est un homme mûr avec un lourd passé. Comme son créateur, Renoncour a connu l'exil et les passions, mais la religion et la paternité l'ont assagi, et s'il va en Angleterre, c'est pour servir de tuteur au marquis de Rosemont qui voyage pour se former. Renoncour a pour rôle de modérer les passions de ce jeune étourdi, qui lui donne bien du fil à retordre, car Rosemont est amoureux de la nièce de Renoncour, mais comme celle-ci est restée en France, il ne s'agit, pour le moment, que d'une passion épistolaire. C'est Renoncour lui-même qui, malgré ses soixante ans, se laisse tenter par une dame anglaise compromise, mylady R..., qui cherche un asile en France. Renoncour lui offre cet asile, mais puisqu'elle part en France avec le moindre délai possible, leurs relations ont peu de chance de s'élaborer. Ici réside la faute principale du texte en tant que roman; la Manche sépare les deux couples et leur vie amoureuse est dénué de péripéties. Bien sûr, des orages s'accumulent pour le volume suivant, mais le grand fil central de la narration n'en est pas moins interrompu. Le narrateur est d'autant plus libre de raconter des anecdotes sur son séjour en Angleterre, et c'est là le véritable mérite du volume, même si l'on s'écarte ainsi des aventures amoureuses qui sont au cœur du roman traditionnel. En cela, ce volume des *Mémoires* frise le journalisme.

Deux aspects du personnage de Renoncour semblent influer sur sa vision de l'Angleterre. D'abord, en tant que tuteur, il l'exploite pour donner des leçons à Rosemont. Il fait des réflexions sur la duplicité de la cour pour l'édification de son élève, qui sera lui-même courtisan plus tard (*Œ* I: 242)[3], et les pertes de Rosemont au jeu sont exploités pour le dégoûter des excès, car 'c'est ainsi [dit Renoncour] que vos fautes mêmes pourront tourner à votre utilité' (*Œ* I: 262). Ces enseignements, de nature fort traditionnelle, montrent le désir de Prévost d'être respectable, mais elles sont assez rares, plus rares que dans le volume précédent dont le cadre est l'Espagne; Rosemont en Angleterre est devenu moins accommodant, et Renoncour a

---

3   Les *Mémoires d'un homme de qualité* forment le premier volume des *Œuvres de Prévost* en huit volumes (abrév. *Œ*), éditées par J. Sgard *et al*, Presses Universitaires de Grenoble, 1977-86. Les annotations paraissent dans le huitième volume. Cette édition sera utilisée pour toutes les citations de l'œuvre romanesque de Prévost.

moins de confiance en son pouvoir de le gouverner selon les vieilles maximes[4]. Celles-ci doivent être mises en évidence pour des raisons diplomatiques, mais la plupart des observations se présentent sans maximes. C'est la vie nouvelle qui l'attire en Angleterre, non ce qui semble conforme à la tradition.

L'autre aspect essentiel de Renoncour est son caractère d'homme de qualité. D'un rang élevé, il observe l'Angleterre d'une hauteur qui reçoit son expression physique lorsqu'il amène son élève au sommet du dôme de l'église de Saint Paul pour regarder la capitale (*Œ* I: 246). Dès leur arrivée ils se présentent au roi, ils fréquentent la cour et ils suivent de près les événements politiques. A une époque turbulente, ce n'est pas sans intérêt; nous sommes en 1716, la révolte jacobite est mal éteinte et nos voyageurs sont témoins oculaires de la décapitation des chefs de la révolte, mylords Derwentwater et Kilmuir. Renoncour s'y compromet même; sa protection de mylady R..., ancienne maîtresse de Derwentwater, est en quelque sorte un acte politique, et il doit veiller à espacer ses fréquentations parmi les Tories à un moment où les Whigs prennent le pouvoir (*Œ* I: 241).

Les voyageurs mènent une vie active, mais, faute d'intrigues amoureuses, leur activité se borne à des plaisirs sociaux et des excursions qui peuvent être évoqués rapidement sous une forme épisodique. Renoncour parle de ce qui l'intéresse, mais en amateur éclairé qui fuit les descriptions systématiques. Cela reflète à la fois son rang aristocratique et une hésitation de la part de Prévost sur le rôle de la description dans le roman. Le lecteur apprend donc peu sur cette longue randonnée des voyageurs dans le sud de l'Angleterre qui semble correspondre à un voyage fait par Prévost lui-même. On aimerait lire le récit authentique de ce voyage, mais Prévost décide que là n'est pas son genre. Arrivé à Chichester, Renoncour s'y récuse:

> La cathédrale est belle, et pleine d'anciennes tombes et de monuments, tels que nous en vîmes par la suite un grand nombre [...]; mais ces descriptions seraient ennuyeuses, et par conséquent peu convenables à ces mémoires. Je n'ai pas même dessein d'entrer dans le détail de toutes les villes que nous visitâmes. Ce pourrait être la matière d'un ouvrage particulier, si le peu de temps qui me reste à vivre me permet de l'entreprendre. (*Œ* I: 263)

Prévost semble tenir à cet 'ouvrage particulier', dont il parlera encore dans le *Pour et contre* (*PC* VI: 243). Mais roman et récit de voyages sont difficiles à concilier[5]; même le *Pour et contre* ne lui offre pas le cadre qu'il souhaiterait[6]. Dans le roman, Renoncour se contente d'une description assez

---

4    Voir R.A. Francis, *The Abbé Prévost's First-Person Narrators, Studies on Voltaire and the Eighteenth Century*, 306 (Oxford, The Voltaire Foundation, 1993), p. 14.
5    Prévost essayera de le faire plus tard dans ses *Voyages de Robert Lade*, oeuvre intéressante, mais de caractère hybride et peu admirée sur le plan esthétique.
6    Il montre ce qu'il aurait été capable de faire dans sa description remarquable de la cascade de Lydford (*PC* VI: 244-49); c'est peut-être faute de trouver un écho dans

sommaire de son voyage, avec un choix peu systématique de détails que Prévost tire de sources écrites autant que de ses propres expériences[7].

Les observations les plus frappantes de Renoncour touchent à la topographie londonienne et à la vie sociale, aux théâtres, aux tables de jeu, aux bals, voire aux luttes des pugilistes, car dans cette société ouverte il ne dédaigne pas les amusements des classes inférieures. Deux considérations semblent présider au choix des sujets. D'abord, la nouveauté; Renoncour s'attarde sur tout ce qui est inattendu ou inexistant en France, comme par exemple les pugilistes (*Œ* I: 251). Ensuite, c'est la variété; le narrateur passe rapidement entre les sujets avec une flexibilité qui déconcerte, mais qui donne une belle impression de spontanéité. Citons par exemple un passage (*Œ* I: 240-41) où, après quelques remarques sur la persécution des Tories, Renoncour parle de la liaison d'un ami Tory avec la célèbre actrice, Mrs Oldfield. Des anecdotes sur la vie domestique de ce couple l'amènent, par une transition naturelle, au théâtre, et des observations critiques sur la tragédie et puis la comédie anglaise aboutissent, en moins de deux pages, à un commentaire sur l'amour de la poésie parmi les dames anglaises. Cette association apparemment libre d'idées, qui attire la curiosité sans risquer d'ennuyer, est déjà la technique du *Pour et contre*.

Dans la quête de la variété, les observations de Prévost débordent le personnage de Renoncour, à qui certains aventures ne conviennent pas. Là, la vieille technique romanesque du récit intercalé vient à son aide. Prévost s'intéresse aux bas-fonds de la société, ce monde louche de procès criminels qui remplit la presse anglaise, mais plutôt que d'y envoyer promener l'Homme de Qualité, c'est Brissant, valet de Rosemont, qui est incarcéré à la prison de Newgate après ses mésaventures avec une fille de joie (*Œ* I: 271). Une autre fille de joie, Miss Sally, se trouve mariée à un mylord qui lui fait peur en se présentant à elle sous la forme du spectre de son amant mort (*Œ* I: 244-45). Dans cette deuxième histoire sordide, l'aristocratie elle-même se trouve corrompue par le bas monde; là, il convient d'en présenter le récit parmi les potins racontés par un ami de Renoncour. D'autres anecdotes ont un ton plus noble, surtout l'histoire de mylady Nithsdale, épouse d'un jacobite condamné, qui fait évader son mari en lui portant des vêtements féminins et se substituant à lui dans sa prison (*Œ* I: 231-32). Cette histoire assez romanesque a le mérite d'être vraie, et Prévost y réalise cette fusion de la fiction et de la vérité dont il deviendra le maître et qu'il hérite du 'faux mémoire'. Déjà troublante dans le roman, cette fusion le sera davantage dans le périodique.

---

son public qu'il choisit de ne pas renouveler cette tentative si originale. Voir E. Stockwell, 'The natural world in Prévost's fiction', *Nottingham French Studies*, 29 (2), 1990, pp. 72-84.

7    J. Sgard, dans ses annotations, souligne l'importance du rôle des *Voyages* de La Motraye comme source possible (*Œ* VIII: 55).

Plus substantielle est l'histoire du vertueux baron Spalding qui, après avoir surmonté maints obstacles, se marie à une orpheline bourgeoise et se trouve récompensé par une dot inattendue lors de la réapparition de son beau-père (*Œ* I: 255-60). Ce récit, dont le dénouement heureux reflète une vision positive de la société anglaise, est intéressant à plusieurs titres. Pour la première fois chez Prévost, il y a deux narrateurs; l'orpheline termine la narration commencée par Spalding, en ajoutant des détails que son mari ne connaît pas. Ensuite, la fin de la narration n'est pas la fin de l'histoire; ce n'est que plus tard, en lisant l'annonce du mariage dans les gazettes, que le père de l'épouse découvre que sa fille est en vie. Prévost revient donc à l'histoire après un intervalle (*Œ* I: 269-70), exploitant ainsi une des techniques du roman feuilleton. Il n'oubliera pas qu'une intrigue complexe ne se révèle pas toujours au mieux dans une narration unique, à une voix.

Un dernier aspect du roman doit être noté; Renoncour ne craint pas de porter un jugement global sur l'Angleterre, qui sera favorable au point d'être controversable. Il loue la commodité et la prospérité qu'il voit dès son arrivée à Gravesend (*Œ* I: 230), il défend les Anglais contre les critiques de Guy Patin (*Œ* I: 234), il dénonce le mythe qui fait des Anglais une nation féroce (*Œ* I: 253), et, en partant, il loue même les dispositions religieuses de cette 'heureuse île' (*Œ* I: 273-74). De retour en France, il présente ses impressions de l'Angleterre au ministre Dubois, et elles sont de nature à inspirer du respect pour cette rivale puissante (*Œ* I: 278-79). L'intérêt de ces jugements n'est pas seulement dans le contenu; ils contribuent à l'image d'un homme de qualité, hautement placé, qui a le droit d'exprimer son opinion devant les puissants de la terre. Et c'est là le statut qui manque à l'auteur du *Pour et contre*.

Le personnage qui s'en déclare responsable se nomme 'l'auteur des *Mémoires d'un homme de qualité*', mais ce n'est pas Renoncour. Nommons-le simplement le journaliste, car au fond il n'est que cela, un pauvre hère qui, pour vendre ses feuilles, doit flatter son public, respecter le goût de celui-ci et s'incliner devant la censure française. Larkin a montré que l'influence de la censure est écrasante[8]; les hardiesses de Renoncour sont impensables et une orthodoxie irréprochable s'impose, surtout dans le domaine religieux. L'entreprise est dangereuse pour le journaliste, témoin l'épigraphe tirée d'Horace qui figure à la première page. '*Incedo per ignes/ Suppositos cineri doloso*'; il marche sur des cendres qui recouvrent un feu mal éteint, et il se brûlera s'il n'évite pas les écueils de la satire, de la controverse, de la passion même, car derrière lui se cache l'ex-moine scandaleux qui en porte encore les blessures. Il s'oblige donc à donner un poids égal aux deux côtés de toutes les questions:

---

8    Larkin montre que les annotations manuscrites sur l'exemplaire du *Pour et contre* dans la bibliothèque municipale de Lyon, d'une importance considérable, reflètent les passages que Prévost a dû supprimer à cause de la censure (voir *L* 31-41).

Voulant éviter tout ce qui peut sentir la faveur, la haine, le mépris, l'ironie même, en un mot toute ombre de partialité & de passion; voulant observer toutes les bienséances, remplir tous les devoirs, & ne sortir jamais des bornes de la liberté Françoise, je me propose de remarquer avec le même soin, ce que je croirai appercevoir de bien & de mal dans chaque sujet sur lequel j'entreprendrai de m'expliquer. (*PC* I: 9, *L* 55)

On croirait lire le manifeste du *Journal inutile* de Figaro[9]. Il est vrai que Prévost a des voies indirectes pour s'exprimer: juxtapositions signifiantes, choix de détails à inclure ou omettre, attribution des hardiesses à l'autorité des textes cités, par exemple. Ces techniques sont analysées dans la thèse remarquable de Shelly Charles[10], qui a renouvelé, pour ne pas dire inauguré l'étude de la rhétorique de Prévost journaliste. Cela n'empêche qu'on doit toujours tenir compte de l'extrême prudence de celui-ci, et la première conséquence en est qu'il n'exprime aucune image globale de l'Angleterre, comme le fait Renoncour. Il ne fait que noter des traits de la vie anglaise et indiquer le genre de débat qu'ils peuvent inspirer.

Le premier numéro annonce un programme très large, couvrant l'ensemble de la vie anglaise: sciences, arts, inventions, presse périodique, préjugés vulgaires, 'faits avérés, qui paraîtront surpasser le pouvoir de la Nature', nouveautés de toutes sortes (*PC* I: 10-11, *L* 55-56). Une fois prescrit, ce programme devient un devoir, et le journaliste exploite ce fait pour justifier un choix de matières parfois controversables. D'un statut social assez bas, il peut donner libre cours à son intérêt pour le monde criminel, et dans le préambule de l'histoire de Molly Siblis, condamnée pour des crimes affreux, il rappelle que

Le *Pour & Contre* n'est point un Ouvrage d'imagination. Je me suis lié par les engagements que j'ai pris dans ma première Feuille.... On pourra blâmer mon projet; mais aussi longtemps qu'il me sera permis de croire qu'on l'approuve, mon devoir ne consiste qu'à l'exécuter. (*PC* IV: 314, *L* 634)

La vérité et le goût public s'unissent pour obliger le journaliste à suivre ce programme qui, au fond, ne fait qu'exprimer ses inclinations. Si le résultat est choquant, c'est la faute de celui qu'on pourrait nommer, avec Baudelaire, 'l'hypocrite lecteur, mon semblable, mon frère':

La Nature produit-elle un Monstre? Vous y courez, cher Lecteur. La curiosité vous porte à le voir de près, & à l'examiner. L'horreur qu'il vous inspire rebute si peu vos yeux, que c'est précisément ce qui vous conduit au spectacle [...] Je suis porté à croire [...] que les affreux désordres de Molly Siblis se feront lire avidement, & je parierois pour le succès de cette feuille. (*PC* IV: 336, *L 642*)

9   Beaumarchais, *Le Mariage de Figaro*, Acte V, Scène III.
10  S. Charles, *Récit et réflexion: poétique de l'hétérogène dans 'Le Pour et contre' de Prévost*, *Studies on Voltaire and the Eighteenth Century*, 298 (Oxford, The Voltaire Foundation, 1992).

On conclut de ces remarques cyniques, dignes d'une certaine presse moderne, que notre journaliste peut malgré tout s'attribuer une grande liberté dans le choix de sujets, à condition d'éviter les commentaires scandaleux.

Se vantant de la variété de ses feuilles, le journaliste se compte parmi 'les Ecrivains.... qui rendent service au plus grand nombre, en publiant des Ouvrages qui peuvent plaire à tout le monde, parce qu'ils ne surpassent la portée de personne' (*PC* II: 35-36, *L* 219). Mais la lecture facile n'est pas forcément un indice de frivolité. Le sérieux côtoie le badinage; il veut amuser autant qu'instruire. Pour définir le genre d'instruction visé, il faudrait citer en entier la thèse de Shelly Charles, qui trouve chez Prévost une tension entre un discours traditionnel moral, empreint d'une orthodoxie basée sur le vraisemblable, et une instruction factuelle où le vraisemblable s'écroule devant les observations nouvelles. C'est à l'Angleterre de fournir ces observations, des faits divers 'd'un goût nouveau'[11] qui provoquent une réflexion aboutissant soit à une conception plus large du vraisemblable, soit à une vision de la diversité de l'homme qui dépasse les formules traditionnelles.

Dans cette perspective, le cadre anglais permet d'étendre l'observation au monde entier. Non seulement les Anglais 'sont peut-être en toutes sortes de sens le peuple le plus singulier de l'Univers'; leur nation commerçante est 'une espèce de centre où toutes les nouvelles de l'Univers viennent se rendre par les lignes de la Navigation', et Londres est un 'Quartier d'assemblée de tout ce qui arrive d'extraordinaire & de curieux dans le monde' (*PC* III: 51-53, *L* 374). Les étrangers qui y habitent ajoutent ainsi à la couleur et à la variété du journal. L'arrivée d'une belle Italienne, Donna Maria, inspire un récit d'amour et de vengeance dans le goût italien, et le meurtre de M.Herby, Turc londonien avec son harem de jeune filles anglaises, révèle un Orient et un Occident qui se côtoient de la même façon que dans l'*Histoire d'une Grecque moderne*.

Dans la représentation de ce monde divers, le discours narratif joue un rôle primordial. Ce n'est pas le seul discours utilisé; la critique et la réflexion y figurent également. Mais pour présenter les faits divers, rien ne vaut mieux qu'un bref récit, accompagné souvent d'un discours d'un autre genre pour en tirer le sens. Là, à l'encontre de ce qu'on attend du journalisme moderne, la vérité est d'une importance mineure. Un récit fictif peut faire réfléchir autant qu'un conte vrai, et la fiction s'infiltre dans le journal au même titre que la vérité historique dans le roman. Berthiaume[12] et Larkin ont établi, autant qu'il était possible, qu'en beaucoup de cas les sources écrites dont Prévost se réclame sont inexistantes. Ce n'est pas mon but d'ajouter à leurs recherches, mais il importe de noter que l'imagination et la verve narrative de Prévost

---

11   N'oublions pas que *Le Pour et contre* a pour sous-titre *Ouvrage périodique d'un goût nouveau*.

12   P. Berthiaume est responsable du texte des *Contes singuliers*, compilation tirée des anecdotes fictives du *Pour et contre*, dans les *Œuvres de Prévost*, Vol.VII.

contribuent au succès de ces soi-disant reportages tout autant qu'à ses romans. Ses talents narratifs s'exercent également dans des récits vrais et fictifs.

Dans une œuvre périodique dont les feuilles sont courtes, il ne faut pas exiger une concentration soutenue, et la brièveté importe plus que la vérité. La longue intrigue romanesque n'est plus à sa place; il s'agit de faire une impression immédiate dans quelques traits frappants, et pour apprécier le talent de Prévost, on n'a qu'à comparer son texte avec ses sources dans les cas où celles-ci sont identifiables. Berthiaume et Larkin en fournissent maints exemples; Prévost sait ce qu'il faut ajouter, modifier ou même inventer selon le but qu'il se prescrit. Parfois il souligne des traits anglais pour un public d'outre-Manche; l'histoire vraie de Gordon, par exemple, — criminel qui essaie de survivre à sa pendaison au moyen d'un tuyau qui lui permettra de respirer (*PC* I: 154-59, *L* 118-19), — s'embellit de remarques sur les aspects du système pénal en Angleterre que les Français trouveront bizarres, et le tout se présente comme une illustration du goût des Anglais pour les inventions. Quelquefois, l'anecdote diffuse un message moral traditionnel; dans une autre histoire vraie, celle d'un jeune homme dissolu réformé par la mort édifiante de son épouse, l'auteur s'efforce de démontrer que la vertu survit mal dans les villes à cause des mauvais exemples qui y abondent, ce qui ne l'empêche pas d'ajouter des explications sur le 'broken heart', cette maladie dont souffrent les Anglais plus que les autres peuples (*PC* I: 330-36, *L* 190-93).

Dans cette œuvre où prime la variété, l'auteur passe rapidement entre les anecdotes, mais au moyen de toute une série de juxtapositions et de transitions qui en modifient le sens. Que penser, par exemple, d'un numéro qui débute avec des réflexions sages tirées de Montaigne sur le repentir, illustrées de deux exemples d'humbles vieillards anglais exprimant leur pénitence devant la mort, mais où l'on trouve entre les deux l'histoire frivole du Comte de Rochester, jeune débauché qui passe son exil de la cour à trousser des filles, déguisé en cabaretier (*PC* I: 193-204, *L* 134-38)? Le journaliste présente ce récit à la fois comme 'une anecdote agréable' et comme sujet d''une triste réflexion sur la foiblesse de l'esprit humain'. Il est vrai qu'il établit un lien avec un de ses pénitents en laissant supposer que Rochester, à sa mort, fera brûler ses œuvres impies à l'instar dudit pénitent, mais la juxtaposition n'en est pas moins troublante, niant apparemment toute valeur normative aux traits édifiants cités. Shelly Charles a largement étudié cette technique, qu'on retrouvera dans les romans de Prévost, surtout *Le Monde moral*, œuvre inachevée où l'auteur ébauche une grande synthèse édifiante, basée sur des parallèles et des contrastes, mais qui s'écroule sous le poids d'une nature humaine qui résiste à la systématisation[13].

---

13   Voir Francis, *op. cit.*, p. 145.

Le récit journaliste se distingue du récit romanesque par son manque de clôture. Là où le roman impose une forme esthétique à des histoires terminées, le journalisme vit dans l'immédiat, dans un monde d'histoires sans dénouement. Comment expliquer le meurtre d'Herby? Les accusés du meurtre de Cantillon révéleront-ils leurs complices pendant le procès toujours en cours (*PC* IV: 49-55, *L* 526-28)? Qui est l'inconnu qui veut embrasser Sara Malcomb juste avant sa mort sur l'échafaud (*PC* I: 19-21, *L* 59-60)? Et pourquoi la deuxième confession de Molly Siblis lui attire-t-elle l'indulgence du tribunal (*PC* IV: 315-16, *L* 635)? Voilà autant de questions auxquelles la réponse ne peut appartenir qu'à une suite, et Prévost ne nous donne cette suite qu'une fois, dans l'histoire de Donna Maria, cas assez complexe qui mérite une attention spéciale.

Cette histoire s'étend sur cinq numéros[14], elle n'est jamais vraiment terminée et son déroulement ne correspond pas tout à fait à celui qu'on attend au début. D'abord, il s'agit d'une Italienne qui arrive à Londres et se fait protéger par un seigneur anglais avec qui elle disparaît. On dirait une histoire banale de séduction, mais il s'avère que la jeune fille a appris dans les gazettes l'assassinat de son amant italien, le prince Justiniani, et qu'elle a fui sous la protection du seigneur pour le venger. Leur fuite échoue, elle reste en Angleterre et elle semble avoir quelque espoir de trouver un amant anglais, mais on ne sait rien de plus, et on ne sait pas non plus si la mort du prince, seul détail véridique dans une histoire inventée de toutes pièces, sera vengée ou non. Dans ce récit sont confrontés un romanesque italien traditionnel et un monde anglais plutôt réaliste. Comme l'a remarqué Shelly Charles, il s'apparente à l'histoire de Spalding dans son exploitation de plusieurs points de vue et dans le dénouement basé sur un reportage issu des gazettes, hommage que Prévost semble rendre au pouvoir de la presse[15]. Là n'est pas le seul rapprochement aux romans. La situation d'une jeune dame fuyant avec un homme qui paraît être son amant, mais qui n'est en effet que son protecteur dans une quête, fait penser à Fanny, épouse fidèle du héros de *Cleveland*, qui s'enfuit avec Gelin pour conserver l'intégrité de son mariage. Là encore, Prévost s'intéresse aux confusions provoquées lorsque le même événement paraît différent aux yeux de plusieurs observateurs.

Un autre problème plus matériel rapproche l'histoire de Donna Maria à *Cleveland*. On sait que Néaulme fait paraître une continuation anonyme de ce roman lorsqu'il perd l'espoir d'en recevoir de Prévost, et que celui-ci, plus tard, s'efforce de la faire oublier en offrant son propre dénouement, tout à fait

---

14   Il s'agit des numéros 13, 17, 18, 65 et 69; voir aussi la suite apocryphe donnée par Desfontaines dans le numéro 22. Le moyen le plus commode de lire cette histoire est d'utiliser la version donnée par Berthiaume dans son édition des *Contes singuliers* (*Œ* VII: 111-25), mais le texte est modifié de façon à détruire son caractère de feuilleton.

15   Charles, *op. cit.*, p.120.

différent[16]. Il en va de même pour Donna Maria; le *Pour et contre*, on le sait, a été rédigé par Desfontaines[17] pendant l'emprisonnement de Prévost, et il donne sa propre version, d'un romanesque assez banal, de la fin de l'histoire (*PC* II: 169-86, *L* 273-79). Lorsque Prévost reprend le périodique, il se distancie de son prédécesseur, d'abord en insistant — faussement — que c'est une histoire vraie plutôt qu'une fiction, ensuite en donnant plus d'essor que Desfontaines au milieu anglais, avec tous les contrastes de tonalité avec l'Italie que cela implique. Là, la sophistication technique de ce récit aide Prévost à résoudre un problème qu'il aura à affronter en tant que romancier.

La narration à la première personne, qui prédomine dans les romans, est cependant rare dans le *Pour et contre*. L'explication se trouve dans le statut humble du journaliste. La parole même de Renoncour, homme de qualité et témoin oculaire d'événements marquants, suffit à lui accorder une certaine autorité, mais la foi d'un humble journaliste, qui n'ose jamais se présenter comme témoin oculaire, ne suffit pas à garantir l'authenticité de son discours. Lui, il doit s'appuyer sur des sources écrites, et c'est pour cela que le *Pour et contre* est un enchevêtrement de textes divers reproduits, traduits, commentés, comparés et même contrefaits. Si la narration à la première personne y figure, c'est à titre de document-source; ce n'est pas le discours personnel du journaliste.

A ce niveau, la narration à la première personne paraît dans deux contes importants. Dans l'histoire de Molly Siblis, de longs extraits de la confession de la pécheresse sont reproduits textuellement (*PC* IV: 319-35, *L* 636-42). On pense un peu au récit de la dame flamande dans les *Mémoires d'un homme de qualité*, mais Molly, peu capable de générosité, n'a aucun des traits nobles de ce personnage romanesque. Un mystère plane sur cette confession, qui attire l'indulgence des autorités, mais sans qu'on puisse savoir pourquoi. Elle n'amoindrit aucunement l'horreur des crimes de Molly, ses rares expressions de pénitence semblent peu sincères et nul protecteur puissant ne sort des coulisses. Il est vrai que ce texte, qui, il faut le souligner, n'a rien d'authentique, nous est présenté comme un document partiel, et le lecteur est libre d'imaginer le non-dit, mais cela ne fait qu'augmenter le mystère. Comme l'a remarqué Shelly Charles[18], cette histoire gagne à être lue dans le contexte de deux anecdotes du numéro suivant, celle du mariage surprenant de la modeste Miss Intledon et celle de Théodoric, roi des Goths, ce conquérant brutal qui devient un bon roi. L'effet cumulatif est de poser le problème du rapport entre le vrai et le vraisemblable et de faire réfléchir à l'inconséquence morale qui caractérise l'homme, dont le comportement est toujours imprévisible. Shelly Charles conclut que la réussite de la confession

---

16   Voir R.A. Francis, 'Prévost's *Cleveland* and its anonymous continuation', *Nottingham French Studies* 29 (1990), pp. 12-23.
17   Le journaliste qui se substitue à Prévost ne se nomme pas, mais nous suivons la thèse convaincante de Larkin en attribuant cette continuation à Desfontaines.
18   Charles, *op. cit.*, pp. 149-53.

de Molly témoigne du 'pouvoir obscur d'un "document"',[19] source essentielle de l'authenticité dans le *Pour et contre*; ajoutons que dans cette narration à la première personne, où la narratrice devient consciente d'elle-même, l'auteur peut faire ressortir tout ce qui est humain dans ce personnage dont les actions semblent proclamer l'inhumanité.

L'autre récit à la première personne est l'histoire d'un Espagnol naufragé parmi les sauvages de la Jamaïque qui croit conserver la vie et l'honneur de sa seule fille survivante, d'abord en la faisant passer pour une déesse, ensuite en la mariant à son frère pour éviter de s'allier à un domestique ou un sauvage (*PC* IV: 149-78, *L* 567-78). En agissant ainsi, il favorise l'idolâtrie et l'inceste; pour Larkin, le sens de cette histoire se trouve dans le commentaire désapprobateur qui la suit, destiné à faciliter la rentrée de Prévost en France (*L* 839). Il est vrai que le périodique, mêlant des discours de genres divers, se prête mieux que le roman aux commentaires sur les récits, mais ici le commentaire le plus intéressant n'est peut-être pas ce discours moralisateur, mais la réflexion sur l'imagination et l'illusion qui précède le récit, un des rares textes où Prévost laisse entrevoir ses idées sur la création litteraire. Quant au récit lui-même, il évoque un peu le séjour de Cleveland chez les Abaquis, mais là où le héros du roman prend la peine de civiliser les sauvages, l'Espagnol se détache d'eux, montrant peu de curiosité pour leur genre de vie ou leur situation. Cet orgueilleux qui méprise ses inférieurs se rapproche de l'Espagnol stéréotypique qui figure dans plusieurs romans de Prévost, notamment Perés dans *La Jeunesse du Commandeur*, mentor dur et inflexible qui incarne un code d'honneur outré et inhumain. En cela, son histoire se range parmi plusieurs courts récits prévostiens où le sentiment d'honneur porté à l'excès amène des résultats tragiques, notamment le conte du père Célérier dans le *Monde moral*, qui cause la mort de son fils pour un point d'honneur de la même façon que notre Espagnol sacrifie la vertu de sa fille[20].

La première personne paraît une dernière fois, de façon très exceptionnelle, dans le texte le plus célèbre du *Pour et contre*, celui où Prévost répond aux accusations de Lenglet-Dufresnoy en racontant l'histoire de sa vie. Il y aurait trop à dire sur ce passage remarquable qui préfigure l'autobiographie moderne; ici n'est pas le lieu d'étendre notre étude à un troisième genre narratif. Qu'il suffise de remarquer que là encore, dans ce texte où il se justifie, Prévost se construit un personnage qui ne correspond pas tout à fait au vrai Prévost, un personnage légèrement différent du Prévost journaliste et encore plus du Prévost romancier. Il indique cependant une solidarité avec celui-ci en déclarant qu'il 'laisse à juger quels devoient être depuis l'âge de vingt jusqu'à vingt-cinq ans, le cœur & les sentiments d'un homme qui a composé le Cléveland à trente-cinq ou trente-six' (*PC* IV: 38-

---

19    *Ibid.*, p. 133.
20    Voir Francis, *First-Person Narrators...*, p. 143.

39, *L* 521). Et c'est peut-être cette solidarité qu'il faut souligner en guise de conclusion. Malgré tout ce qui sépare le romancier et le journaliste, ces deux rôles que joue Prévost restent cependant des voies par lesquelles il exprime la même vision de l'homme, vision où les vieilles certitudes s'écroulent devant une conscience de la diversité humaine et de la complexité des problèmes moraux, de sorte que peu de questions trouvent des réponses faciles. Dans cette perspective, il ne faut pas s'étonner que le romancier profite parfois des techniques du journaliste, et *vice versa*. Derrière les rôles assumés par cet auteur qui se veut insaisissable, une certaine unité se dessine, et c'est en poursuivant le genre de comparaison que j'ai tenté ici que la cohérence profonde de son œuvre a des chances d'être découverte.

Suzan VAN DIJK
Université d'Amsterdam

# Fictions revues et corrigées: Marie-Jeanne Riccoboni en face de la critique contemporaine

Il sera question ici de ce type de fictions au deuxième degré, dont on peut se demander qui en est l'auteur et quel est son objectif. Tout en se présentant sous la forme de *comptes rendus de* fictions, ces textes confrontent directement leur public avec des héros et des héroïnes, puisque les prétendus commentaires se composent pour une très large part de résumés et d''extraits' des romans commentés. Dans son étude sur la structure de ces comptes rendus[1], Claude Labrosse fait apparaître la différence entre les deux façons de traiter le texte romanesque. Si lors d'une citation, 'le périodique semble s'effacer pour laisser parler le roman', et que 'celui qui cite s'absente dans le texte qu'il lit' (p. 91), ce journaliste-lecteur sera d'autant plus présent quand il se met à résumer. Dans les paroles de Labrosse, 'le lecteur devient alors très proche parent d'un éditeur et d'un censeur' (p. 100).

D'autre part, ces résumés ont certainement pu être lus pour leur propre compte. Ils préfigureraient alors les 'extraits', 'miniatures' et autres résumés de fictions qu'allaient présenter à leurs lecteurs la *Bibliothèque Universelle des Romans*[2] et autres séries, périodiques ou compilations de la même trempe. Ainsi, ces articles souvent dominés — quantitativement — par le résumé ont dû contribuer à la réputation des romans en question. Cependant, vu l'attitude de censeur qui aurait été aussi celle du journaliste, une certaine méfiance est à sa place. En effet, comme le précise Labrosse, les journalistes sont allés jusqu'à 'découper, remonter, réécrire, *s'approprier* le roman' (p. 100, mes italiques). Autrement dit, le journaliste a pu 'être conduit à le tronquer, soit qu'il y soit contraint par la relative brièveté de son article, soit qu'il traduise ainsi un choix esthétique' (p. 98).

On peut se demander — me semble-t-il — si les tronquages sont toujours et uniquement dus à des choix esthétiques; si des questions d'ordre idéologique et des différences de point de vue n'ont pas joué de rôle dans

---

1   Claude Labrosse, 'Fonctions culturelles du périodique littéraire', notamment la 2e partie 'La lecture du roman dans le périodique littéraire', dans Claude Labrosse et Pierre Rétat, *L'Instrument périodique. La fonction de la presse au XVIIIe siècle*. Lyon, Presses Universitaires de Lyon, 1985, pp. 71-138.

2   Voir Angus Martin, *La Bibliothèque Universelle des Romans, 1775-1789. Présentation, table analytique, et index. Studies on Voltaire and the Eighteenth Century*, 231, Oxford, The Voltaire Foundation, 1985.

l'appropriation que faisait l'esprit critique de l'un de l'imaginaire de l'autre. Plus précisément: comment ces journalistes ont-ils réagi à ce qui ne leur convenait pas, se trouvant dans la position enviable de pouvoir, en plein public, 'reconstituer le sens' d'un tel texte (p. 127)?

Je pose particulièrement ces questions à propos de certains romans longtemps appelés 'féminins', dont à l'heure actuelle on découvre la portée 'féministe'[3]; et je prends comme exemples deux romans de Marie-Jeanne Riccoboni (1713-1792). Les hommes figurant dans ses romans, du moins ceux qu'elle présente en tant que maris — morts ou vivants, réels ou de ceux dont on envisage la candidature — ont souvent le mauvais rôle. On en avait une certaine habitude depuis Lovelace, mais Riccoboni considère ces individus comme des représentants de la gent masculine et, à ce titre, les fait mettre en accusation par certains personnages féminins.

En effet ce sont des femmes qui dominent ces romans, même si c'est en étant relativement effacées. Elles cadrent bien avec les normes du féminin, ne tentent pas de sortir de cette sphère restreinte qui leur est accordée, et vivent donc assez peu d'événements. Ils sont de ceux qui concernent le domaine strictement privé: rencontres, abandons, amours, jalousies, bref, le terrain où a lieu le face-à-face le plus direct entre hommes et femmes. Mais ces femmes-là disposent de la parole la voix narrative ainsi — que la focalisation sont généralement féminines[4] — et elles en profitent, notamment pour formuler, à partir des événements et sous la forme de sentences générales[5], des attaques adressées aux hommes.

Or, les journalistes qui sont passés à l'acte de l'appropriation, en résumant les romans, sont des hommes[6]. Comment ont-ils réagi aux

---

3    Grâce notamment aux travaux de Joan H. Stewart et de Susan S. Lanser. L'importante étude de cette dernière sur la parole auctoriale féminine me servira ici de référence, notamment le chapitre 2, intitulé 'The Rise of the Novel, the Fall of the Voice: Juliette Catesby's Silencing' (*Fictions of Authority. Women writers and narrative voice.* Ithaca/Londres, Cornell University Press, 1992, pp. 25-41).

4    Le cas de Mylord Rivers, narrateur masculin, sur la fin de sa carrière serait à considérer à part et à rapprocher de celui de Walter Finch chez Isabelle de Charrière; je me permets de renvoyer à mon article 'Narratrices et narrateurs dans des romans "féministes". A propos d'Isabelle de Charrière, *Sir Walter Finch et son fils William'*, dans Brigitte Heymann et Lieselotte Steinbrügge (éd.), *Genre — Sexe — Roman. De Scudéry à Cixous.* Francfort/M. etc., Peter Lang, 1995, pp. 65-81.

5    Ces maximes riccoboniennes, qui tout en représentant une tendance de l'époque, se distinguent par leur perspective de contestation féminine, ont été étudiées plus particulièrement par Olga B. Cragg dans son édition de l'*Histoire du Marquis de Cressy. Studies on Voltaire and the Eighteenth century,* 266, Oxford, The Voltaire Foundation, 1989, pp. 1-123. Pour ce roman elle en procure l'inventaire (pp. 109-113).

6    Même pour le *Journal des Dames,* dirigé pourtant trois fois par une femme, il me semble possible d'affirmer que la critique littéraire n'y est guère confiée à des femmes; je renvoie au chapitre IV de ma thèse, 'Le *Journal des Dames,* 1759-1778; les journalistes-dames et les autres' (*Traces de Femmes. Présence féminine dans le journalisme français du XVIIIe siècle.* Amsterdam/Maarssen, Holland University Press, 1988, pp. 134-185). Précisons que tous mes points de vue ne sont pas partagés

attaques? Bien, pourrait-on dire, car c'est avec force éloges que les romans riccoboniens sont présentés dans la presse[7]. La bonne réputation de la romancière n'est pas seulement attestée mais encore promue efficacement — du moins dans les passages où un jugement est prononcé sur la qualité du texte[8]. Mais ce n'est pas là que nous avions décidé de porter le regard, et dans ce qui suit nous allons confronter les fictions telles que rendues par les critiques, à celles qu'avait données Riccoboni elle-même dans deux de ses romans, l'*Histoire du Marquis de Cressy* (1758) et les *Lettres de Milady Juliette Catesby* (1759)[9].

Ces deux textes sont peut-être les premiers romans non-autobiographiques qu'elle ait publiés[10]. Elle y utilise comme point de départ le même schéma, à savoir celui d'un homme qui trompe plusieurs femmes: son épouse légitime et une (*Catesby*) ou deux (*Cressy*) autres; l'épouse en

---

par Nina Gelbart dans son étude *Feminine and Opposition Journalism in Old Regime France. Le Journal des Dames* (Berkeley etc., University of California Press, 1987). L'intérêt de ce débat est bien montré dans l'article de Angus Martin, 'Fiction and the female reading Public in Eighteenth-Century France: The *Journal des Dames* (1759-1778)' (*Eighteenth-Century Fiction*, 3 (1991), pp. 241-258). Il n'en sera plus question ici cependant, puisque par la suite je ne serai pas amenée à utiliser des comptes rendus publiés par ce journal.

7   Pour la présente étude nous nous basons sur les comptes rendus suivants: pour l'*Histoire du Marquis de Cressy*: *Année Littéraire* (*AL*) 1758, t. IV, pp. 121-128 *Journal Encyclopédique* (*JE*) juin 1758, t. IV, 2e partie, pp. 89-102; pour les *Lettres de Juliette Catesby*: *Année Littéraire* (*AL*) 1758, t. VIII, pp. 289-302 *Correspondance Littéraire* (*CL*) avril 1759, t. IV, pp. 98-99 (éd. Tourneux) *Journal Encyclopédique* (*JE*) mai 1759, pp. 112-127 *Mercure de France* (*MF*) juin 1759, pp. 73-87 *Observateur Littéraire* (*OL*) 1759, t. I, pp. 314-331. Il est clair que ces périodiques présentent entre eux d'importantes différences qui se reflètent parfois dans les articles utilisés; pour l'instant, vu l'espace restreint dont je dispose, j'ai décidé de ne pas en tenir compte.

8   Par exemple dans cette déclaration de Fréron sur l'*Histoire du Marquis de Cressy*: 'Ce Roman [...] a eu un grand succès, et il le mérite. Il est écrit avec autant d'esprit que d'élégance, et joint la délicatesse des sentiments aux grâces du style, la vérité des caractères à la chaleur de l'intérêt, la variété des tours à la finesse des réflexions. [etc.]' (*AL*, pp. 127-8).

9   Éditions utilisées ici: *L'Histoire du Marquis de Cressy*, éd. Alix S. Deguise. Paris, Des femmes, 1987; *Lettres de Milady Juliette Catesby à Milady Henriette Campley, son amie*, éd. Sylvain Menant. Paris, Desjonquères, 1983.

10  Si on décide de ne pas tenir compte de *La Suite de Marianne*, composée vers 1751, et publiée en 1760, et que l'on considère comme autobiographiques ses *Lettres de Mistriss Fanni Butlerd*, parues en 1757. L'interprétation autobiographique de ce roman est par ailleurs contestée, notamment par Aurora Wolfgang, dans sa contribution au 8e Congrès International des Lumières (Bristol, 1991): 'Fallacies of literary history: the myth of authenticity in the reception of *Fanni Butlerd*' (*Studies on Voltaire and the Eighteenth Century*. 304, Oxford, The Voltaire Foundation, 1992, pp. 735-39).

mourra[11]. Du point de vue de la narration — qui nous occupe ici — on remarque cependant cette différence que le premier publié de ces romans contient une instance narrative hétérodiégétique et féminine, alors que le second est un roman épistolaire sans intervention d'un rédacteur ou rédactrice, et sans aucun métadiscours tel que préface ou postface.

## Les *Lettres de Juliette Catesby*

Commençons par celui des deux qui est épistolaire, comme la plupart des romans de cette romancière. L'héroïne, Juliette Catesby, est une de ces femmes vivant une vie peu chargée d'événements. Mais ceux qui lui arrivent font naître des sentiments qui l'occupent et la préoccupent tout entière, et qui forment les sujets des lettres échangées entre elle et une amie plus jeune. Elle ne s'en tient pas à l'expression pure et simple de ce qu'elle éprouve mais poursuit toute une réflexion à ce sujet. Elle est ainsi amenée à formuler ces déclarations, qui dépassent la fiction d'où elles émanent et en sont la raison d'être — les sentences qui, souvent, remettent en question les rapports de forces entre hommes et femmes. La partialité y est systématiquement du côté des femmes, comme dans l'exemple suivant:

> Esclaves de leurs sens, lorsqu'ils *paraissent* l'être de nos charmes, c'est pour eux qu'ils nous cherchent, qu'ils nous servent; ils ne considèrent en nous que les plaisirs qu'ils espèrent de goûter par nous. (p. 97, lettre XXII, mes italiques)

Tout concourt à mettre en accusation les personnages masculins, et par extension toute la catégorie qu'ils représentent:

> cet homme est audacieux... Eh ne le sont-ils pas tous? (p. 8, lettre I)
> cet infidèle n'a point d'idée des chagrins qu'il m'a donnés... Mais un homme comprend-il les peines qu'il peut causer? (p. 92, lettre XXI)

Que Juliette et Riccoboni aient eu tort ou raison, les femmes parmi le public sont prises dans la confidence, et ont pu trouver de quoi reconnaître. D'autant plus que l'amertume à propos de la quasi-inexistence d'hommes fidèles et dignes de nos cœurs se trouve contrebalancée par les sentiments amoureux que Juliette ressent et continue à ressentir pour l'homme qu'elle avait fui. Riccoboni évite donc de faire des caricatures de ses personnages, et se contente d'adopter — mais rigoureusement — un point de vue qui est le sien propre et celui d'une grande partie de son lectorat. Elle montre les dilemmes où des femmes arrivent à se trouver, tombées victimes du comportement des hommes, et que ceux-ci ne sauraient, par définition, vivre de la même façon.

---

11   Par suicide (Madame de Cressy) ou presque: 'Her death [...] is [...] virtually the suicide she once threatened' (Lanser, *op. cit.*, p. 29).

C'est ainsi que dans ce roman, Riccoboni oppose Juliette, libre car veuve, à cet homme exceptionnel, 'digne de [son] cœur... si pourtant il est un homme au monde digne de la tendresse d'une femme qui pense bien' (p. 16, lettre IV). L'exceptionnalité n'est en effet qu'apparence, car au moment où elle était presque mariée avec lui, il disparaît pour en épouser une autre. Juliette ne comprend rien à ses motifs — non-compréhension totale sur laquelle s'ouvre le roman. On y assiste à la fuite de l'héroïne, qui occasionnera la série de lettres dont le roman est composé. Ce n'est que dans la deuxième moitié de l'ouvrage que le public (tout comme Juliette) saura ce qui avait précédé pour décider D'Ossery à cet autre mariage. Il lui était arrivé, 'par erreur' et malgré son amour pour Juliette, de séduire une jeune fille, que son honneur l'avait obligé à épouser. Tout devient donc clair, mais pas plus facile pour Juliette à accepter, ni surtout à pardonner. Cependant elle finit malgré tout par se laisser épouser: dénouement que l'on ne peut juger qu'artificiel (il fallait déjà faire mourir l'autre femme) et, surtout, en contradiction avec tout ce que l'héroïne avait exprimé auparavant[12]. De tout cela Juliette se montre explicitement consciente, en parlant du 'piège' qu'est le mariage (p. 173). Riccoboni (il fallait bien vivre) a visiblement réalisé ici un compromis, sans doute à l'intention de ses critiques. Mais, comme le fait remarquer aussi Lanser, ce n'est pas sur ce mariage que s'achève le texte du roman. Dans une dernière lettre de Juliette à son amie Henriette Campley 'the husband [...] gets (symbolically) abandoned, [...] on the very day after the marriage it is Henriette without whom there will be "no pleasures"' (p. 39).

Dans les réactions prises en considération ici, les commentateurs n'ont rien à dire sur cette ultime lettre, par contre ils ne s'étonnent point sur le dénouement de l'intrigue, qui 'quoique prévu, [était] attendu avec impatience' (*OL*, p. 331-2), et qu'ils approuvent. Ces approbations, qui semblent tenir peu compte des sentiments contradictoires de Juliette, sont prononcées par les mêmes instances responsables des divers résumés. Il s'agit là de ce que Gérard Genette appelle des 'résumés descriptifs' (contrairement aux 'digests'), qui, inévitablement[13], ont été munis d'une instance narrative, un 'je' qui, comme le remarque encore Genette, est la propriété exclusive du résumeur (p. 284). Ce narrateur introduit est visiblement très proche du lecteur qu'avait été le journaliste: aussi homme que lui et comprenant bien mieux qu'elle-même la situation où, au début du roman, se débattait Juliette. Le fait d'avoir lu l'a rendu 'omniscient', là où il avait été ignorant au début.

---

12  Comme le formule Lanser: 'Juliette "falls" from a subject whose analysis created the basis for a feminist politics into membership in a sexual class — and in a movement so rapid that the angry discourse comes to seem almost self-parody' (*op. cit.*, pp. 30-31).

13  Le roman épistolaire, pas plus que la pièce de théâtre citée par Genette, ne se laisse résumer autrement (*Palimpsestes. La littérature au second degré*. Paris, Seuil, 1982, p. 282).

La présentation de l'intrigue de ce roman se fait sans doute plus aisément et plus méthodiquement en suivant l'ordre chronologique. En effet, assez généralement les journalistes le rétablissent. Cela amène à commencer le résumé par ce qui dans le roman n'était révélé qu'au milieu, et à sauter toute la problématique des angoisses féminines dues à l'incertitude. Le début en devient d'autant plus tranquille:

> Milady Catesby, jeune veuve de dix-huit ans, habitait à Londres avec sa cousine Milady d'Oremond nouvellement mariée. (*JE*, p. 112)

ou même:

> Milady Catesby [...] vivait à Londres *dans une parfaite indifférence* (*AL*, p. 289, mes italiques)

Les incertitudes de Juliette disparues, la méfiance à l'égard de D'Ossery devient superflue. Les nouveaux narrateurs lui font davantage confiance que ne l'avait fait Juliette. Dans l'exposé chronologique, l'un d'eux utilise des lettres d'explication écrites par D'Ossery, que Juliette avait insérées dans les siennes pour les faire lire à son amie. Mais elle l'avait fait en les présentant comme peu fiables:

> lisez, je vous en prie, l'exacte copie de son insolente lettre... Non, cet infidèle n'a point d'idée des chagrins qu'il m'a donnés. (p. 92, lettre XXI)

De par leur point de vue masculin, les narrateurs-résumeurs se solidarisent avec l'homme[14], qui finalement aurait souffert autant qu'elle. Pour eux, il n'est que juste que Juliette 'pardonne' et se laisse épouser:

> Tout fut oublié, tout fut réparé par un heureux hymen qui effaça le souvenir de *leurs* peines. (*MF*, p. 84, mes italiques)

La réécriture finit donc par se présenter comme une correction du roman, rendue malgré tout 'plausible' par le dénouement dont Riccoboni elle-même avait muni son intrigue, et que nous venons de qualifier comme artificiel.

De plus, après avoir banalisé les événements par le changement de l'ordre de présentation et de la perspective, ce narrateur en prescrit l'évaluation: le pessimisme foncier de Riccoboni sur les possibilités qu'ont les femmes de trouver le bonheur dans le mariage, est remplacé par un message optimiste qui semblerait plutôt s'adresser aux hommes: l'espoir est permis, puisque même Juliette a fini par oublier 'sa fureur' et par pardonner.

---

14   Et ce que Lanser appelle sa 'counterstrategy: if he is to win her over he must enter Juliette's text, displace her voice, and turn her from narrator to narratee' (*op. cit.*, p. 28).

On peut considérer le roman (d'un côté) et les diverses réécritures (de l'autre) comme deux prises de position par rapport à une situation courante[15]. La position féminine, qui dans la réalité ne s'exprime qu'en privé, à savoir dans des lettres à des amies, est explicitée ici par des sentences peu équivoques, employées dans des lettres du même type; elles sont imaginaires, *mais* devenues aussi lettres ouvertes[16]. La position masculine se montre dans les distorsions auxquelles procède la critique et qui servent à minimiser la faute dont l'homme était accusé[17]. Ainsi d'après ces journalistes, Juliette *n'est* pas trahie, mais *'se croit* trahie par l'amant qu'elle *adore' (MF*, p. 74, mes italiques). La trahison est décrite comme *'un tort qui n'était pas même une infidélité' (JE*, p. 123), comme *'la petite aventure* de l'après-souper' *(OL*, p. 332). Ce qui fait que Juliette ne peut qu'être 'trop heureux [sic] *de le trouver bien moins coupable qu'il n'y paraissait,* [et qu']elle *ne p[e]ut lui refuser son pardon' (MF*, p. 84).

En d'autres termes, si la diégèse est maintenue, les conclusions masculines formulées dans le résumé sont opposées à celles que tiraient des événements la correspondante et, sans doute, la romancière. Les nouveaux narrateurs — impliqués dans l'affaire par les attaques qui leur sont adressées aussi — ont tendance à nier des problèmes en les faisant disparaître dans le nouvel ordre qu'ils adoptent pour présenter les événements, et en faisant en sorte que les angoisses et colères n'aient plus de raison d'être. Il n'est plus guère besoin de parler des attentes et des inquiétudes qui font le sujet des premières lettres du roman. Celles-ci sont en effet jugées trop longues ou carrément superflues:

> Peut-être l'auteur n'aurait-il pas mal fait de serrer un peu davantage les premières lettres de son roman. (*CL*, p.98)

'On ne sait ce que les premières lettres signifient', remarque l'*Année Littéraire*, qui donne le conseil de les lire 'rapidement', car alors 'elles ne fatiguent point' (*AL*, p. 300-1).

L'effet est que l'homme mis en cause dans le roman, est facilement excusé dans la 'réponse' que forme le compte rendu où la gent masculine peut faire des plaidoyers pro domo, en ayant recours à tous les moyens sans excepter celui de la mauvaise foi: quand Juliette écrit à son amie qu'elle

---

15  En effet, selon l'*Observateur Littéraire*, c'est une situation *commune* (*OL*, p. 332); d'après l'*Année Littéraire*, c'est un sujet on ne peut plus 'simple': 'une femme quittée par un homme qui a fait un enfant à une autre, et qui revient à sa maîtresse après la mort de celle qu'il avait épousée par un sentiment généreux' (*AL*, p. 300).

16  Par la publication dans le *Mercure de France* (janvier 1757) de la dernière des *Lettres de Fanni Butlerd*, Riccoboni avait déjà montré que pour elle la frontière était floue.

17  Cf. Lanser: 'A conventional (androcentric) reading could well make the episode with Jenny a peccadillo' (*op. cit.*, p. 29). Elle attire l'attention sur le fait que Sylvain Menant, en 1983, procure encore cette même lecture.

plaignait D'Ossery 'parce qu'il désirait d'être plaint' (p. 69, lettre XIV), le *Journal Encyclopédique* traduit: 'elle plaignait son amant plus qu'elle ne l'accusait' (*JE*, p. 118).

Pour comprendre un roman épistolaire, le lecteur 'est prié d'être intelligent', avait déclaré Jean Rousset[18]. Ce n'était peut-être pas l'intelligence qui faisait défaut ici: les journalistes (dans les termes de Rousset) se sont vus invités 'à reconstituer une partie de la réalité qu'on [leur] dérob[ait]', et ont profité des possibilités qui s'offraient — notamment celle de passer à une 'transfocalisation narrative'[19], rendue très facile par cette absence de narrateur ou narratrice[20]. On se demande alors si les romans non-épistolaires ont connu en effet un meilleur sort, si l'*Histoire du Marquis de Cressy* a subi moins de changements. En effet, après avoir tâté de la lettre ouverte (voir note 16) et du périodique spectatorial (*L'Abeille*[21]), Riccoboni y avait pratiqué la narration à la troisième personne.

## L'*Histoire du Marquis de Cressy* (1758)

Si dans les *Lettres de Juliette Catesby* Riccoboni passait à un compromis au niveau de l'intrigue et peut-être à celui de la forme[22], elle ne l'avait pas fait dans l'ouvrage précédent: ayant constaté les infidélités du Marquis son mari, l'héroïne finit par se suicider. Aussi la désapprobation de la critique est-elle générale[23] et durable.

Dans ce roman, la perspective féminine est carrément exprimée par l'emploi d'une narratrice[24]. Alors que pour les *Lettres de Juliette Catesby* le

---

18    Cf. 'Une forme littéraire: le roman par lettres', dans *Forme et Signification: Essais sur les structures littéraires de Corneille à Claudel*. Paris, José Corti, 1962, p. 80.
19    Genette, *op. cit.*, p. 285.
20    L'étude très détaillée faite par Claude Labrosse de la réception de cet autre roman épistolaire, *La Nouvelle Héloïse*, insiste également sur ce genre de questions. Inévitablement, elle fait ressortir surtout les pertes qui surviennent en passant du roman au résumé, notamment par le fait que le résumé 'ne peut éviter de placer tous les personnages sur le même plan' (*Lire au XVIIIe siècle. La Nouvelle Héloïse et ses lecteurs*. Lyon/Paris, P.U.L./C.N.R.S., 1985, p. 151).
21    Voir ma communication 'Madame Riccoboni: romancière ou journaliste?', dans les *Actes du 8e Congrès International des Lumières. Studies on Voltaire and the Eighteenth Century*. 304, Oxford, The Voltaire Foundation, 1993, pp. 772-75.
22    L'épistolaire, considéré comme genre féminin, grâce à Madame de Sévigné et encore plus à Richardson, est décrit par Lanser comme étant 'the narrative mode that [...] channeled female voice into forms that contained and defused it, mimizing the power of "free speech" to destabilize patriarchal culture and undermining the potential [...] for [...] women to maintain an enduring literary authority' (p. 26).
23    Formulée également dans *The Monthly Review* de mai 1759 (voir la contribution de Simon Davies, pp. 29-40).
24    Celle-ci se révèle comme féminine dès les premières pages: lorsqu'il est question de jeunes filles avouant leur amour à un homme, elle enchaîne en disant que ce sont là des aveux dangereux, 'dont un amant conteste la vérité jusqu'au moment où de

problème était que 'no textual voice corroborates her positions' de sorte que 'her words can be dismissed as a temporary lapse', on écoute ici une voix féminine qui possède 'an authority that is more than private and fictional'[25]. Elle va servir d'appui à la Marquise. Celle-ci s'appelle d'abord Comtesse de Raisel, et est veuve — mais une veuve beaucoup plus naïve que Juliette Catesby et les autres, qui figureront plus tard dans les romans riccoboniens, et qui vivent leur veuvage à peu près comme le fera Mme de La Pommeraye ('cette femme [qui] avait été si malheureuse avec un premier mari, qu'elle [...] aurait mieux aimé s'exposer à toutes sortes de malheurs qu'au danger d'un second mariage'[26]). Madame de Raisel, elle, va devenir Marquise de Cressy sans avoir mis le Marquis à l'épreuve, et doit constater assez vite, elle aussi, qu''elle n'[est] plus aimée' (p. 600). Comme la Pommeraye, elle est habituée à 'examiner de près ce qui se passe dans les replis les plus secrets de son âme et à ne s'en imposer sur rien' (p. 602), mais elle n'a pas la même indignation tranquille ni cet esprit vindicatif. Madame de Cressy en étant incapable, c'est la narratrice qui à sa place mettra en jeu 'ses grands ressorts' (p. 622). Car entre celle-ci et son personnage il existe la même solidarité qu'entre l'hôtesse de Jacques et Mme de La Pommeraye[27]. Comme l'a fait déjà remarquer Olga Cragg, les sentences à portée féministe sont surtout proférées par cette narratrice[28], qui dès le départ se montre hargneuse à l'égard du Marquis. Voici comment elle le présente:

Parmi ceux qui s'étaient distingués dans la dernière campagne [de la guerre d'Espagne], le marquis de Cressy, par une attention particulière du Prince [le duc de Vendôme] qui l'aimait, avait eu occasion de montrer ce que peuvent le zèle, le courage et la fermeté dans le cœur d'un Français; *heureux si des qualités si nobles eussent pris leur source dans l'amour de la patrie et dans cette généreuse émulation naturelle aux belles âmes, plutôt que dans un désir ardent de s'avancer, d'effacer les autres et de parvenir à la plus haute fortune.*

Elle décrit ensuite le Marquis comme quelqu'un qui possède

une grande naissance, une figure charmante, mille talents, *une humeur complaisante,*

---

preuve en preuve il *nous* conduit à lui en donner une, après laquelle le doute se dissipe et le désir s'envole.' (p. 26, mes italiques).
Dans le *Journal Encyclopédique*, ce même passage est cité littéralement, à l'exception du pronom personnel à la première personne, où le journaliste est obligé de prendre ses distances — ce qu'il fait: 'de preuve en preuve il conduit *une femme* à lui en donner une' (p. 91).

25  Lanser, *op. cit.*, p. 31 et p. 41.
26  Diderot, *Jacques le Fataliste*, éd. Henri Bénac, Paris, Garnier, 1962, p. 599.
27  Cf. par exemple: 'Je ne vous ferai point le détail de toutes nos extravagances quand on nous délaisse, vous en seriez trop vains' (p. 613).
28  Pas aussi exclusivement d'ailleurs qu'elle le suggère: 'Ni Mme de Raisel ni Adélaïde ni aucun autre protagoniste du roman ne se sert manifestement de discours globalisants, ni de formules d'observations générales, ni de maximes' (Cragg, *op. cit.*, p. 30).

> *l'air doux, le cœur faux*, beaucoup de finesse dans l'esprit, *l'art de cacher ses vices et de connaître le faible d'autrui*,

et elle commente, en passant aux généralisations:

> Un tel caractère réussit presque toujours. *L'apparence des vertus est bien plus séduisante que les vertus mêmes; et celui qui feint de les avoir, a bien de l'avantage sur celui qui les possède.* (pp. 21-2, mes italiques)

Dans ce récit où la chronologie des événements est respectée, il y a tout de même, ainsi, anticipation sur le déroulement ultérieur. Le récit est placé sous le signe de la dénonciation des fausses apparences, qui était aussi un des éléments présents dans les *Lettres de Juliette Catesby*.

Le ton donné dans ce début va être maintenu, et la hargne amplement justifiée dans la suite de l'intrigue par le sort qui est fait à Madame de Cressy, victime disposant d'une grande force de caractère. Sa douceur, qui sera vantée par les critiques, ne l'empêche pas de se faire donner par le mari son thé empoisonné, et de lui annoncer alors sa mort imminente tout en le déclarant responsable:

> Vous allez perdre une amie dont vous n'avez pas connu le cœur [...]. Vous l'avez toujours trompée, cette amie; vous l'avez négligée, trahie, abandonnée [...]. (p. 126)

Il est vrai que cette mise en accusation va être 'contredite' par un retour en arrière semblable au mariage finalement accepté par Juliette Catesby. La Marquise, qui venait d'exprimer le souhait de n'être pas regrettée assez 'pour que son souvenir trouble la tranquillité de votre vie' (p. 126), rentre à nouveau dans le piège tendu par les apparences de la tendresse. Les regrets et les larmes du mari ne la poussent quand même pas à regretter son acte: '"Je meurs contente", s'écria-t-elle, "puisque je meurs dans vos bras, honorée de vos regrets, et baignée de vos larmes [...]"' (p. 129).

C'est alors que la narratrice se manifeste. Elle ne tient aucun compte de ce renversement de dernière minute, et fait observer que, concrètement, les 'marques de sa tendresse [...] étaient inutiles' à la Marquise (p. 129). Si cet homme criminel ne passe pas devant le juge, la narratrice — omnisciente — jouit de sa vengeance dans la dernière phrase de son récit: 'Il fut grand, il fut distingué; il obtint tous les titres, tous les honneurs qu'il avait désirés: il fut riche, il fut élevé, mais il ne fut point heureux' (p. 130). En punissant Cressy, la narratrice vise *les* hommes. Les généralisations des sentences n'en sont pas les seules preuves. Bien plus optimiste sur les effets de son entreprise que l'hôtesse de Jacques[29], elle donne au roman un caractère de manifeste[30].

---

29  Celle-ci précise, avant de la raconter, que la vengeance de Mme de La Pommeraye 'a éclaté et n'a corrigé personne; nous n'en avons pas été depuis moins vilainement séduites et trompées' (p. 613).

30  Déjà présent dans la dernière lettre de Fanni Butlerd (voir n. 16), et dans la première version des *Lettres de Madame de Sancerre*, qui faisait partie de *L'Abeille*.

Dans un passage crucial à cet égard, elle quitte la diégèse pour s'adresser aux hommes — hors de son récit — qui seraient du côté du Marquis. Après un commentaire quasi-juridique sur ce qui vient de se passer, où elle argumente qu'un homme n'a pas le 'droit' d'"échauffer dans notre cœur le germe du sentiment', et que par contre Mademoiselle Berneil[31] avait droit aux 'plus grands égards' puisque 'son malheur devait la rendre respectable aux yeux de Monsieur de Cressy', elle enchaîne: 'Ô vous, qui payez d'un prix si cruel les faveurs que vous obtenez, comment osez-vous vous plaindre quand on vous en refuse?' (pp. 113-4).

Ni de la dernière phrase, ni de cette apostrophe, on ne trouve de trace dans les deux comptes rendus que j'ai pu étudier. A moins qu'il ne faille considérer comme une 'trace' ce refus du dénouement:

> Le dénouement [..] est absolument vicieux (*JE*, p. 101)
> le dénouement surtout a eu des contradicteurs. On est fâché de voir mourir d'une mort aussi tragique la Marquise de Cressy. On lui [à madame de Cressy] trouve l'âme trop vertueuse et les passions trop douces pour la faire finir par ce genre de mort. (*AL*, p. 128)

La responsabilité de Cressy n'est pas mentionnée, au contraire, la seule façon de comprendre le geste de Madame de Cressy, ce serait en considérant 'qu'une personne douce et tendre se livre plus qu'une autre à cette profonde douleur qui rejette toute consolation, et qui conduit à se donner la mort' (*AL*, p. 128). De cette façon une partie de la responsabilité est imputée à Madame de Cressy, ainsi qu'à Mademoiselle de Berneil — personnage tout de même secondaire —, puisque la Marquise aurait été 'le jouet de *deux* perfides' (*AL*, p. 125). Sur ce point, Fréron, rédacteur de l'*Année Littéraire*, tendrait donc, ici aussi, à retravailler l'intrigue pour 'rectifier' les choses. Dès le début du compte rendu, il avait pris l'apparence (dénoncée comme fausse par la narratrice) pour la réalité, en choisissant avec beaucoup de précaution parmi les éléments de la présentation:

> Le Marquis de Cressy, après s'être distingué à l'armée, parut à la Cour avec cet éclat que donnent une grande naissance, une figure charmante, beaucoup d'esprit, une brillante fortune et mille talents. (*AL*, pp. 121-2)

La même présentation avait été rendue avec plus de fidélité dans le *Journal Encyclopédique*. Pierre Rousseau y a saisi l'attitude négative de la narratrice, et sans adopter son ton hargneux, il mentionne la fausseté qui caractérise ce personnage:

> Le héros de ce Roman est le Marquis de Cressy, homme d'une grande naissance, d'une figure charmante, dominé par *une ambition démesurée, à laquelle il sacrifie l'amour* dont il est pénétré, et les vertus *dont il n'a que l'apparence*. (*JE*, p. 89)

---

31  L'équivalente de 'la d'Aisnon fille'.

Par la suite, il sera question de 'l'odieux procédé dont [le Marquis] venait de se souiller' (*JE*, p. 93), de son 'art infini pour tromper une personne que son amour avait déjà trompée en sa faveur' (*JE*, p. 96), et de 'l'amour outragé d'une manière si cruelle et si sensible [par le Marquis] dans le cœur de la Marquise' (*JE*, p. 100). Seraient-ce les effets positifs de l'emploi d'une narratrice? La critique qu'elle exerce à l'égard du personnage masculin a été reconnue comme telle, et par là sa 'narrative authority'[32].

Néanmoins, si le *Journal Encyclopédique* ne fausse pas les intentions de Riccoboni sur la façon de considérer l'intrigue, il n'a pas, me semble-t-il, rendu la valeur qu'elle y attache. Notamment, le fait que Cressy représenterait *les* hommes n'est pas reconnu. Au contraire, le journaliste cherche à en faire un cas rare, à indiquer tout au moins que lui-même est différent: la 'haine [que le lecteur ressent] contre le Marquis [...] n'est pas aussi forte qu'elle devrait l'être [...]. On est fâché de ne pas le haïr autant qu'on voudrait' (*JE*, p. 101)[33]. Riccoboni avait davantage modelé ce roman sur la 'public proclamation' que sur la 'private confidence'[34], mais le cas qu'elle décrit comme un exemple est ainsi réduit à un cas particulier[35].

## Message reçu?

Les sentences, qui formeraient le substantiel du message que Riccoboni entend faire passer dans ces deux romans, n'ont pas réellement été reçues. Certes, celles que prononce la narratrice de l'*Histoire du Marquis de Cressy* ont été remarquées: l'*Année Littéraire* dit admirer 'la finesse des réflexions' (*AL*, p. 128), mais Fréron ne semble pas en avoir été gêné, pas plus que Pierre Rousseau, qui suggère que ce n'est pas la première fois qu'il entend ces 'réflexions courtes, prises dans l'usage du monde' (*JE*, p. 102).

Pour les *Lettres de Juliette Catesby*, il arrive à certains journalistes d'être frappés des formules mises sous la plume de Juliette, et même, dans le *Mercure de France*, de citer une de ses accusations:

> Les hommes ont de ces oublis; leur cœur et leurs sens peuvent agir séparément [etc.]
> (*MF*, p. 86; p. 167, lettre XXXVI)

---

32  Lanser, *op. cit.*, p. 29.
33  D'ailleurs pour Rousseau comme pour Fréron, la responsabilité criminelle est partagée, et Hortense de Berneil, 'on aurait dû [la] faire plus méchante pour mieux contraster avec la Comtesse sa bienfaitrice qu'elle a la lâcheté de trahir' (*JE*, p. 101).
34  Cf. Lanser, *op. cit.*, p. 33.
35  C'est d'ailleurs exactement la réaction de l'éditeur moderne devant les *Lettres de Juliette Catesby*: 'si justes que soient ses griefs contre les hommes, ils ne s'appliquent pas en réalité à Milord d'Ossery qu'elle aime' (p. vii); voir aussi la note 17.

Mais c'est pour tirer la conclusion, par ailleurs correcte, que c'est une femme qui a dû écrire ce roman publié sous l'anonymat:

> Cette réflexion est juste, naturelle et bien placée sous la plume d'une femme, si c'en est une en effet à qui nous devons ces agréables Lettres. L'Auteur, quel qu'il [!] soit, ne doit pas craindre de les avouer; le ton en est toujours noble et décent. (*MF*, p. 86)

Dans le *Journal Encyclopédique* on trouve, pour ce même roman, un raisonnement semblable:

> Aux différents portraits que l'on fait ici des hommes, des distinctions injustes qu'ils établissent entre ces deux sexes, de la liberté qu'ils se donnent en amour de laisser agir séparément leurs sens et leur cœur, on croira que l'Auteur de ces lettres est une femme. (*JE*, p. 127)

Si l'injustice masculine semble être reconnue ici, c'est en passant et pour affirmer la logique et la vraisemblance d'un personnage féminin qui souffre. Le critique qui n'a pas besoin de réagir autrement, puisqu'il s'agit d'épistolaire — ce mode narratif qui 'provided an outlet for discharging a female discursive "excess" that never had to be opposed openly'[36] — continue, ici aussi, par les appréciations du style utilisé:

> Mais on le reconnaîtra surtout [le fait de l'auteur-femme] à cette délicatesse inimitable qui fait le charme et le prix essentiel de l'esprit, dans un sexe qui *doit plus sentir que penser*. (*JE*, p. 127, mes italiques)

Cette façon de se poser comme juges, ayant à décider de ce que dans la vie réelle les femmes *doivent* faire, individuellement ou en groupe, signifie bien leur refus de se sentir attaqués par elles — que ce soit par celles qui fonctionnent dans des situations imaginaires, ou par Riccoboni qui était derrière.

A en juger par ces quelques comptes rendus, la romancière n'a donc pas atteint ce que j'aurais tendance à considérer comme un de ses objectifs. Pour le cas-Riccoboni, on peut maintenant préciser une des conclusions de Labrosse, selon laquelle 'le périodique semble [...] s'efforcer d'enfermer le roman dans un réseau de sens [représentant] la doxa de l'époque' (p. 119). Ce que l'on a pu constater est que ces périodiques 'masculins' s'efforcent d'enfermer des romans, dès qu'ils formulent une doxa 'féministe', à l'intérieur d'une autre doxa qui inclut comme normal que des femmes s'expriment ainsi: 'les hommes [...] se plaisent à voir fermenter dans nos cœurs le poison qu'ils y versent eux-mêmes' (*Cressy*, p.40)[37]. Dans la

---

36   Lanser, *op. cit.*, p. 26.
37   Vu le traitement que le second récit fait subir au premier, il faudrait presque se demander si les deux peuvent encore être dits 'diégétiquement identiques'. Voir au sujet de ces questions: Philip Robinson, 'Réécriture et identité diégétique: réflexions sur Des Souches et Prévost', dans *Eighteenth-Century Fiction*. 2 (1994), pp. 109-120.

mesure où cette affirmation peut être lue non pas comme une observation, mais comme l'expression d'un sentiment, tout est en ordre: les femmes doivent 'plus sentir que penser'. Par conséquent, il s'agit d'un roman sensible.

L'objectif 'complémentaire' de celui de la dénonciation, à savoir la recherche d'un contact direct entre la romancière et les lectrices[38], a peut-être remporté davantage de succès, mais cela est difficile à savoir. Et surtout: il n'est pas entré dans l'histoire. Voilà ce qui compte pour nous, et ce qui a longtemps déterminé nos lectures de ces textes. Car on a beau constater ceci, la presse, particulièrement l'*Année Littéraire* dans son compte rendu de l'*Histoire du Marquis de Cressy*, ne fait pas justice aux intentions de l'auteur. Il n'en est pas moins vrai que c'est ce résumé-là (et non celui, plus consciencieux, du *Journal Encyclopédique*) qui a obtenu une diffusion importante pour avoir été repris par l'ancien journaliste Joseph de La Porte dans sa compilation en cinq volumes, *Histoire Littéraire des Femmes Françaises*, parue en 1769[39].

On constate dès lors la position-clé que la presse a occupée pour déterminer le sort qu'auraient ces romans[40]. Des comptes rendus publiés auparavant sont réemployés ici et leur interprétation est fixée pour longtemps; d'autres historiens puiseront dans cette œuvre — il est facile de constater le retour de formules identiques — pour des publics qui iront en se diversifiant.

---

38   A ce sujet je renvoie à mon article 'A qui s'adressent-elles? Narrataires et publics réels des romans de Marie-Jeanne Riccoboni et d'Isabelle de Charrière', dans Margarete Zimmermann et Renate Kroll (éd.), *Feministische Literaturwissenschaft und Romanistik*. Stuttgart, Metzler, 1995, pp. 101-112.

39   Dans le t. V, pp. 2-14. Emily A. Crosby avait déjà signalé la double publication de ce même texte en 1924 (voir *Une Romancière oubliée, Madame Riccoboni. Sa vie, ses oeuvres, sa place dans la littérature anglaise et française du XVIIIe siècle*. Genève, Slatkine, 1979 (réimpression de l'éd. Paris, 1924), p. 47). Quant à l'article sur les *Lettres de Juliette Catesby* (t. V, pp. 23-33), sa source n'a pas encore été repérée; il ne correspond ni à celui paru dans l'*Année Littéraire*, ni à celui que La Porte avait publié lui-même dans son *Observateur littéraire*. Toujours est-il que nos conclusions s'y appliquent parfaitement; voici comment il se termine: 'Ces Lettres [...] paraissent dictées par le sentiment; et l'esprit en est puisé dans la nature même. Milord d'Orsey [sic] aime de bonne foi, s'oublie un moment, et manque à la maîtresse qu'il adore. Catesby est furieuse, et pardonne sans peine [!]. La scène de ces deux amants se répète tous les jours dans la société' (p. 33).

40   Il est vrai qu'ici on ne parle que de deux romans de Riccoboni. Des recherches semblables, avec des résultats qui confirment ceux-ci, ont été menées pour ses *Lettres de Madame de Sancerre*, ainsi que pour les *Lettres d'une Péruvienne* de Françoise de Graffigny (voir respectivement 'Transformations opérées sur l'œuvre de Marie-Jeanne Riccoboni: la communication entravée', dans Suzan van Dijk et Christa Stevens (éd.), *(En)jeux de la communication romanesque*. Amsterdam/Atlanta, Rodopi, 1994, pp. 307-318; et ma contribution au 9e Congrès International des Lumières à Münster (1995), 'L'abbé de La Porte et la canonisation des romancières', dont le texte complet a été publié dans la *Romanistische Zeitschrift für Literaturgeschichte* 21 (1997), pp. 43-54). Je prévois un sondage à échelle plus large pour bientôt.

Parmi ces publics: des femmes. C'est à elles que La Porte s'adressait, raison pour laquelle il avait remplacé l'apostrophe 'Monsieur', fréquente en tête et à l'intérieur des articles de l'*Année Littéraire*, par celle de 'Madame' au début de chacun des chapitres de son *Histoire*. En effet, l'*Année Littéraire* était un de ces journaux où non seulement — ainsi qu'on l'a vu — le narrateur était masculin; Fréron ne conçoit aussi son lecteur que comme masculin[41]. On y voit deux hommes s'entretenir — dirait-on — de ces femmes 'qui doivent plus sentir que penser'. Phrase bonne à répéter, en guise de conjuration, lorsqu'elles se mettent quand même à réfléchir. L'emploi, par La Porte, de la même formule devant des lectrices, sort les femmes de l'imaginaire, mais montre en même temps qu'il va leur adresser un ordre. De toute façon: 'female subjects are constructed by male pens'[42]. Venus à la place des sentences fonctionnant dans le texte riccobonien, de tels ordres prétendent à une portée tout aussi générale, mais en émanant du 'parti opposé'. La connivence féminine y est remplacée par la prescription — et ce à partir du détournement d'un roman.

---

41 Par exemple: 'Figurez-vous, Monsieur, la douleur et l'embarras du Marquis' au moment où la Marquise de Cressy va mourir (*AL*, p. 127).
42 Lanser, *op. cit.*, p. 35.

Catherine SPRY
University of Leeds

# Rétif devant la presse

Rétif de la Bretonne, autodidacte, vivant en marge de la vie littéraire de Paris, ne se conforme pas à l'image de la plupart des écrivains du dix-huitième siècle. Les débuts de sa carrière dans le monde littéraire en 1767, marqués par une confiance tangible, furent inspirés par son travail à l'imprimerie Quillau à Paris. Dans son autobiographie, Rétif paraît comme un lecteur rapace, grand dévoreur de romans, nourrissant l'opinion que lui, sûrement, pourrait faire mieux. Il admirait beaucoup les ouvrages de Madame Riccoboni, mais il croyait qu'il n'était pas capable d'émuler son style élégant. Par contre Madame Benoît fut autre chose. Rétif fit, à son endroit, des remarques peu flatteuses dans *Monsieur Nicolas* (1796):

> Enfin on nous donna un ouvrage de Madame Benoît, si connnue à Lyon! C'était *Elisabeth*, roman (car tel est le titre gauche de cette production). En lisant les épreuves, je me répétais sans cesse: 'Mais je ferais bien aussi un roman!' Il ne me manquait que de l'imagination et un sujet.[1]

Ce fut un début original et singulier et ne fut guère une garantie de succès. Son égoïsme célèbre, fut-il uniquement sa force motrice? Certainement, dans ses ouvrages il aimait beaucoup disserter sur son savoir, et il émaillait ses récits de ses connaissances ce qui illustre bien le besoin qu'il sentait d'être accepté dans ce milieu et, en outre, qu'il s'était convaincu qu'il avait une contribution très utile à faire. Dans ses ouvrages, si l'occasion se présentait et même dans les circonstances qui ne s'y prêtaient pas, Rétif souvent introduisait des commentaires sur la Philosophie et la morale, que ce soit dans les récits les plus romanesques ou au moment le plus inopportun, ce qui crée souvent un mariage maladroit et déplacé. Dès le début on voit que la critique était peu disposée à accepter un tel franc-tireur. Le milieu paysan de Rétif et son éducation un peu rude laissaient beaucoup à désirer aux yeux de ses contemporains,et fut un désavantage que Rétif ressentait profondément. Comme l'explique David Coward, Rétif fut toujours très conscient des lacunes son éducation et cela fut une des raisons pour lesquelles il manquait d'assurance, ce qu'il surcompensa avec un dogmatisme d'expression et un style pompeux et grandiloquent. Faute de mentor il se trouva obligé de

---

1   Rétif de la Bretonne, *Monsieur Nicolas* Vol. 2, Paris, Gallimard, 1989, p. 161. Mme Benoît, *Elisabeth, roman* 4 Vol., Amsterdam, Arkstee et Merkus, 1766.

formuler ses propres notions dans une expression et un style entièrement forgés par lui. Et cela explique bien pourquoi son originalité apparaît quelquefois comme de l'excentricité et sa foi dans l'homme plutôt, comme de la crédulité[2].

Rétif fut un auteur très prolifique, fait qui à la fois étonna et amusa la critique contemporaine, et ses ouvrages s'attirèrent l'attention d'une quantité de comptes rendus, ainsi, dans les limites de cette présentation, je citerai principalement l'*Année littéraire*[3] et la *Correspondance littéraire*[4], mais avec des matériaux supplémentaires de Mercier, Métra et les *Affiches de Province*. Bien que tous ces journaux soient fidèles à leurs propres préoccupations, ils s'accordent sur Rétif, ce qui lui confère pour une fois, un certain terrain d'entente.

Rétif devint écrivain à plein temps en 1767, au moment où il quitta son emploi chez Quillau. Mais son travail à l'imprimerie lui rendit grand service. Il pourrait lui-même imprimer ses ouvrages et plus tard, quand il acheta une presse typographique, il en fut le véritable responsable. Son premier roman, *La Famille vertueuse* de 1767 traite un sujet très romanesque qui ne se distingue pas de la plupart des ouvrages de l'époque. Il rapporte les aventures d'une famille déchirée par les tournures bizarres du destin. Rétif ajoute un cadre anglais, conforme à l'anglomanie, en vogue à l'époque. Il rappelle les femmes à leur devoir de mère de famille (une cause qui lui fut chère), et il persuade les hommes de contribuer au bonheur de la société et d'agir toujours en bon citoyen. Le message inconditionnel du texte est que la vertu seule procure un bonheur authentique et durable. La bonté triomphe de la corruption qui s'accorde encore avec les rigueurs littéraires de la période et fut bien une notion que Rétif renverserait huit ans plus tard avec la publication du *Paysan perverti* et son message que la vertu échoue toujours à vaincre le vice. Cette distanciation graduelle de sa première formulation illustre que Rétif s'adapta bientôt à son nouveau milieu d'écrivain et qu'il n'hésita pas, une fois qu'il se sentit à l'aise, à s'affranchir des règles et des espérances de son époque, en dépit des réprimandes sévères de la critique. La réception de *La Famille vertueuse* dans la *Correspondance littéraire* de Janvier 1768 ne laisse pas beaucoup à l'imagination: 'Quatres parties à vous faire mourir d'ennui, c'est le premier roman de ce fécond excentrique.' Il semble même un peu bizarre que ce journal l'appelle 'fécond' vu que ce fut bien son premier ouvrage à être publié. Rétif s'était peut-être acquis une certaine notoriété avant de publier ses romans? En tout cas, ce n'était pas là une réponse très enthousiaste. L'*Année Littéraire* (1767: Vol. 8, 103-114) paraît un peu plus généreuse malgré certaines réserves: 'La lecture attache

2    David Coward, *Rétif as a reader of books*, *Studies on Voltaire and the Eighteenth Century*, Oxford, The Voltaire Foundation, 1982, p. 89.
3    Elie Fréron, *Année Littéraire*, Genève, Slatkine Reprints, 1968.
4    Grimm, Diderot, Raynal, Meister, *Correspondance Littéraire*, Nendeln, Liechtenstein, Kraus Reprints, 1968.

malgré le défaut de vraisemblance qui se trouve dans la plupart des événements; le style en est simple, mais souvent négligé'.

Cependant, l'ouvrage connut un succès modéré et cela fut suffisant pour encourager l'auteur à poursuivre ses ambitions littéraires. Il écrivit quatre romans dans les trois années qui suivirent: *Lucile, Le Pied de Fanchette, La Confidence nécessaire,* et *La Fille Naturelle.* Ces ouvrages furent, pour la plupart, négligés par la critique contemporaine, ce qui, en vérité, n'a rien d'étonnant. Ils étaient au mieux, médiocres. Quand les critiques condescendirent à en donner un compte rendu, comme le fit l'*Année littéraire* (1769: Vol. 2, 282-288) à l'égard de *La Fille naturelle,* le commentaire, comme toujours, eut pour base, le manque de vraisemblance du récit, et, la connaissance insondable de l'auteur pour le théâtre contemporain fut jugée insuffisante pour lui épargner le mépris de Fréron, car ce dernier trouvait le goût de l'auteur plutôt discutable en ce qui concerne les pièces évoquées par ses personnages. Ces romans sont néanmoins intéressants du point de vue du développement de Rétif en tant que romancier et ceci soit dit en passant, nous permet non seulement de mieux apprécier les forces motrices de Rétif et ses préoccupations intellectuelles mais aussi de mieux connaître la critique contemporaine et le goût de l'époque. Bien que les premiers romans montrent le triomphe de la vertu, cela ne signifie pas que l'auteur les ait dépouillés de personnages malveillants ni qu'il ait censuré les scènes de violence ou de sexualité, ce qui ne tarda pas à offenser le bon goût contemporain. Sa théorie était la suivante: il fallait absolument que le vice fût dépeint comme odieux, de sorte qu'il remplît le cœur d'effroi et, en outre, c'était là le seul moyen de retenir l'intérêt du lecteur et d'exciter son imagination. Ainsi, les leçons du texte seraient transmises et reçues. Le désir de créer un décor réaliste l'obligea à peindre le vice à l'intérieur de la société. Cependant, dans ses premiers ouvrages, de même que chez beaucoup d'autres romanciers de l'époque, c'est la vertu qui triomphe toujours aux dépens du vice qu'on punit. Pour mieux illustrer sa conviction, Rétif déclare dans la préface à son autobiographie *Monsieur Nicolas*: 'J'ai soif de la vérité pure, et c'est elle que je te donne, parce qu'elle seule peut être utile dans cet ouvrage'[5]. Le roman étant vrai, il s'ensuit qu'il est utile et mérite de passer pour un instrument éducatif. Dans deux de ces livres, *Lucile* et *La Fille naturelle*, Rétif se sert des romans modernes pour réformer ses héroïnes et pour leur donner une bonne éducation. Il se sert principalement de Riccoboni dont les ouvrages 'tous respirent l'honnêteté'[6] et son exemple lui permet de critiquer un autre thème qui lui fut cher, celui de la femme qui se distancie de sa vocation de mère de famille; ici, il s'agit de la femme-auteur. De tels sermons occupaient une partie importante de son œuvre. Dans *Les Françaises*, dans un chapitre qui s'intitule 'La Fille d'esprit', il déclare: 'A

---

5    Rétif de la Bretonne, *Monsieur Nicolas*, Vol. 1, p. 19
6    Rétif de la Bretonne, *Lucile,* Paris, Slatkine Reprints, 1988, p. 87.

moins que prudente, comme la sage Riccoboni, elle ne soit restée dans ce genre aimable, moral, quoique léger, où le style de Femme se fait sentir'[7]. La Femme-auteur est un monstre, une usurpatrice inadaptée. Riccoboni, au contraire, a préservé sa féminité. Elle promeut des valeurs et des qualités dites 'féminines' comme la sensibilité et Rétif l'admire pour cette raison.

La série des cinq 'graphes' (*Pornographe, Mimographe, Gynographe, Andrographe* et *Thesmographe*), chacune une réforme d'une partie de la société, provoqua une réaction, certainement, mais ce ne fut guère suffisant pour montrer au public et à la critique que Rétif était une force intellectuelle avec laquelle il fallait compter. De toute la série, le premier, *Le Pornographe* de 1769, une réforme de la prostitution, a rencontré le plus grand succès, même si certaines personnes l'ont lu plutôt par curiosité. Dans le livre, Rétif réclame un nouveau système réglé pour la protection des filles et des clients. Toujours conscient de sa mission auto-imposée de réformateur de la société contemporaine il en profita pour donner au monde une panacée aux maladies de la vie moderne. La *Correspondance littéraire* de mai 1770 pensait que ces réformes se faisaient attendre depuis longtemps et applaudit Rétif d'avoir le courage de ses opinions. Cependant il allait trop loin. Quand le deuxième 'graphe', *Le Mimographe*, encore une réforme, mais cette fois-çi du théâtre français, parut une année plus tard en 1770, la patience de la *Correspondance littéraire* (mai 1770) était à bout: '[...] on n'a pas le droit d'ennuyer ses compatriotes tous les six mois avec des visions qui n'ont rien de piquant et rien de singulier qu'un style barbare.' L'*Année littéraire* (1770: Vol. 4, 334-345) s'inquiétait peu du contenu de cette deuxième réforme, c'était le 'néologisme barbare' qui l'occupait et la création des mots et des expressions tels que *appercevances, imitements, modèlements, embarrasséments fiers, civismes, comédismes,* et *systèmes comédismiques.* Le journal était très indigné par la description d'une fille donnée dans un roman de Rétif, *L'Ecole des Pères* (1776), quand l'auteur décrit une jeune fille trop maquillée comme: 'une femme qui avait tant de rouge sur les joues, qu'il les rendait sanguinantes.' (1772: Vol. 4, 44-50) Et ce compte rendu constate pour finir une opinion que, sûrement, les autres critiques auraient partagée: 'L'auteur peut se flatter que, de tous les hommes de Lettres qui sont actuellement en France, il est en effet, celui qui se singularise le plus.' Les *Affiches de Province* (2 mai 1770) n'eurent rien à ajouter de neuf et s'excusèrent de ne pas avoir fait le compte rendu du premier 'graphe' en admettant modestement: 'nous n'avons pas cru devoir en parler.' Après *Le Mimographe* la série fut largement négligée par la critique et par le public.

Jusqu'en 1775 et la réception étonnante que reçut *Le Paysan perverti,* ces récits ont suivi à peu près le même plan et la critique fit de même. Chaque compte rendu prend un ton décidé, reconnaissable immédiatément, et la plupart du temps, ironique.

---

7    Rétif de la Bretonne, *Les Françaises*, Vol. 2 Paris, Slatkine Reprints, 1988, p. 176.

Rétif était un homme de la campagne qui glorifia les principes et les mœurs champêtres au détriment de la débauche et du dérèglement des mœurs des villes, en particulier ceux de cette capitale de la perdition et de la France qu'était Paris à ses yeux. Dans la plupart de ses ouvrages, et surtout dans *Le Paysan*, la dichotomie est claire et c'est quelque chose qui forme un *leitmotiv* frappant mais fréquent dans la littérature de l'époque. Cependant, ce qu'on pouvait laisser passer dans *Le Paysan* par la grâce de son pouvoir d'expression et de sa profondeur visionnaire ne pouvait être pardonné dans les ouvrages secondaires comme *L'Ecole des pères* (1776) où un riche mais vertueux seigneur prend la décision de choisir son gendre dans le milieu paysan. Le seigneur, ayant fait son choix, le suit dans la campagne et ils vivent tous deux pendant un an, goûtant les plaisirs simples, formulant une philosophie de la nature et apprenant à bien cultiver la terre. Parallélement aux attaques contre les invraisemblables du roman, ce que les critiques auraient dû prévoir, étant habitués à ses ouvrages, Rétif fut critiqué pour l'emploi du jargon du paysan et ses descriptions trop fidèles de la vie champêtre. Pour les *Affiches de Province*, (16 octobre 1776), normalement assez généreux dans ses éloges, Rétif allait trop loin.

> Ajoutez à cela des détails très minutieux sur les occupations champêtres, des conversations de paysans rendues avec une fidélité dégoûtante, la description de leurs mœurs grossières, leurs dictions, leurs proverbes, leur jargon souvent inintelligible.

Absorbé dans sa volonté de rendre la réalité et de communiquer au public sa conception de ce que le public devait savoir, Rétif fut, sinon oublieux, du moins inconscient que certains détails étaient au mieux divertissants et fascinants pour un lecteur tolérant, et, au pis aller, répugnants et une atteinte au bon goût. Mais on a l'impression que Rétif aurait riposté qu'il était très important pour le lecteur cultivé parisien de faire connaissance avec ses confrères de la campagne et le fait qu'il se risqua à offenser la sensibilité de son public semblait venir au premier rang de sa liste de priorités. Mais cela sert à illustrer combien Rétif fut un artiste absorbé. Loin de vivre dans l'aisance pendant sa carrière, il demeurait déterminé à écrire ce qu'il fallait pour le bien de sa conscience et pour le salut public au lieu de se conformer à composer des ouvrages qui suivaient la mode et qui se vendaient bien. Le journal, il faut le dire, discerne 'un certain vernis de philosophie' dans cet ouvrage, ce qui ressemble plutôt à un compliment équivoque si l'on lit entre les lignes.

Sa réputation comme homme des lettres se transforma du jour au lendemain avec la publication du *Paysan perverti*. Fini les refus cinglants et caustiques; Rétif est enfin considéré comme un auteur diffusant un message. L'histoire d'Edmond, nouvellement arrivé de province et sa disgrâce provoquée par les vices de la vie Parisienne touchait juste: le public comme la critique. Mercier, un ami de l'auteur dit que la vertu principale du livre était qu'à l'avenir tous les pères de province ne lâcheraient pas leurs fils, ce qui endiguerait le flot de jeunes personnes, désireux de voir la capitale[8]. La *Correspondance littéraire* de Novembre 1775 eut du mal à croire que l'ouvrage n'était de Beaumarchais ou de Diderot. Le roman, dit-elle, est 'un ouvrage original, et tout en admettant ses défauts, 'il faut le finir'. Le livre, il est vrai, montrait le vice sous un voile très séduisant mais, à cet égard, tout au moins, on n'avait pas le droit d'accuser l'auteur, cette fois-ci, d'invraisemblance. La *Correspondance* poursuivait: 'Toute l'illusion de l'ouvrage est donc dans la variété des tableaux qu'il présente: dans la force et dans la vérité des caractères, dans la naïveté des détails et dans la chaleur du style.' Et elle conclut sur une déclaration qui en dit long: 'Où le génie va donc se nicher?' Où, en effet, après l'hôte fort improbable de M. Rétif?

La *Correspondance secrète* (27 janvier 1776) est moins lyrique sur 'le livre du jour'; elle était quelque peu scandalisée devant les tableaux indécents et débauchés. Elle constate que le roman a connu un succès peu concevable parmi les femmes et se demande où cela menera la société: 'On comprend difficilement comment nos femmes sont assez effrontées pour lire un tel ouvrage. Le succès qu'il a obtenu d'elles, prouve jusqu'à quel degré de corruption nous sommes parvenus.' Ce qui est intéressant aussi sont ses observations sur l'œuvre de Rétif et l'évaluation de la part des partisans des *Philosophes*. Ils semblent, dit-elle, indifférents au style négligé et aux affronts continuels faits à la bienséance et ils n'admirent que la morale du texte. Le message de l'ouvrage est ainsi devenu plus important que le moyen dont on s'exprime, ce qui témoigne d'un changement ou d'une modification dans l'appréciation du texte littéraire; le roman a franchi une nouvelle étape.

L'auteur du 'paysan perverti' paraît avoir vécu dans la crapule et un libertinage avilissant. Nos 'Philosophes' cependant M., prônent cette amplification monstrueuse des plus bas excès de la débauche et de la perversité, et se récrient principalement sur l'excellence de la bonne morale qui y est renfermée.

Mais l'éloge le plus amusant et le plus inattendu vient de *L'Année littéraire*, (1779: Vol. 7, 3-32) qui semble oublier ce qu'elle avait dit de Rétif à maintes reprises. Cette fois-ci, elle le loue inconditionnellement et réprimande tous ceux qui n'apprécient pas sa vision.

M. Rétif, pourrait à juste titre se plaindre de l'indifférence des lecteurs: c'est un écrivain original doué d'une imagination vive et facile, un écrivain très-instruit, qui sait penser et qui a des idées à lui, mérite rare dans un temps où les compilations sont si fort à la mode, où les livres n'offrent plus rien de neuf que le titre, et la tournure bizarre du style.

---

8    Louis-Sébastien Mercier, *Tableau de Paris*, Vol. 3 Genève, Slatkine Reprints, 1979, 119-121.

Un ouvrage a suffi pour modifier du tout à tout son jugement. Plus un mot sur ce style barbare qui avait offensé le bon goût.

Mercier était sans doute plus sincère dans sa constatation que le génie de son ami avait été méconnu et que les éloges étaient tardifs et peut-être accordés à contrecœur. Il déclare qu'il faut nous engager à:

> [...] déposer ici nos plaintes sur l'injustice ou l'insensibilité de la plupart des gens de lettres, qui, n'admirent que de petites beautés froides et conventionnelles [...] Que nous devenons secs et étroits.[9]

Cependant la lune de miel fut de courte durée, et, quoique les critiques s'accordent pour signaler les qualités et la singularité de l'ouvrage, le succès ne se répéterait plus. Très souvent, les ouvrages qui suivirent furent décrits comme étant de la plume de l'auteur du *Paysan perverti*, ce qui montre clairement dans quelle mesure sa réputation avait été établie et maintenue par cet ouvrage

*Le Nouvel Abelard*, dont le récit ressemble beaucoup au conte de Marmontel, *Les Rivaux d'eux-mêmes*, suit les aventures de deux jeunes personnes entreprenant une correspondance à l'insu de leurs parents qui espèrent un mariage ultérieur, mais une union basée sur l'estime et non sur les attractions passagères des apparences. Rétif compose un traité sur le devoir conjugal. Cette histoire, il est vrai, laissa la majeure partie de la critique indifférente, mais ici encore, ce fut le message transmis qui fut jugé important. La *Correspondence littéraire* (août 1778) constate que: 'L'objet en est infiniment louable, et l'on y trouve un fonds de morale sublime avec des peintures d'une force et d'une vérité extraordinaires.' Cependant, les *Affiches de Province* (23 septembre 1778) désapprouvent Abelard pour ses longues dissertations verbeuses sur la Physique, l'Astronomie et l'Histoire Naturelle, mais malgré ces réserves, la critique déclare que 'La peinture du sentiment et des vertus douces et tranquilles, arrache des larmes délicieuses.' Il poursuit en avouant que Rétif est bien l'un des meilleurs romanciers modernes; il rend son travail de journaliste beaucoup plus intéressant et ses romans lui font plaisir, en comparaison du fatras littéraire qui consume la littérature moderne mais qu'il faut cependant lire, pour se faire un jugement et écrire un compte rendu. Tout ce qu'il lui reste à apprendre, c'est de suivre les conseils d'un homme de bon goût pour raffiner son expression. S'il en tenait compte, son œuvre serait inégalée.

La critique a toujours reconnu le pouvoir visionnaire de l'œuvre de Rétif, la chaleur de son expression et la passion de sa créativité. Tout en avouant qu'il avait du cœur, tout le monde était d'avis qu'il n'aurait pas dû écrire tout ce qui lui passait par la tête. Il n'était pas assez poli mais trop cru pour plaire toujours au lecteur judicieux ou délicat du dix-huitième siècle — qui n'était pas aussi éclairé qu'on l'imagine et qui n'était pas à ce point épris

---

9    Louis-Sébastien Mercier, *Tableau de Paris*, Vol. 3, 119-121.

de l'esprit d'innovation. Les personnages des ouvrages de Rétif, le plus souvent, n'étaient pas nobles, ni de naissance ni quelquefois de tempérament et cependant, comme l'admet la *Correspondance littéraire* (juillet 1779) dans la critique de *La Malédiction paternelle* (1779), il y a dans les personnages un certain potentiel et une valeur tragique, même si leurs origines modestes en limitent l'effet: 'Ses héros et ses héroïnes sont toujours des Julies et des Saint-Preux de la rue Saint-Denis.'

La suite du *Paysan perverti* ne fut pas bien reçue. *Les Affiches de Province* (8 octobre 1785) déclarent: 'la matière nous paraît trop délicate pour que nous en disions davantage' tandis que la *Correspondance littéraire* (août 1785) par exemple, affirme que 'l'illusion en est entraînante pour tous ceux du moins dont le goût n'est pas trop susceptible.' Ainsi, l'ouvrage de Rétif était toujours accompagné dans la presse d'un avis médical. Cette critique se plaint aussi d'un certain chantage de la part de Rétif qui n'est qu'une tentative pour masquer le manque de mérite de l'ouvrage. Rétif mentionne que celui qui n'est pas profondément touché par l'histoire d'Ursule n'est qu'une brute: 'Une brute ou un puriste, à la bonne heure' est la réponse que donne le journal. L'*Année littéraire* (1785: Vol. 7, 217-37) constate, quant à elle, ce qu'on avait écrit maintes fois auparavant; que les intentions de l'auteur ont été indubitablement pures mais que 'son cœur aura été la dupe de son esprit.'

Vers la fin des années quatre-vingt, Rétif ne cessa d'étonner la critique et le public par ses efforts pour composer toujours une énorme quantité de prose. La *Correspondance littéraire* (juillet 1779) appela sa plume 'intarissable' de même que L'*Année littéraire* (1784: Vol. 4 289-304) 'Quelle plume inépuisable, Monsieur! Quelle intarissable fécondité! Feu Scudéri sans doute lui a légué son ame.' Ce commentaire, en vérité, n'a jamais varié. Les ouvrages ultérieurs, et il y en eut beaucoup, suivirent les mêmes thèmes: un mélange de Philosophie et de la Morale, une sensibilité et des rappels aux citoyens de leurs devoirs.

La critique se trouva toujours divisée entre l'éloge sincère sur les capacités imaginatives de Rétif et l'attaque contre sa façon de s'exprimer, jugée inacceptable pour l'époque: ampoulée, grandiloquente et décousue, et affectant un peu trop les digressions. Rétif avait beaucoup trop innové pour son siècle, mais ses ouvrages témoignent en germe une immense énergie et singularité qui les rendirent irrésistibles pour le lecteur malgré lui. C'était aussi un homme têtu avec ses propres convictions auxquelles il demeurait fidèle, si bizarres ou singulières qu'elles fussent. Rétif constatait précédemment en 1768 dans la préface de son deuxième roman, *Lucile*, qu'il fallait, à tout prix, retenir l'intérêt du lecteur et exciter son imagination: 'la grande règle est d'exciter des sensations pour en augmenter la vivacité'[10]. Rétif fut toujours fidèle à ces principes.

---

10    Rétif de la Bretonne, *Lucile*, Paris, Slatkine Reprints, 1988, x.

Les ouvrages dont j'ai traité et les comptes rendus correspondants montrent bien que la réputation d'excentricité de Rétif fut établie bien avant ses incursions nocturnes dans Paris sous l'aspect du hibou spectateur et ses inscriptions sur les murs et monuments. Il ne fut jamais un candidat sérieux en 1796 pour ce qui est aujourd'hui l'Académie Française malgré tous les efforts de Mercier pour le faire admettre. La réponse du président en dit long sur le milieu intellectuel de l'époque: 'M. de la Bretonne a du génie mais il n'a pas de goût'[11]. Tout le monde était d'accord sur le fait que cet homme était un bon conteur mais c'était loin d'être suffisant. En fait, seuls Mercier et Bernardin de Saint-Pierre votèrent pour lui. Et cependant cette évaluation de l'œuvre de Rétif est révélatrice: elle montre la raison pour laquelle on connaît aujourd'hui le nom de Rétif avec Diderot, Voltaire et Rousseau. Son nom et ses ouvrages n'ont pas disparu comme l'ont été d'innombrables autres auteurs, bien connus à l'époque.

Rétif ne réussit jamais à persuader et le public et la critique contemporain de l'accepter comme un intellectuel sérieux, il est vrai. L'inélégance de son style et la bizarrerie de ses récits évoquaient clairement son rapport et sa solidarité avec le peuple, quelque chose qui n' enthousiasmait pas trop ni le public ni la critique. Le lecteur distingué, aussi bien que le philosophe exigeant, se moquaient tout à la fois de ces défauts. Personne ne le prit vraiment au sérieux. Son caractère peu conformiste paraissait soit dangereux soit ridicule et, le plus souvent, Rétif malheureusement, fut confiné dans le second cas de figure. Le dix-huitième siècle, âge d'or du concept de société, fut une époque où la sociabilité et les théories du citoyen virent le jour et devinrent matière à discussion. L'homme était devenu citoyen, ayant des devoirs à remplir pour le bon fonctionnement de la société. L'individualisme était jugé desormais dangereux et indésirable, et dans bien des romans de l'époque, les personnages désireux de solitude étaient critiqués et réprouvés. Le culte de l'individu viendrait avec le siècle suivant et trouverait son expression dans le Romantisme. Ainsi Rétif et son imagination peu réfrénée et ses idées singulières fut vraiment un enfant en avance de son siècle.

Le mot de la fin revient à l'*Année littéraire*, pour son compte rendu des *Parisiennes* (1788: Vol. 2, 3-27). En dépit des éloges du *Paysan*, ce journal avait toujours pris grand plaisir à remettre à sa place le parvenu qu'était Rétif. Dans son évaluation de l'ouvrage qui, bien sûr, suit tout à fait le même plan que les autres, le journal écrit ce qui aurait pu être l'épitaphe de notre auteur et qui explique la raison du succès de Rétif et de son intérêt durable: 'il a un mérite que n'ont pas toujours des écrivains plus élégants, plus purs et plus corrects: il se fait lire.'

---

11    Frantz Funck-Brentano, *Rétif de la Bretonne*, Paris, Albin Michel, 1928, p. 379.

Malcolm COOK
University of Exeter

# La réception de *Paul et Virginie* dans la presse contemporaine

Dans cette étude j'ai l'intention d'examiner cinq comptes rendus de *Paul et Virginie* de Bernardin de Saint-Pierre. Le roman parut pour la première fois en 1788, en tant que le quatrième tome des *Etudes de la Nature*. Je voudrais tenter de faire une comparaison des cinq critiques, et je voudrais aussi, à partir de ce travail, comparer notre idée du roman avec celle de ses premiers lecteurs. Je propose donc, tout d'abord, de préciser les qualités du roman pour le lecteur d'aujourd'hui afin de juger ensuite si ces qualités ont été répertoriées à l'époque de sa publication. *Paul et Virginie* est une belle histoire d'amour, composée en prose poétique, où l'auteur décrit une réalité coloniale sur l'Ile de France, un pays exotique que Bernardin connaissait de première main. C'est une histoire sentimentale qui raconte la vie d'une petite communauté de Français qui, pour diverses raisons, ont cherché l'isolement et le bonheur dans un pays exotique et 'naturel', loin des préjugés et des défauts de la France contemporaine. Les deux enfants, Paul et Virginie, grandissent ensemble comme frère et sœur. Au moment de la puberté de Virginie, sa mère, Mme de la Tour, décide d'accepter l'offre d'une vieille tante en France qui veut s'occuper de l'éducation de la jeune fille; celle-ci est envoyée en France, y devient très malheureuse et retourne donc à l'île pendant la saison des ouragans. Dans un épisode magnifique, Virginie rejette la possibilité de se sauver en refusant de se dévêtir et, par conséquent, elle périt noyée. Le roman comporte des idées religieuses chères à Bernardin, une philosophie morale et une critique sévère des abus que l'on trouvait en France et de la manière dont les Français exerçaient un pouvoir colonial dans un pays lointain. Je ne prétends pas, ici, donner une analyse complète du roman — ce qui m'intéresse, pour le moment, c'est de voir si notre lecture d'aujourd'hui correspond à celle des lecteurs de l'époque. Il est important, aussi, que nous tenions compte de la nature des extraits choisis par les critiques — car la critique des romans au dix-huitième siècle était, en grande partie, constituée d'extraits longs et importants des textes.

Dans un texte peu connu, publié dans le Préambule qui accompagna l'édition de 1806 in 4° (et reproduit dans l'édition Guitton, pp. 15-26 et les éditions d'Aimé-Martin), Bernardin présente un dialogue entre lui et un jeune homme qui se destine aux lettres. Le jeune homme est choqué par le ton d'un compte rendu dans le *Journal des Débats* du roman de son interlocuteur, *Paul et Virginie.* Je n'ai pas encore trouvé la référence précise de ce compte rendu (ce ne semble pas être celui recensé par Guitton dans son édition du roman (27 germinal, an IX), à propos d'*Atala* de Chateaubriand (Paris: Classiques Garnier/Bordas, 1989), pp. 249-50). Dans le dialogue le jeune homme constate:

> Il dit que vous n'êtes propre qu'à faire des romans; que votre *Théorie des Marées* n'est qu'un roman; que vous avez la manie d'en parler sans cesse; que vos principes de morale sont exagérés; que vous n'avez aucune connaissance en politique. Pardonnez-moi si je répète ses injures, mais je suis indigné. (*Œuvres complètes* (Paris: Ledentu, 1840), 2 vols., I, 770)

Bernardin répond qu'il lit rarement le journal car il trouve la critique amère et injuste. Nous allons voir que les journalistes posent des questions pertinentes sur la théorie des marées soutenue par Bernardin. Mais la critique du roman est, dans l'ensemble, élogieuse. Notons, au passage, que Bernardin (comme tout auteur) est très sensible aux reproches qu'on lui fait dans les journaux — car, et il le savait, les critiques sont difficilement réfutées.

*Le Journal de Paris* donne, le 20 juin 1788, ce qui semble être le premier compte rendu du roman. Le critique parle surtout des *Etudes* en général, dont il loue les qualités (une profonde connaissance de la nature & des hommes; 'le style y est partout attachant'). En précisant les qualités des *Etudes* et en notant leur succès, le critique ajoute que le public a demandé une suite et que cette suite se trouve dans le quatrième volume des *Etudes*. Il maintient que 'la liaison avec les trois premiers n'est pas d'abord sensible si l'on excepte *l'Avertissement,* où l'Auteur a rassemblé de nouvelles observations en faveur de son système sur la cause du flux et reflux de la mer.' Bernardin prétendait que les marées étaient causées par la fonte des glaces polaires, une idée qui lui a attiré une correspondance volumineuse et des critiques sévères dans la presse.

Il faut dire que le compte rendu du journal n'aurait pas donné au lecteur qui ne connaissait pas le roman une idée très claire du contenu. Le critique souligne la sensibilité de l'auteur et choisit quelques passages du texte pour donner au lecteur un aperçu du livre (il souligne surtout l'épisode des graines renvoyées par Virginie). Mais il ne donne que peu de détails sur l'intrigue 'laissons aux lecteurs la surprise de la catastrophe, et contentons-nous d'observer, que sous une forme romanesque, ce petit Ouvrage plein de charme et de philosophie douce, n'est rien moins qu'étranger aux études de la nature'. Le critique conclut que le succès de ce roman est 'décidé'.

Le compte rendu est court et n'attire pas l'attention sur le style poétique du roman; on ne dit nulle part que le roman contient certaines idées qui représentent une critique des abus qui sévissaient en France et du mauvais traitement des esclaves dans les colonies.

Le même mois parut un compte rendu important dans *L'Année littéraire* (en deux parties, du 24 juin et du 22 juillet)[1]. Pour la première fois nous voyons le roman décrit comme un 'conte moral'. Le critique donne une analyse détaillée du roman. Il fait mention du rôle du vieillard (qu'il appelle 'le Solitaire') et il loue les qualités stylistiques de l'auteur:

> Le style de notre Auteur, animé par-tout d'une sensibilité douce et pure, et respirant le goût antique, est relevé, de tems en tems, par des comparaisons aussi neuves et si naturelles qu'elles semblent plutôt inspirées par le sujet que par l'envie d'y semer des ornemens (p. 295)

*L'Année littéraire* donne, comme les autres critiques contemporaines, de longs extraits. Nous avons l'impression que le critique reconnaît l'originalité du texte de Bernardin, surtout en ce qui concerne les descriptions exotiques. Il est le seul, en France, à parler de l'épisode de la négresse. Cependant, comme les autres critiques, il ne parle pas du dialogue entre Paul et le vieillard, dans lequel le lecteur trouve une critique sévère de la France contemporaine.

Le critique de la *Correspondance littéraire* constate, comme celui du *Journal de Paris,* que le quatrième volume des *Etudes* a peu de rapports avec les trois premiers: 'mais on est bien éloigné de s'en plaindre, car, au lieu de nouvelles rêveries scientifiques, on y trouve deux petits romans poétiques pleins de grâce et d'imagination'. Le critique décrit l'intrigue du roman en trois lignes:

> C'est l'histoire de deux amants élevés ensemble dans une habitation solitaire de l'Ile de France, séparés par une tante qui rappelle sa nièce en Europe, et réunis enfin dans la nuit du tombeau par la plus imprévue et la plus déchirante de toutes les catastrophes.

Résumé ainsi, le roman paraît très simple. Le critique maintient qu'il y a 'peu d'événements, peu de situations, par conséquent, peu de variété'. Cependant le roman plaît 'par une foule de tableaux neufs et intéressants, par les peintures les plus riches d'une nature presque inconnue'. Le critique remarque la poésie du style et l'exotisme des tableaux mais il souligne le manque d'incidents dans le texte et ne fait aucune allusion ni à l'épisode de la négresse 'marronne' (ce qui lui aurait permis de tenir compte d'une action dramatique), ni à la critique de la France contemporaine. Le compte-rendu est court, à peine deux pages, et comprend deux extraits qui occupent plus d'une page qui sont, tous les deux, des extraits de discours des personnages (ce qui n'est pas typique du roman).

---

1     Le compte rendu est une critique du quatrième volume de la troisième édition des *Etudes de la nature.* La première partie, du 24 juin, est consacrée à *Paul et Virginie* et la deuxième, celle du 22 juillet, à *l'Arcadie.*

Notre quatrième exemple est tiré d'un journal britannique, le *Gentleman's Magazine* de 1790. Ce que nous trouvons ici est très différent. D'abord la première traduction du roman parut avec le titre Paul and Mary: an Indian Story. On peut se demander pourquoi Virginie devient Mary et pourquoi le sous-titre 'an Indian story' (qui ne figure pas dans l'édition française) est utilisé. Un premier paragraphe situe le roman en expliquant que c'est une traduction du quatrième volume des *Etudes de la Nature,* et l'auteur y est loué:

> All his writings breathe a spirit of philanthropy; and at the same time that they abound in flights of genius, his observations upon objects of his notice are just and his descriptions of them are accurate and interesting. (p. 444)

L'auteur du compte rendu propose de donner une idée du roman en citant un exemple. Et, pour la première fois dans la presse contemporaine, le critique cite en entier l'épisode de la négresse 'marronne', depuis l'arrivée de l'esclave jusqu'au retour des enfants après l'aventure dans la forêt. Comment se fait-il que dans un compte rendu assez court nous trouvons tout un passage qui n'est jamais cité ailleurs? Que cherche l'auteur de ce compte rendu? Montrer les atrocités commises par les Français à l'étranger? Introduire, au passage, une critique des colons? Le passage n'attire aucun commentaire, aucune conclusion, à part l'introduction énigmatique: 'We think we cannot better recommend this work than by giving our readers the following extract from it'. Il est évident que le lecteur contemporain aurait eu une idée un peu particulière du roman s'il ne connaissait que cet extrait. Le *Gentleman's Magazine* donne, certes, un extrait important. Mais le lecteur contemporain qui ne connaissait que cet extrait aurait pu penser que le roman est dominé par des questions sur l'esclavage, ce qui est loin d'être le cas[2].

Notre dernier exemple, le compte rendu du *Mercure de France,* est beaucoup plus riche que tous les autres. Il s'agit d'un compte rendu d'une longueur exceptionnelle. Il vaut une étude sérieuse et critique.

Le critique constate, dès le premier paragraphe, que nous avons affaire ici à un ouvrage exceptionnel. Il parle des *Etudes* en général:

> [...] par-tout dans son Ouvrage, les images les plus vraies de la Nature se mêlent à l'expression des plus nobles sentiments du cœur humain; et ce mélange intéressant de la Physique et de la Morale, qui ne peut manquer de donner de la couleur, de la vérité et de la grandeur à ses tableaux, est peut-être ce qui fait le charme et le secret de son style. (p. 57)

Le critique passe rapidement sur l'avertissement de Bernardin dans lequel celui-ci, comme nous avons déjà vu, essaye de prouver que les marées sont

---

2    Est-il possible que l'influence de la Société des Amis des Noirs, fondée en 1788, se fasse sentir en 1790?

causées par la fonte des glaces polaires. L'article s'intitule 'Nouvelles littéraires' et l'auteur ne veut pas perdre trop de temps sur une question scientifique: 'c'est un point de Physique dont la décision appartient aux Académies des Sciences' (p. 58). En effet, Bernardin se voit, à travers ce texte, 'dans son vrai jour' (p. 58): 'Son suprême talent de peindre la Nature, suffit à sa gloire, et il peut, mieux qu'un autre, se passer du mérite de la bien expliquer' (p. 59).

Le critique passe alors à une discussion du roman mais il se permet aussi une foule de remarques générales pour expliquer les qualités fondamentales du texte de Bernardin. Par exemple, le principal mérite de l'histoire naît d'une foule de détails 'où la sensibilité de l'Ecrivain semble avoir pris plaisir à se répandre, où les tableaux les plus heureux de la Nature, revêtue des couleurs d'un climat étranger, sont toujours associés aux épanchements d'une âme tendre, mélancolique et vertueuse.' (p. 60) D'après le critique, ce sont les détails qui représentent une des sources des plus grands effets du style en garantissant la vérité du texte. Il donne quelques exemples, qui n'ont rien à voir avec les détails du roman de Bernardin; au lieu de dire qu'une action se passe sous un arbre; il maintient qu'il faut préciser que l'arbre était un tilleul ou un chêne.

L'auteur du compte rendu explique la difficulté à laquelle il est confronté. Dans un extrait, on est obligé de donner un abrégé, c'est dépouiller l'histoire des détails qui la rendent si touchante. Autrement dit, nous avons, dans le compte rendu du *Mercure,* non seulement un compte rendu mais des réflexions sur la manière d'écrire un compte rendu. En effet, comment donner, dans un article court, une idée de la richesse du roman de Bernardin?

Pour le *Mercure* le problème est moins sensible que pour les autres journaux, car 25 pages y sont consacrées. Les extraits sont longs et suivent le déroulement du roman. Il y a, bien sûr, des paraphrases, mais elles restent très fidèles au texte. Je ne peux, ici, énumérer tous les passages cités, car il y en a trop. Cependant, je peux faire quelques observations sur ce qui manque dans les extraits et poser quelques questions à ce sujet. Le premier passage qui frappe par son absence est l'épisode de la négresse 'marronne' qui forme la presque totalité de l'extrait du *Gentleman's Magazine.* On peut se demander pourquoi. Est-ce que l'auteur du compte rendu du *Mercure* pense que ses lecteurs sont moins intéressés par l'histoire d'une esclave que les lecteurs en Angleterre? Le critique de ce compte rendu ne mentionne pas le vieillard, ce qui fait que le lecteur ne peut soupçonner la présence d'un débat politique portant une critique sévère de la France contemporaine. Car le dialogue entre Paul et le vieillard n'est pas abordé, non plus que la partie philosophique où après le départ de Virginie, le vieillard formule sa profession de foi à Paul qui vient le voir. Il manque aussi, bien sûr, la conclusion où le vieillard discute avec Paul et essaye d'expliquer la mort de Virginie.

Le lecteur contemporain aurait, sans doute, une très bonne idée de la richesse du style de l'auteur, de sa manière de peindre une nature exotique qui est très différente de la nature européenne. Ce qui est surprenant, c'est que l'auteur du compte rendu laisse peu de surprises au lecteur. Il donne, en extrait, le passage où Virginie est emportée par les flots; il nous dit que les dernières pages du roman nous déchirent l'âme. Il note aussi que les idées religieuses de l'auteur sont introduites pour apaiser les troubles du lecteur.

Ce compte rendu représente une critique qui est pleine de louanges:

> Cependant l'art paroît n'avoir aucune part aux effets de son style; sa manière est simple, naturelle, comme celle du génie. (p. 80)

Il reste peu de surprises pour le lecteur car le compte rendu raconte toute l'intrigue. Mais on voudrait savoir pourquoi le vieillard est passé sous silence et pourquoi le critique ne fait nulle part allusion aux idées politiques qui, je pense, donnent au roman une dimension qui surprend dans un texte de ce genre. Car le roman est, d'après Bernardin, une espèce de pastorale et en 1788 on ne s'attendait pas à trouver une pastorale politique[3].

Le 14 octobre 1788 Bernardin reçut une lettre de Madame de la Berlière dans laquelle elle écrivait:

> le dernier mercure m'est tombé par hazard sous la main et j'ai vu l'extrait de paul et virginie, j'ai ri de la prudence accordé [?] que qui craint toujours de se compromettre et attend pour rendre compte d'un livre que l'opinion publique ait marqué le rang qu'il doit occuper. j'imagine que vous n'avez pas été content de la manière dont il parle de votre enfant chéri (votre ingénieuse [?] des marées) mais comme ils ne le combatte [sic] que par les frivolles objections que vous avez déjà réfuté [sic] cela ne sauroit produire aucun effet.[4]

En lisant cette lettre on se demande s'il s'agit du même article. Ce qui est frappant c'est que la correspondante se concentre sur la discussion au sujet des marées. En effet la correspondance de Bernardin contient beaucoup de lettres à ce sujet. Le sujet préoccupait les lecteurs de Bernardin et il est possible que le roman ait attiré moins d'attention dans la presse à cause de la discussion qu'a provoquée l'idée de Bernardin.

Ce qui nous frappe, aujourd'hui, c'est qu'une partie des idées contenues dans le roman ne sont pas relevées par les critiques. Si les critiques constatent la pureté du style de Bernardin et sa manière simple de peindre la nature, tous ne semblent pas conscients de la valeur des idées de l'auteur contenues dans le roman.

---

3    C'est dans l'avant propos que Bernardin utilise cette description.Voir l'édition Guitton, p. clviii.
4    Manuscrit de la Bibliothèque Municipale du Havre, 138, 92-93

Dans le *Dialogue sur la critique et les journaux* (c'est le titre donné par Aimé Martin à l'extrait du préambule de l'édition de 1806) Bernardin, en dialogue avec un ami, se permet quelques ripostes aux critiques. Par exemple, l'éloge de *Paul et Virginie* qui parut dans le *Journal des Débats* attire la réponse suivante de Bernardin:

> [...] les journalistes sont des pirates qui infestent toute la littérature, ainsi que les contrefacteurs. Ceux-ci, moins coupables, n'en veulent qu'à l'argent; les autres, soudoyés par divers partis, attaquent les réputations de ceux qui ne tiennent à aucun.[5]

Il semblerait que le journaliste soit l'ennemi de l'écrivain car il travaille constamment contre lui. Bernardin explique:

> A peine l'ouvrage paraît au jour, que les journalistes se hâtent d'en rendre compte. S'ils en disent du mal, le public le tourne en ridicule; s'ils le louent, les contrefacteurs s'en emparent (*Œuvres complètes*, I, 774)

Il conclut en souhaitant que les journaux soient dignes d'une âme généreuse et des hautes destinées où s'élève la France.

D'après Bernardin, les journaux jouent un rôle très important dans le développement des romans. Il est évident que les lecteurs espéraient 'goûter' au roman en lisant l'extrait avant d'acheter ou de lire le texte en entier. Le rôle de l'extrait dans le compte rendu est, à mon avis, très intéressant. Pourquoi sont-ils si longs, et qui est-ce qui en fait la sélection?

Ce qui est évident aussi, et cette observation servira de conclusion, c'est que les différents journaux produisaient des comptes rendus très différents des mêmes textes. Comment se fait-il que des traits qui, pour nous, semblent importants, disparaissent dans les comptes rendus. Par exemple, que devient le vieillard dans la plupart des comptes rendus? Pour nous le vieillard est un personnage essentiel. Mais il figure peu dans les critiques. Evidemment nous avons des goûts et des idées qui diffèrent fort de ceux des lecteurs de l'époque. *Paul et Virginie* contient, pour le lecteur moderne au moins, des idées politiques, morales et religieuses. Elles sont subtilement intégrées au roman. Mais le critique de l'époque n'en parle presque pas. Est-ce pure négligence ou est-ce prudence à une date — 1788 — où ces sujets, étaient déjà trop dangereux?

---

5    Bernardin de Saint-Pierre, *Œuvres complètes* (Paris: Ledentu, 1840), 2 vols., I, 771

Marie-Emmanuelle PLAGNOL-DIEVAL
I.U.F.M de Créteil-Université de Paris XII

# La presse contemporaine et l'œuvre romanesque de madame de Genlis

On est parfois embarrassé de savoir si (...) en lisant un roman de madame de Genlis, on doit y considérer l'ouvrage d'une personne connue par le mérite de ses romans, ou bien le système de morale et d'éducation d'une personne que ses écrits sur l'éducation ont rendue trop célèbre pour qu'il soit permis d'en laisser passer un seul sans le remarquer[1].

Cette remarque liminaire à un compte-rendu nuancé du roman *Alphonsine* est emblématique des rapports que l'écrivain entretient avec la presse. Après s'être fait connaître par son *Théâtre d'éducation*, ses fonctions de 'gouverneur' auprès des enfants de la famille d'Orléans, madame de Genlis entame une intense carrière littéraire. Elle parcourt inlassablement tous les genres, armée d'un seul but répété à l'envi dans les avant-propos et les différents paratextes, plus ou moins visibles dans la structure même de ses ouvrages: moraliser. Son célèbre roman épistolaire, *Adèle et Théodore*, est le premier né d'une série d'œuvres, comparables dans leur but et dissemblables par la variété des moyens mis en place, puisque madame de Genlis suit toutes les modes littéraires. Les journaux, selon leurs présupposés esthétiques, moraux et politiques, rendent compte d'une œuvre foisonnante, diverse et cependant répétitive, idéologiquement marquée certes, mais que les atermoiements politiques de leur auteur placent tantôt parmi les progressistes, philosophes et ennemis de la religion, tantôt parmi les conservateurs et les nostalgiques de l'Ancien Régime. La quantité d'œuvres produites par cette polygraphe, le succès qu'elle ne cesse de rencontrer auprès d'un public fervent (et les échos rapportés par la presse sont confirmées par les rééditions et les traductions) posent aux journalistes l'irritant problème de goût du public et de la validité des jugements professionnels. Avec madame de Genlis naît une littérature de masse, qui défie les réticences des journaux patentés. Ces différents axes de réflexion, vrais sans doute pour toute étude de réception des œuvres romanesques à la fin du XVIIIe siècle, nous semblent acquérir un éclairage particulier dans le cas de madame de Genlis en vertu de la loi des nombres, ceux des romans, des comptes-rendus, des années sur lesquelles s'étendent le dialogue et les escarmouches.

---

1  *Archives littéraires de l'Europe*, IX, 1806, pp. 102-131 à propos d'*Alphonsine*.

## Une revue de presse de 35 années[2]

*Diversité des romans et des journaux*

Le premier ouvrage romanesque de madame de Genlis est le roman épistolaire éducatif d'*Adèle et Théodore*[3], rapidement suivi des *Veillées du Château ou cours de morale à l'usage des enfants par l'auteur d'Adèle et Théodore*[4]. Ainsi, madame de Genlis assure sa publicité par référence à son théâtre (à l'usage des jeunes personnes) et à son premier ouvrage, un double titre de gloire auquel recourront les journalistes soit pour l'encenser, soit pour l'enjoindre à se cantonner dans des œuvres courtes et pédagogiques...

Après avoir rédigé de nombreux discours pendant la période révolutionnaire, elle aborde à nouveau la fiction en 1795 avec son premier roman historique *Les Chevaliers du Cygne ou la cour de Charlemagne*[5], auquel il faut ajouter *Mademoiselle de Clermont nouvelle historique*[6], *La Duchesse de La Vallière*[7], *Madame de Maintenon pour servir de suite à l'histoire de madame de La Vallière*[8], *Le siège de la Rochelle ou le malheur d'une conscience*[9], *Bélisaire*[10], *Mademoiselle de la Fayette ou le siècle de Louis XIII*[11], *Jeanne de France nouvelle historique*[12], *Pétrarque et Laure*[13].

Outre ces romans historiques qui alimentent une critique continuée d'article en article sur la poétique du genre, d'autres romans plus directement éducatifs paraissent, comme *Les Mères rivales ou la calomnie*[14], *Alphonsine ou la tendresse maternelle*[15], *Alphonse ou le fils naturel*[16], ainsi que des nouvelles d'actualité comme *L'Épouse impertinente par air, suivie du Mari corrupteur et de La Femme philosophe*[17].

Différents journaux se partagent les débats. Parmi les journaux les plus représentés, il convient de citer *Le Mercure* avec neuf articles: deux articles

2    En s'appuyant sur la catalogue de la Bibliothèque de France et la bibliographie critique de Cioranescu, on compte que sur les 22 romans et nouvelles de madame de Genlis, plus des deux tiers bénéficient de critiques de presse, au nombre de 35 environ.
3    *Adèle ou Théodore ou Lettres sur l'Éducation*, anonyme, Paris, Lambert, 1782.
4    Paris, Lambert, 1784.
5    Hambourg, Fauche, 1795.
6    Paris, Maradan, 1802.
7    Paris, Maradan, 1804.
8    Paris, Maradan, 1806.
9    Paris, Nicolle, 1807.
10   Paris, Maradan, 1808.
11   Paris, Maradan, 1813.
12   Paris, Maradan, 1816.
13   Paris, Ladvocat, 1819.
14   Berlin, T. de la Garde, 1800.
15   Paris, Nicolle, 1806.
16   Paris, Maradan, 1809.
17   Paris, Maradan, 1804.

de l'abbé Rémy pour *Adèle et Théodore*[18], un anonyme pour *Les Veillées du Château*[19], un anonyme pour *Les Mères Rivales*[20], un de Guairard pour *Madame de Maintenon*[21], deux d'Esménard (l'un pour *Le Siège de la Rochelle*[22] et le second pour *Bélisaire*[23]), un d'Auger pour *Alphonse*[24], un anonyme pour *Jeanne de France*[25]. Vient ensuite *La Décade philosophique* avec 7 articles: un sur *Les Chevaliers du Cygne*[26], un sur *Les Mères rivales*[27], une 'Lettre sur deux romans de Mme de Genlis *Mlle de Clermont* et *La Duchesse de La Vallière*'[28], un article sur *L'Épouse Impertinente* et les autres nouvelles[29], 'Quelques lettres (2) sur le roman d'*Alphonsine*'[30] et un article sur *Madame de Maintenon*[31]. Les *Archives littéraires de l'Europe* parlent trois fois de madame de Genlis avec une 'Lettre d'une femme sur le roman de *La Duchesse de la Vallière*'[32], un article sur *Alphonsine*[33] et un sur *Le Siège de La Rochelle*[34]. *L'Année littéraire* compte un article sur *Adèle et Théodore*[35] et un sur *Les Veillées du Château*[36]. La revue de presse doit être complétée par des comptes-rendus occasionnels, comme le *Tableau Raisonné d'histoire littéraire* qui consacre deux articles à *Adèle et Théodore*[37] contre un dans le *Journal de Monsieur*[38], le *Journal encyclopédique* avec deux articles sur *Les Veillées du Château*[39], *L'Alambic littéraire* de Grimod de la Reynière sur *Les Mères Rivales*[40], le *Journal des arts* ainsi que les *Annales littéraires* de Dussault[41] sur *Mlle de La Fayette*[42], *Le Diable boiteux* qui ouvre trois fois ses colonnes à *Jeanne de France*[43] et

---

18  Avril 1782, pp. 55-72, 103-122.
19  Juin 1784, pp. 151-169.
20  III, 1801, pp. 185-192.
21  XXIV, 1806, pp. 79-89.
22  XXXI, 1808, pp. 148-162.
23  XXXII, 1808, pp. 599-610.
24  XXXV, 1809, pp. 213-221.
25  LXVI, 1816, pp. 27-40.
26  VIII, an IV, pp.473-481 et *L'Esprit des Journaux*, janvier-février 1796, pp. 147-159.
27  XXVII, 1801, pp. 419-424.
28  XLI, 1804, pp. 18-27.
29  XLII, 1804, pp. 220-232.
30  XLVIII , 1806, pp. 231-242 et pp. 295-300.
31  XLIX, 1806, pp. 208-219.
32  I, 1804, pp. 370-383.
33  IX, 1806, pp. 102-131.
34  XVII, 1808, pp. 109-127.
35  V, 1782, pp. 217-288.
36  I, 1786, pp. 193-220.
37  XVII, 1782, pp. 45-59; VIII, 1782, pp. 45-61.
38  I, 1782, pp. 385-453.
39  V, 1784, pp. 474-485 et VI, 1784, pp. 58-70.
40  I, 1803, pp. 191-200.
41  IV, Paris, 1818, pp. 85-102.
42  XIII, 1813, pp. 97-103.
43  I, 1816, pp. 25-29, 97-103, 169-176.

*The Quarterly Review* qui propose un article en anglais sur *Pétrarque et Laure*[44].

Ce premier recensement montre que les œuvres romanesques de madame de Genlis sont accueillies selon des modalités fort diverses. Un ouvrage comme *Adèle et Théodore* est attendu et débattu, comme en témoignent les nombreux articles qui accompagnent sa parution et continue à susciter de l'intérêt lors de rééditions, de même que *Les Veillées du château*.

Pédagogiquement, moralement, stylistiquement, ces ouvrages donnent lieu à des échanges passionnés. Pour d'autres raisons, esthétiques et non idéologiques, les romans historiques appellent des réactions croisées auprès de différents journaux, de même que le roman noir d'*Alphonsine* ou des *Mères Rivales*. Inversement, le roman historique de *Pétrarque et Laure* paru en 1819 intéresse moins lecteurs et critiques. Ces effets de faisceaux sont doublement intéressants, pour déceler les courants de mode et pour en étudier la réception chez les lecteurs et les critiques. Parallèlement, la très longue carrière de madame de Genlis ainsi que ses volte-face politiques expliquent qu'à des périodes de louanges portées par des journaux de son bord,comme *L'Année littéraire* qui la soutient dans son combat anti-philosophique, succèdent des articles d'éreintement lorsque ses idées apparaissent au contraire réactionnaires à un journal comme *La Décade*.


*Points communs: réception, statut, carrière*

Tous les journaux, et plus particulièrement ceux qui suivent madame de Genlis sur une période longue, rendent compte de son omniprésence dans le monde des lettres.

Le succès du *Théâtre d'Éducation*, d'*Adèle et Théodore*[45] et des *Veillées du Château* assure à madame de Genlis une notoriété et un crédit dont bénéficient longtemps les œuvres ultérieures. La réception de ses romans est un événement littéraire et social, humain dont les journaux témoignent de manière différée et intellectuelle... *Madame de Maintenon*, paru en 1806, suscite ce commentaire du *Mercure*:

> Oui, nous n'ignorons pas que les ouvrages de madame de Genlis sont toujours bien reçus du public; nous savons qu'ils sont extraordinairement attendus avec

---

44   XXIV, 1820-1821, pp. 529-566.
45   La notice de Grimm, d'une indulgence mesurée, présente une synthèses des qualités perçues chez *Adèle et Théodore* et des raisons du succès: utilité de l'ouvrage, satire des mœurs contemporaines, éloge du style 'assez dépourvu d'imagination, mais il plaît en général par une pureté très facile très élégante', qualités accrues par les circonstances extérieures de la situation de 'gouverneur' de madame de Genlis. Ed. Tourneux, T.XIII, pp. 55.

impatience, qu'on les annonce trois mois avant qu'ils soient commencés, et qu'il n'est pas rare que l'édition en soit épuisée le jour même où ils sont parus.[46]

*Adèle et Théodore* est l'objet de discussions passionnées dans les salons et la presse reprend les principaux points de controverse: les clés[47], les récits insérés, les sources, les idées religieuses, morales et pédagogiques. Le travail des critiques de presse s'en trouve nié:

> Cet empressement est tel que lorsqu'elle donne un nouvel ouvrage, les libraires ont à peine le temps de le mettre en vente, et les journalistes, quelque diligence qu'ils fassent pour l'annoncer, arrivent après qu'il est lu et leur jugement n'est que l'écho de l'examen universel qui en a été fait.[48]

L'effet de notoriété dure comme le montre l'article de *L'Alambic littéraire* lors de la quatrième édition d'*Adèle et Théodore*, où le journaliste rappelle la 'sensation prodigieuse' faite par la première édition, précise que 'cet ouvrage est tellement répandu, qu'une analyse en règle serait ici complètement inutile'[49] et insiste sur la nouveauté de l'épisode de la duchesse de C...: 'On n'était point alors encore blasé sur ces situations, dont on a tant abusé depuis. Mille et mille romanciers ont retourné cette histoire en cent manières différentes, dont aucune n'a pu atteindre au mérite de l'original qu'on relira, sans doute ici, avec un véritable plaisir'[50]. *La Décade*[51], dans un article très sévère à l'égard d'*Alphonsine*, imagine une mise en scène révélatrice du climat dans lequel les œuvres de madame de Genlis sont accueillies: un abonné communique la lettre d'un dénommé Bonin, notaire dans l'Orne, dans la petite société duquel le dernier roman de madame de Genlis a causé un vif émoi. Ses partisans sont madame Bonin, 'enthousiaste des ouvrages de madame de Genlis' ('sur le titre seul elle les fait lire à sa fille'[52]) et le curé.

---

46   XXIV, avril 1806, p. 79. Même phénomène pour le journal de madame de Genlis: 'La jeunesse épiait son apparition avec un empressement digne de l'entière liberté d'accueillir un recueil périodique si recommandable et qui lui est particulièrement consacré', *Le Mercure*, XLVI, 1816, pp. 57-66.

47   Les journaux apprécient diversement les clés volontaires (madame de Genlis se peint sous les traits de madame d'Almane) ou involontaires: 'Contentons-nous d'annoncer que l'auteur d'*Adèle et Théodore* est le même que celui du *Théâtre d'éducation des jeunes personnes*'. 'Peut-être aurait-elle pu prévoir que la méchanceté se plairait à en faire des applications particulières qui empoisonneraient ses intentions, mais on pouvait en faire autant des *Caractères* de La Bruyère et de tous nos modernes Théophrastes' *Tableau Raisonné de l'histoire littéraire du XVIIIe siècle rédigé par une société de gens de lettres*, T. VII, Yverdon, année 1782, juillet, pp. 45-59.

48   A propos des *Mères rivales*, *Le Mercure*, 1801.

49   Célébrité à laquelle Dussault fait écho à propos du texte de *Mademoiselle de La Fayette*: 'et qui est-ce qui ne l'a pas lu?'.

50   *L'Alambic littéraire*, T. II, pp. 157-167.

51   *La Décade*, XLVIII, 1806, pp. 231-242.

52   Ibid. Mais de celle-ci, le père dit: 'madame Bonin assure que Juliette est un prodige pour les vertus et les connaissances; moi, je trouve que cet enfant a quelquefois dans le regard je ne sais quoi d'équivoque et de mal assuré qui m'inquiéterait beaucoup si

Ses adversaires: monsieur Bonin, son ami Théophile, ancien professeur d'université, observateur scrupuleux de la morale évangélique, plus hésitant sur les dogmes, 'mais lorsque Théophile parle des charmes de la vertu, de sublimité de la morale, lorsqu'il recommande aux hommes cette bienveillance universelle que Dieu mit dans nos cœurs... on dirait qu'il a reçu du ciel la mission d'éclairer les hommes'. La jeune fille est sommée par la mère de lire en public *Alphonsine*, elle s'y refuse et dresse la liste des épisodes incriminés. Théophile entreprend de raconter le roman. Il ne peut achever, madame Bonin lui ferme sa porte et monsieur Bonin demande l'arbitrage du journal: le roman est-il de madame de Genlis? Dans une société pour qui le roman se légitime par son application psychologique et morale, les agissements des personnages sont discutés à l'aune des sentiments des lecteurs, comme le montre cet extrait sur *La duchesse de La Vallière*:

> Mais la vérité, c'est que les femmes ne veulent pas qu'on leur dise trop de mal de l'amour, les hommes ont peur qu'on ne prétende les dégoûter de l'inconstance. Ils ne pardonnent pas à Mme de Genlis d'avoir montré l'amant si coupable, la maîtresse si malheureuse; les choses, disent-ils, ne se passent jamais ainsi.[53]

*La Décade* esquisse une analyse du fonctionnement des best-sellers:

> Le brillant éloge que vous en avez lu dans quelques uns de nos journaux a dû vous inspirer une prévention favorable; à cent lieues de Paris, vous ne savez pas les motifs secrets qui dictent certaines louanges et certaines critiques; vous ne songez point à l'influence de certaines circonstances; vous ne soupçonnez pas même qu'on ait des moyens de faire à un ouvrage, un succès fort au-dessus de son mérite.[54]

Censure de professionnels irrités par le succès de masse que partagent *Le Mercure* en 1806[55] et *Le Diable boiteux* en 1816: 'madame de Genlis aime mieux compter les suffrages que de les peser, et satisfaite d'une renommée viagère, montre un dédain philosophique pour les jugements de la postérité'[56]. Les journaux affinent une typologie du lectorat de romans: ces livres s'adressent à des 'oisifs qui savent peu et réfléchissent encore moins'[57] ou 'un roman de madame de Genlis est écrit pour tout le monde, pour les

---

je n'étais convaincu que ma femme n'a pu se tromper sur le meilleur système d'éducation'.

53  'Lettre d'une femme sur le roman de *La Duchesse de La Vallière*', *Archives littéraires de l'Europe*, I, 1804, pp. 370-383.
54  *La Décade*, XLI, 1804.
55  XXIV, avril 1806, p. 79. *Le Mercure* oppose deux publics, l'un 'léger, frivole qui ne désire que des romans et qui est toujours content pourvu qu'on l'amuse (...) l'un qui juge les succès eux-mêmes, qui demande compte aux auteurs des moyens qu'ils ont employés pour se les procurer'.
56  V (21 avril 1816), pp. 97-103.
57  *La Décade*, XLI, pp. 18-27.

hommes instruits comme pour les femmes frivoles, pour les dévots qu'elle édifie et pour les incrédules qu'elle veut convertir'[58].

Critiques et éloges se comprennent en fonction du statut littéraire que les premiers ouvrages de madame de Genlis lui ont concédé et que les ouvrages suivants destinés à des adultes, viennent nuancer. Pour ses partisans, elle reste, la femme brillante qui a renoncé au monde pour se consacrer à des œuvres éducatives, fortifiées par l'expérience de Bellechasse. Lecteurs et parents remplissent une dette de gratitude en donnant leur suffrage à chaque nouvel ouvrage. Le paragraphe introductif du *Mercure* pour *Adèle et Théodore* donne le ton de ces panégyriques: 'Nous partageons bien sincèrement la reconnaissance que doivent à Mme la Comtesse de G*** tous les chefs de famille assez éclairés pour sentir le prix d'une méthode d'éducation propre à rectifier leurs vues et à simplifier leur travail'[59]. Cette situation est rendue plus originale par le fait d'être femme et de marcher sur le brisées d'auteurs masculins auxquels on la compare, Fénelon, Locke Rousseau. Le *Journal de Monsieur* développe un éloge d'une page et demi sur le talent utile des femmes (alors que le génie est un 'don inutile et dangereux'): 'elles auront alors la double gloire d'avoir fait l'ornement de leur siècle et le bonheur même des générations futures. Telle est la noble ambition dont paraît animée madame la Comtesse de G*** et qui lui fait abjurer la timidité de la colombe pour prendre le vol audacieux de l'aigle'[60]. Jugement fortifié par *Le Mercure*: 'Et nous félicitons les femmes d'avoir un écrivain de plus à placer dans la brillante galerie des femmes célèbres'[61]. Rapidement, ces titres de gloire se referment en piège: madame de Genlis devrait se cantonner dans des ouvrages analogues ou, si la mine en est épuisée, écrire moins, plus court ou renoncer... Les *Archives littéraires* concluent ainsi un article sur *Alphonsine*: 'et c'est en songeant à tout ce qu'elle peut faire d'agréable que l'on se console de ce qui l'est un peu moins'[62]. Ses opposants ironisent férocement sur ses facilités. A propos de son style, Esménard, critique de *Bélisaire* dans *Le Mercure* après une évaluation synthétique du talent de madame de Genlis, énonce: 'Il est écrit, comme tout ce qui sort aujourd'hui de la plume de l'auteur, avec une simplicité souvent élégante, mais avec peu de verve et de chaleur'[63]. Le roman noir d'*Alphonsine* appelle ce bilan de *La Décade*:

> on dit qu'*Alphonsine* est celui de ses ouvrages dont l'auteur fait le plus de cas. S'il en est ainsi, il faut plaindre Mme de Genlis et regretter qu'elle ne soit plus au temps de sa vie où elle paraissait mieux inspirée. *Les Veillées du Château*, la partie d'*Adèle et*

58  *Archives Littéraires de l'Europe*, XVII, 1808, pp. 109-127.
59  *Le Mercure*, 13 avril 1782 , pp. 55.
60  *Journal de Monsieur*, I, 1782, pp. 385-453.
61  13 avril 1782.
62  IX, pp. 102-131.
63  Juin 1808, pp. 599-610.

*Théodore* qui n'est pas uniquement systématique, plusieurs contes moraux, voilà, quoiqu'elle fasse, ses seuls et véritables titres de gloire littéraire.[64]

Ce qui explique le jugement favorable d'un journal, qui lui est férocement opposé, pour les nouvelles, *L'Épouse impertinente* et quelques autres:

> Cette charmante nouvelle n'a que quelques pages. *Mlle de Clermont*, le chef-d'œuvre de madame de Genlis, est fort courte aussi; j'oserai conclure de ces deux exemples que le talent de l'auteur est particulièrement propre aux petits ouvrages. Tous ceux de ses écrits qui ont un peu d'étendue manquent de perfection dans l'ensemble et servent à confirmer mon doute.[65]

Dès *Madame de Maintenon*, en 1806, la critique préconise à madame de Genlis de cesser d'écrire (*Le Mercure*[66]). *Jeanne de France*, parue en 1816, signe l'exaspération de la critique devant une œuvre inépuisable. *Le Mercure* déplore:

> on a remarqué avec raison que les fautes des pères sont perdues pour les enfants (...) cela n'a pas arrêté madame de Genlis, elle vient encore d'enfanter deux volumes (...) sans doute, sa plume libérale changera encore l'histoire en roman; car il paraît que c'est là la marotte de madame de Genlis, qui ne cessera d'écrire qu'en cessant de vivre (...) Enfin ce roman se ressent de la vieillesse de l'auteur.

*Le Diable boiteux*[67] la compare à Tiraqueau qui donnait tous les ans un volume et un enfant et ironise sur son talent protéiforme: 'on n'a pas même oublié sa *Maison rustique* et son *Journal imaginaire*'. Certains journalistes n'évoquent sa carrière qu'en chiffres, par ses 20 volumes qui 'prouvèrent au moins qu'elle avait senti l'importance de ses fonctions...'[68].

*Vers une typologie des articles*

Presse d'humeur, article d'éreintement[69], lettres fictives, analyses et extraits: la revue de presse autour de madame de Genlis témoigne de la diversité des talents de la critique. Les articles sont assez longs, voire très longs (71 pages dans *L'Année littéraire*[70] pour *Adèle et Théodore*). L'analyse se poursuit

---

64   Janvier-mars 1806, pp. 242.
65   *La Décade*, XLII, 1804.
66   Avril 1806: premier paragraphe: 'Si tous les écrivains qui publient tous les jours de nouveaux ouvrages les faisaient ainsi tous les ans meilleurs, nous nous ferions un devoir d'encourager les auteurs les plus médiocres, dans l'espérance qu'ils deviendraient un jour excellents; mais il n'en est pas ordinairement ainsi'.
67   6 avril 1816.
68   *Le Mercure*, XXXI, 1808, pp. 148-162.
69   celui de *La Décade* (XVII, pp. 473-481) sur *Les Chevaliers du Cygne* en est une exemple achevé.
70   V 1782, pp. 217-288.

parfois dans d'autres numéros du journal, en réservant les dernières occurrences à de larges extraits[71] ou à un morceau particulier: l'article consacré à *Adèle et Théodore* dans *Le Mercure* s'achève par une lettre apocryphe qui rapporte une discussion entre Adèle et madame d'Almane après une représentation de *Phèdre*...[72]. Inversement, certains journalistes rendent compte de deux œuvres dans le même article et évaluent l'une par rapport à l'autre, notamment pour les deux romans historiques *La Duchesse de La Vallière* et *Madame de Maintenon*[73]. Certains adoptent la forme de lettres, émanant de femmes (pour *La Duchesse de La Vallière*[74]), de lecteurs (pour *Alphonsine*[75]). Certains articles sont anonymes, d'autre sont signés. Dans ce cas, une lutte ouverte s'engage entre auteurs et journalistes: dans l'article qu'il consacre à *Bélisaire*[76], Esménard répond aux accusations lancées contre lui par madame de Genlis dans la préface de ce dernier ouvrage concernant *Le Siège de La Rochelle*!... Le lecteur entre au cœur d'un dispositif polémique de préfaces et de comptes-rendus: 'Je suis accusé (...) d'avoir critiqué *Le Siège de La Rochelle* avec *le ton et les expressions de la haine*, d'avoir fait de cet ouvrage *un extrait non seulement infidèle, mais tout à fait faux* et de m'être permis des *personnalités très offensantes*'. Au delà d'oppositions esthétiques, c'est la déontologie du journaliste et de l'auteur qui est mise en question: 'Madame de Genlis daigne ensuite m'expliquer, avec un peu d'ambiguïté, ce qui fait souvent confondre par des auteurs irrités et par le public impartial, *l'état honorable de journaliste avec le vil métier de libelliste*'. Suit alors un exposé sur l'œuvre de madame de Genlis, des proclamations d'indépendance du journaliste ('Du reste, aucun intérêt d'affaires ou de partis, aucune opinion, aucune rivalité, aucun souvenir pénible ne peut m'armer contre madame de Genlis'[77]). A d'autres moments, certains journaux refusent les polémiques, tel *Le Mercure* dans sa conclusion à propos des *Veillées du Château*, dont il rappelle cependant les 'orages': 'Le Ciel préserve la littérature du schisme dont ces mouvements semblent le menacer'[78]. Tous les articles s'appuient largement sur le texte dont ils rendent compte. On peut ainsi à travers une étude comparative des articles consacrés à *Adèle et Théodore* dresser un panorama complet des points de morale, de pédagogie, de style qui ont surpris en bien ou en mal le lecteur contemporain. Le compte-rendu du *Mercure* est à cet égard exemplaire[79].

---

71    *Journal de Monsieur*, I, 1782 sur *Adèle et Théodore*.
72    *Le Mercure*, avril 1782, pp. 103-122.
73    Guairard pour *Le Mercure*, XXIV, avril 1806, pp. 79-89 et *La Décade*, XLIX, 1806, pp. 208-2119.
74    *Archives Littéraires*, I, 1804, pp. 370-383.
75    Quelques lettres sur le roman d'*Alphonsine*, *La Décade*, XLVIII, 1806, pp. 231-242, 295-300.
76    *Le Mercure*, XXII 1808, pp. 599-610.
77    Ibid.
78    Juin 1784, pp. 151-169.
79    Abbé Rémy, avril 1782, pp. 55-72.

Une étude croisée des articles montre comment tel point est attaqué ou défendu, certains articles répondant aux attaques lancées par leurs confrères: Grimod de la Reynière défend ainsi madame de Genlis et *Les Mère Rivales*, attaquées par *La Décade* et *Le Mercure*: 'Madame de Genlis avait, plus qu'une autre, tout ce qu'il fallait pour être victime de la calomnie (...) De là les mille noirceurs dont elle se plaint et que nous osons l'engager à mépriser'[80]. Chacun proteste de lectures attentives, d'avis éclairés, d'un souci impartial d'information et prétend être le seul à respecter cette mission (*Journal de Monsieur*[81]). Le résumé du roman est inévitable. Parfois la difficulté est telle qu'elle suggère que l'ouvrage est obscur:

> Ces lettres n'ayant point de sommaire qui annoncent la matière qu'elles traitent, j'ai été obligé de feuilleter dix fois chaque volume pour tâcher de découvrir le rapport de tant de pièces détachées (...) Le moyen en effet de discuter tant d'assertions sur une infinité de matières, tant de propositions principales ou incidentes, et d'en donner une espèce de table raisonnée?[82]

L'analyse, dans les articles d'opposition, se mue en un résumé ironique qui accumule les invraisemblances et les absurdités ou en une genèse imaginaire qui caricature le travail de création de l'auteur:

> Madame de Genlis ne s'est pas cru assez de pouvoir sur son héroïne pour lui faire adopter de plein gré le nouveau système qu'elle nous propose; on sent bien que, pour l'y forcer, il a pu devenir nécessaire de recourir à des combinaisons d'événements un peu extraordinaires: et ce sont des combinaisons qui font le sujet du roman[83]

ou à propos du *Siège de La Rochelle* 'Mais il paraît que Mme de Genlis était décidée à faire un volume, et, dans cette supposition, qu'il ne s'agit pas d'expliquer, voici comment on peut croire qu'elle aura conçu son plan'[84]. Les journalistes soignent leurs conclusions: bilans élogieux sur l'ouvrage évoqué et sur l'ensemble de l'œuvre: 'Félicitons madame de Genlis d'avoir quitté les épines de la discussion polémique où elle s'enfonçait avec M. Auger, pour rentrer dans une carrière où elle ne peut rencontrer que des fleurs'[85] ou pointes assassines:

> Madame de Genlis (...) a peut-être voulu prouver, qu'on pouvait, avec beaucoup d'esprit et de goût, et un grand usage de la cour et du monde, faire des ouvrages assez médiocres, et parler un langage qui n'est pas toujours de bon ton. Quand on a lu son ouvrage, on trouve que la preuve était superflue.[86]

---

80   *L'Alambic littéraire*, I, 1803, pp. 191-200.
81   *Adèle et Théodore*, I, 1782, pp. 385-453.
82   *L'Année littéraire* pour *Adèle et Théodore*, 5, 1782, pp. 234-235.
83   *Archives littéraires* pour *Alphonsine*, IX, 1806, pp. 10-131.
84   *Archives littéraires*, XVII, 1808, pp. 109-127.
85   Dussault, *Annales Littéraires*, vol. IV, Paris 1818, pp. 85-102.
86   Pour *Madame de Maintenon*, Guairard, *Le Mercure*, XXIV, 1806, pp. 79-89.

L'article de critique littéraire se mue parfois en règlement de compte personnel. Les prétentions moralisantes de madame de Genlis alliées à une vie tumultueuse irritent la critique qui se répand en allusions perfides, encouragées par les pratiques de mise en scène et d'auto-encensement dont notre auteur est coutumière: *La Décade* ne sauve d'*Alphonsine* que l'épisode d'Elvire, en le rapprochant de *Faublas* et des *Liaisons dangereuses*: 'cette digression voluptueuse est l'écart d'une imagination vive qui se laisse entraîner par l'attrait des souvenirs'[87]. Ses romans historiques, qui évoquent les maîtresses des rois, appellent des allusions à sa liaison avec le duc d'Orléans, que ce soit dans *Jeanne de France* ('tout le monde avoue que son talent brille d'un éclat singulier dans ces tableaux destinés à l'instruction de la jeunesse')[88], *La duchesse de La Vallière* ou *Madame de Maintenon*.

## Les litiges

### *La discussion esthétique*

Premier point litigieux, celui du plan et de la structure des ouvrages. Tous les articles y font allusion généralement en mal, témoignant ainsi de leur préoccupations classiques. Les romans sont trop longs, embrouillés, (on compare le plan d'*Adèle et Théodore* à 'cette fameuse machine de Marly, beaucoup trop compliquée pour l'effet qu'elle doit produire'[89]). On reproche à madame de Genlis de sacrifier l'unité d'intrigue à des épisodes et des personnages secondaires, à des récits intercalés et des digressions qui la parasitent[90]. Un critique suggère de faire deux nouvelles à partir du *Siège de La Rochelle*[91]. Seul le recueil des *Veillées du Château* suscite le commentaire opposé: 'Ce n'est point un hasard que les diverses histoires qui composent ce recueil se trouvent placées à la suite les unes des autres', selon un 'ordre graduel favorable et adapté aux progrès de l'esprit des enfants et au développement de leur raison'[92].

Les discussions sur les titres sont liées au problème de plan. En embrassant trop, par souci d'exhaustivité, madame de Genlis choisit des titres inadaptés. La critique épingle ainsi celui des *Mère Rivales*: 'La rivalité des mères ne commence guère qu'au quatrième volume' remarque Grimod de la Reynière[93], tandis que *Le Mercure* le justifie: 'L'une (des mères) l'est devenue par un égarement insensé, l'autre par un acte de bienfaisance

87    *La Décade*, XLVIII, 1806, p. 238.
88    *Le Diable Boiteux*, I, 1816, pp. 25-29.
89    *Le Mercure*, avril 1782, p. 55.
90    'Tous ces personnages (...) ne semblent être amenés là que pour écrire et recevoir des lettres', *L'Alambic littéraire*, I, 1803, pp. 191-200.
91    *Archives littéraires*, XVII, 1808, p. 112.
92    *Le Mercure*, juin 1784, pp. 151-169.
93    *L'Alambic littéraire*, I, 1803, pp. 191-200.

irréfléchi'[94]. *Alphonsine* devait s'intituler d'après la préface de l'auteur *L'Éducation sensitive*:

> On n'entend pas davantage, après l'avoir lu, comment ce titre d'*Éducation sensitive ou qui a la faculté de sentir* peut s'appliquer à l'éducation d'une personne élevée jusqu'à l'âge de douze ans dans une caverne, où elle est privée de l'usage d'un de ses sens et des trois quarts des sensations qui peuvent lui venir des autres[95].

Une même esthétique classique justifie les critiques autour de la notion de vraisemblance, conçue comme une nécessité esthétique et morale. Le credo universellement accepté par les journalistes est qu'un roman doit être utile (les préfaces de madame de Genlis satisfont lourdement cette attente) et qu'on ne peut être touché par ce qu'on ne croit pas. 'Il est inutile d'insister sur l'effet que produisent tant d'invraisemblances. Qui ne voit qu'elles détruisent toute illusion?' même si la fiction semble y perdre: 'C'est en vain que l'auteur en fait naître des situations neuves et touchantes'[96]. Aussi les différents articles dressent-ils la liste des invraisemblances et des ingéniosités les plus choquantes. Le roman noir d'*Alphonsine* fait particulièrement les frais de cette critique: invraisemblance des situations, ingéniosités dans les dates, invraisemblances psychologiques, pour en arriver à ce jugement paradoxal:

> C'est trop pour un roman du romanesque des idées et du romanesque des situations (...) Le romanesque n'est point l'usage, mais l'abus du genre (...) Le romanesque nuit donc essentiellement à l'illusion du roman, et quel plus grand tort peut-il lui faire?[97]

Enfin, selon la critique, madame de Genlis a mauvais goût[98]. *La duchesse de la Vallière*, comme déjà *Adèle et Théodore*, sacrifie trop à la mode de la sensibilité et des pleurs[99]. Celle du roman noir multiplie les souterrains et ceux de la comtesse ne valent pas ceux de madame Radcliffe[100]. Les sujets de romans s'aventurent du côté des annales de la criminalité[101].

Ces reproches sont décuplés dans le cas des romans historiques. Les comparaisons avec la tragédie et l'épopée, genres nobles, font du roman historique un incurable bâtard, 'une espèce de composition littéraire qui n'appartient à aucun genre, et qui, par une alliance monstrueuse, confond la

94   *Le Mercure*, III, 1801, pp. 185-192.
95   *Archives littéraires*, IX, 1806, pp. 102-131.
96   *Archives littéraires*, VII, 1808, pp. 109-127.
97   *Archives littéraires*, IX, 1806, pp. 102-131.
98   'Un vrai littérateur aurait également su s'arrêter au point marqué par le bon goût' *Le Mercure*, 1782, p. 107.
99   *Archives littéraires*, I, 1804, pp. 370-383.
100  *Archives littéraires*, IX, 1806, pp. 241.
101  'En vérité, il semble que madame de Genlis aille maintenant chercher ses sujets dans les écrous de la Conciergerie et sur les registres des Enfants trouvés' *Le Mercure*, 1809, pp. 213-221 pour *Alphonse*.

vérité avec le mensonge'[102]. Le roman historique ne doit rien inventer. Les *Archives littéraires* partagent une admiration assez générale pour *La Duchesse de La Vallière* en créditant madame de Genlis d'une vérité historique qui lui ôte toute invention romanesque. L'article brode autour du motif du 'On reconnaît bien (...) on voit d'ici (...) Enfin Louis XIV n'a rien perdu pour moi dans le roman de Mme de Genlis'[103]. En revanche, à propos de *Jeanne de France*, *Le Mercure* écrit: 'Quand l'histoire lui offrait un beau caractère à développer, elle a mieux aimé substituer des idées outrées, des sentiments que personne n'a jamais eus, elle a préféré ennuyer en secouant le joug de l'histoire qu'amuser en s'y soumettant'[104]. La marge de manœuvre est étroite entre les sources et les plagiats que dénonce la critique. Les anachronismes sont relevés avec zèle et sévérité. *La Décade* en dresse la liste pour *Madame de Maintenon* en dépit des notes en bas de page, précédées de l'adjectif 'historiques' et rédigées par l'auteur qui, selon le critique, a choisi de mauvaises source ('La Baumelle est fort mensonger, Voltaire n'a rien dit de trop contre lui')[105]. De manière générale, on lui reproche de transposer le XVIIIe siècle dans l'époque qu'elle est censée dépeindre (dans *Les Chevaliers du Cygne* entre autres) d'user d'expressions inadéquates (dans la dispute entre les deux maîtresses rivales dans *Madame de Maintenon*: 'Nous serions fâchés d'être obligé de croire qu'on parlait quelquefois à Versailles comme dans *les petites villes*'[106]), d'inventer des scènes ('L'avantage de représenter Mde de La Vallière à genoux, les cheveux épars, se débattant près de la croix d'un cimetière, n'était sans doute pas assez considérable pour y sacrifier la vérité historique et la vraisemblance des caractères'[107]), de modifier des caractères (en rendant Mlle de La Vallière plus intelligente qu'en réalité[108]). Seul, Dussault défend le roman historique à propos de *Mlle de La Fayette*: 'il me semble qu'elle déploie dans ces compositions mixtes plusieurs des qualités qui constituent le grand historien'[109], ce que lui permet de dresser une liste des épisodes les plus réussis (la rencontre à l'Hôtel-Dieu, la première représentation du *Cid*, la fête mystérieuse, la scène à l'abbaye de Longchamp, les couches de la reine, la catastrophe finale).

*Les divergences morales*

La querelle porte sur la fin et les moyens. Le succès de madame de Genlis repose sur des effets romanesques, liés aux modes qu'elle exploite. La

102  *Le Diable boiteux*, I, 1816, pp. 97-103.
103  *Archives littéraires*, I, 1804, pp. 370-383.
104  Février 1816.
105  *La Décade*, XLIX, 1806, pp. 208-219.
106  *Le Mercure* XXIV, 1806, pp. 79-89.
107  *Archives littéraires,*, I, 1804, p. 378.
108  *Archives littéraires*, I, 1804, p. 379.
109  *Annales littéraires*, IV, 1818, pp. 85-102.

critique dénonce le décalage entre le discours moralisateur et les ingrédients romanesques: 'On examinera peut-être un jour jusqu'à quel point ces sermons édifiants, prodigués dans des ouvrages qui, par leur nature, le sont beaucoup moins, sont utiles à la religion qu'ils paraissent défendre'; et de citer Boileau[110] ou d'opposer l'exemple de Fénelon[111]. La critique se durcit dans le cas des romans noirs et des romans historiques mettant en scène des épisodes sanglants ou des exemples d'inconduite notoire (adultère par exemple). L'écart entre le cadre romanesque et les buts proposés souligne la vanité de l'entreprise. *Alphonsine, Alphonse*[112], *Les Mères Rivales, Le Siège de La Rochelle* apparaissent comme de doubles échecs. Au delà de cette réserve de fond, la presse détaille les points de morale et de religion exposés dans les romans. Les premiers ouvrages, avant la Révolution, présentent une morale chrétienne sécularisée dans son mode d'expression, influencée par les philosophes[113]. Aussi, la critique conservatrice assimile l'auteur aux déistes et blâme ses positions contre les prières des agonisants, la pratique de l'aumône, ses épisodes de vocations forcées, ses saints laïcs, son choix de lectures, son goût pour le théâtre et la controverse religieuse, le laxisme de M. d'Almane envers les passions (dans *Adèle et Théodore*[114]), l'éducation religieuse dispensée à Alphonsine par sa mère, son refus du cloître (*Le Siège de la Rochelle*). Après la Révolution, au contraire, ses partisans louent sa contribution au retour à l'ordre tandis que ses opposants voient dans ses tableaux d'Ancien Régime la preuve de la corruption qu'ils opposent aux vertus du peuple et des philosophes[115]. *La Décade* donne le ton d'une critique morale et politique à propos de *La Duchesse de La Vallière*: 'Si l'on racontait quelque chose d'approchant d'une famille bourgeoise, cela s'appellerait débauche, bassesse, crapule. (...) Voilà l'héroïne d'un roman historique, écrit par une dévote, pour l'édification des âmes pieuses'. Inversement, au milieu d'articles d'éreintement, ce même journal sauve une nouvelle, *L'Épouse Impertinente par Air*[116]. Quelques points de détail, en matière éducative, reviennent sous la plume des journalistes: la tyrannie maternelle visible dans les plans d'éducation proposés dans *Adèle et Théodore* et dans *Alphonsine*[117]. Quelques contradictions sont relevées

---

110  *Le Mercure*, XXXI, 1808, 148-162.
111  'Il n'est réservé qu'à un petit nombre d'écrivains d'imaginer, comme Fénelon, une fable brillante, de l'offrir sous mille aspects variés, d'en subordonner toutes les parties à un seul but moral', *Le Mercure*, 13 avril 1782, p. 106.
112  *Le Mercure*, XXXV, 1809, pp. 213-221.
113  M.E. Plagnol, 'Le théâtre de madame de Genlis, une morale chrétienne sécularisée', *Dix-huitième siècle,* 24, 1992, pp. 367-382.
114  Les différents passages incriminés se retrouvent dans l'ensemble des comptes-rendus d'*Adèle et Théodore*, parus en 1782.
115  *La Décade*, XLVIII, 1806, p. 241, note: 'Une seule page de *L'Émile* fera plus pour la gloire de l'Évangile et la pratique des vertus que cette foule de volumes, scandaleux assemblage de tableaux profanes et de préceptes catholiques'.
116  *La Décade*, XLII, 1804, pp. 220-232, 'Le sujet en est très heureux'.
117  *La Décade*, XLVIII, 1806, p. 240, *L'Année littéraire*, V, 1782, p. 255.

comme le recours au mensonge alors que le principe en est sévèrement interdit par ailleurs.

## L'affrontement politique

Très marqué dans un journal comme *La Décade*, le politique s'exprime de manière assez répétitive et forme un tout avec les positions religieuses et morales évoquées ci-dessus. Il permet une critique radicale de l'œuvre de madame de Genlis. On lui reproche son inspiration puisée dans les amours des rois et de leurs maîtresses[118], ses erreurs et ses partis-pris historiques qui lui font voir des calvinistes dès 1428[119], ses rapprochements hasardeux entre la cour de Charlemagne et la Révolution dans *Les Chevaliers du Cygne*, voire son style: 'Les gens de qualité trouvent, m'a-t-on dit, que madame de Genlis est le seul écrivain qui sache encore les mettre en scène et leur faire parler leur langage. Il se peut qu'en effet elle imite avec beaucoup de vérité le jargon futile et maniéré qui était en vogue à la cour de nos deux derniers rois'[120].

Les pointes deviennent personnelles et acérées lorsque philosophes et anti-philosophes opposent leurs champions. *Le Diable boiteux* analyse finement les volte-face idéologiques de madame de Genlis:

> Certaines gens, qui ont une mémoire inexorable, prétendent qu'il fut un temps où les doctrines philosophique n'inspiraient aucune terreur à madame de Genlis et où elle prêtait aux philosophes une main complaisante. Je n'oserai rien assurer à cet égard. C'est un secret entre le ciel et madame de Genlis. D'ailleurs si elle en a commis une telle indiscrétion, elle en a éprouvé un sincère repentir et elle en a fait faire une longue pénitence à ses lecteurs.[121]

Les critiques fustigent madame de Genlis pour ce ridicule et constant combat d'arrière-garde contre les philosophes des Lumières, en particulier Voltaire et leurs héritiers telle madame de Staël attaquée dans *La femme philosophe*[122], tandis qu'inversement, *L'Année littéraire* retrouve un écho de ses propres combats: 'Nous ne pouvons que nous applaudir de voir Madame la C. de G. confirmer les jugements que nous avons portés sur Voltaire et qu'on nous a si amèrement reprochés, comme autant de sacrilèges'[123].

Attentive, détaillée mais souvent partiale, ironique, féroce, la revue de presse qui accompagne l'œuvre romanesque de madame de Genlis rend compte

---

118  *La Décade*, XLI, 1804, pp. 18-27.
119  *Archives littéraires*, XVII, 1808, pp. 126.
120  *La Décade* pour *Madame de Maintenon*, XLIX, 1806, pp. 208-219.
121  *Le Diable boiteux*, pour *Jeanne de France*, II, 6 avril 1816, pp. 25-29.
122  *La Décade*, XLII, 1804, pp. 220-232.
123  *L'Année littéraire*, pour *Les Veillées du Château*, 1, 1786, p. 209.

d'une intense vie littéraire en mutation. L'œuvre à succès, le goût du public, les romans à la mode: autant de nouvelles données esthétiques, sociales, économiques, décuplées par la période de l'après Révolution, que les critiques de presse acclimatent avec difficulté et irritation. Ni plus, ni moins éphémères que certains romans de madame de Genlis, leurs écrits redonnent vie à cet 'obscur objet' de la réception.

André TISSIER

Professeur émérite à l'Université de Paris-III

# En 1791, sur les pas de Rousseau, une ci-devant noble cherche un Emile pour sa fille, dans les avis divers du *Journal général de France* (dit *Petites Affiches*)

Les faits rapportés ici, à la fois anecdotiques, inédits et curieux, sont extraits d'un livre que j'avais jadis préparé au cours de recherches dans les journaux, en vue d'un répertoire analytique et chronologique des *Spectacles à Paris pendant la Révolution*. La première partie de ce répertoire (1789-1792) a paru il y a quelques années chez Droz à Genève. Mais l'essai dont je tire aujourd'hui cette communication, n'a pas, en son temps déjà pour moi lointain, trouvé d'éditeur pour le publier; et mon manuscrit continue de vieillir et de dormir sagement dans mes tiroirs.

Le point de départ est la publication de la lettre d'une mère qui cherche un mari pour sa fille — chose banale en soi, fait divers —, avec ses considérations matérielles et ses utopies. Puis sont publiées les lettres des soupirants: ceux-ci déclinent leurs qualités pour obtenir la fille, mêlant l'imaginaire à la réalité. Finalement, la fiction cède le pas à la vie quotidienne, et la mère revient sur terre après avoir rêvé.

Il convient d'abord de replacer les faits dans leur contexte historique de 1790-1791, aux premiers mois de la liberté conquise. L'apparition des annonces matrimoniales est essentiellement liée en effet aux premières années de la Révolution, la 'quête' d'un mari par l'intermédiaire des petites annonces supposant évidemment qu'on soit libre de chercher son futur conjoint et qu'il existe des journaux pour porter votre appel dans un rayon étendu.

Bien qu'il y ait eu avant la Révolution de nombreuses feuilles périodiques d'information, politiques et littéraires, c'est la Révolution, avec la liberté accordée à la presse (août 1789), qui fit naître en France le journalisme, tel que nous le concevons aujourd'hui. On doit également à la Révolution d'avoir, en abolissant les privilèges, en proclamant l'égalité, fait intervenir dans le mariage la notion de choix librement consenti.

Mais les préjugés ne disparaissent pas instantanément à coups de décrets: le temps seul permet d'écarter peu à peu les barrières longtemps infranchissables. Et les parents continueront longtemps de contrôler le choix de leurs enfants.

A l'époque qui nous intéresse, le mariage demeure donc, et surtout pour les jeunes filles, l'affaire des parents. Particulièrement dans les familles ci-devant nobles et chez les bourgeois, on assortit des titres, des fortunes, des intérêts. Les mères cherchent un gendre pour elles, plutôt qu'un mari pour leur fille.

Quelques mots pour justifier, dans un journal quotidien, la lettre d'une mère cherchant un mari pour sa fille, et évoquons les premières annonces matrimoniales.

A l'exemple de la ville de Londres, une des premières à avoir vu se créer une agence matrimoniale, il s'était établi à Paris, en mars 1790, un bureau destiné à faciliter et à multiplier les mariages, en recevant 'propositions et conditions'. Le directeur, pour étendre son champ d'action, décida d'imprimer ses fiches. Ainsi naquit sur quatre pages de grand format *L'Indicateur des mariages*. Le premier numéro, daté du mardi 16 mars 1790, le seul qui nous soit parvenu, fut lancé en exemplaire de publicité. Dans ces fiches signalétiques, il s'agit moins d'un cœur qui cherche l'âme sœur que d'une affaire qui se traite avec la rigueur des mathématiques: j'ai tant, il me faut tant; j'accepte de partager ma vie avec quiconque m'apportera ce dont j'ai besoin. Curiosité, les demandes émanaient de gens d'expérience, qui ne s'embarrassaient pas de fleurettes ... ni de progéniture: tous ceux qui sollicitent *L'Indicateur,* pour beaucoup veufs ou veuves, étaient ou devaient être sans enfants. Un exemple (f° 2, n° 2):

> Une Veuve en état de conduire la parfumerie, âgée de trente-trois ans, sans enfants, qui a sept cent quatorze livres de rente perpétuelle et un mobilier de seize à dix-huit cents livres, désire se marier avec un Garçon ou Homme veuf, sans enfants, de trente à cinquante ans, qui aurait, en toute propriété, un fonds de parfumerie bien assorti et une boutique bien située.

A partir de février 1791, soucieux de démasquer intrigants et mystificateurs et après avoir eu en un an 250 mariages à son actif[1], le directeur renonça à publier offres et demandes, et se contenta d'afficher à son bureau les fiches des candidats et candidates au mariage: il fallait dorénavant consulter sur place[2].

Prit la relève un des ancêtres de nos magazines féminins, *Le Courrier de L'Hymen, journal des dames*[3]. Il parut pour la première fois le 20 février 1791. A côté de rubriques diverses, anecdotes et propos littéraires à l'intention des dames, ce nouveau journal voulait être 'le dépositaire des intentions des parents, des jeunes gens, des célibataires, des veuves qui auraient le désir d'établir leurs enfants ou qui voudraient former de nouveaux

---

1    *Chronique de Paris*, 12 février 1791.
2    Sauf pour quelques cas particuliers, qui trouvèrent refuge dans la *Chronique de Paris.*
3    Un mensuel, intitulé *Journal des dames*, avait déjà été publié de 1759 à 1769.

nœuds'. Il paraissait le dimanche et le jeudi. Citons la première demande: elle émanait d'un député, membre de l'Assemblée nationale, et elle était présentée par le directeur du journal lui-même:

> Un Américain[4] qui a l'honneur de siéger à l'Assemblée nationale en qualité de député de nos colonies, qui n'a point abusé de ses droits de maître pour assujettir ses négresses ou ses mulâtresses à ses désirs, qui s'est, pendant son séjour, uniquement occupé de faire prospérer ses habitations, voudrait partager sa fortune avec une jeune citoyenne de Paris, quand bien même elle n'aurait pour dot qu'une bonne éducation, que de la douceur dans le caractère et une figure agréable. Il lui passerait le goût pour la parure, pour les plaisirs de la musique, de la danse, pour les spectacles, pourvu qu'en se montrant dans les assemblées nombreuses, elle n'eût d'autre intention que celle de recueillir les hommages respectueux des hommes, et qu'elle reportât toujours à son mari l'admiration qu'elle exciterait par ses dehors de décence et d'amabilité. Quoique membre du corps législatif, il n'exige pas d'elle qu'elle ait une opinion prononcée sur tous les partis. Il préférerait même qu'elle ne donnât ni à droite ni à gauche, et qu'elle conservât en tout un juste milieu.

Et le directeur poursuivait l'annonce par cette note sur la future élue:

> Comme il ne désigne, dans ses demandes, ni le rang ni la naissance, nous avons pensé qu'il était au courant des idées adoptées par les bons patriotes. Aussi nous recevrons sans distinction les soumissions de toutes les mères de famille qui peuvent se glorifier d'avoir une fille d'une physionomie agréable et qui réunisse les talents aimables. Si une certaine retenue qui sied bien à la jeunesse, les éloignait de s'exposer à l'entrevue que notre Américain désire avant de fixer son choix, elles pourraient envoyer leur portrait au bureau, en avant l'attention de ne pas exiger du peintre qu'il flatte trop l'original, parce qu'il serait fâcheux pour elles de ne faire naître qu'un amour en peinture.

Voici un autre exemple des annonces du *Courrier de l'Hymen,* plus concis, mais non moins piquant:

> Une demoiselle âgée de 33 ans, demeurant en province, d'une famille très connue, ayant en dot vingt mille livres comptants, et qui peut en espérer autant après le décès de ses père et mère avancés en âge, désirerait, pour se marier, rencontrer un jeune homme de 30 à 36 ans, qui ait la même fortune qu'elle et un bon état.

Tout en faisant encore bonne place aux veuves, aux filles majeures, aux orphelines et aux jeunes filles esseulées dans la retraite des couvents où les avaient conduites leurs parents avant d'émigrer, *Le Courrier de l'Hymen, journal des dames* devint peu à peu le confident et le refuge des solliciteurs masculins: vieux garçons en quête d'aventures plutôt que de mariage, ou

---

4    Entendez: un Français d'Amérique. Il s'agit vraisemblablement d'un député de Saint-Domingue, la plus importante des colonies françaises de la fin du XVIIIe siècle. Il y aurait eu à cette époque, pour une population de 680 000 habitants, 600 000 esclaves environ et une caste privilégiée de 40 000 Blancs.

quadragénaires émoustillés par de mystérieuses dulcinées entrevues par hasard. Pour ne pas devenir journal des hommes, ce *Journal des dames* dut à son tour renoncer à publier toutes les annonces matrimoniales et se contenter de tenir des fiches qu'il fallait consulter sur place. Et, après cinq mois d'existence et alors que les rubriques littéraires cédaient de plus en plus souvent le pas à la politique, il sombra dans l'oubli du temps à la fin de juillet 1791.

Après la disparition du *Courrier de l'Hymen,* la 'quête' d'un mari devenait difficile pour celles qui, vivant isolées dans la société, avaient beaucoup à proposer et plus encore à souhaiter.

Pourtant, cinq mois plus tard, s'ébaucha où l'on n'attendait guère à le trouver, un authentique et fort curieux roman par lettres. C'est cette histoire que je voudrais maintenant rapporter. Ses incidences dépassent, comme on le verra, le cadre étroit du journal où elle parut, les *Petites Affiches.*

Que les sceptiques n'aillent pas imaginer qu'il ait pu s'agir d'une mystification dont ce journal aurait eu l'initiative. Ce quotidien était essentiellement un journal d'annonces, un journal d'affaires: offres, demandes, avis divers s'y succédaient avec monotonie, et une plaisanterie qui occupât sur un mois plus de douze pages entières, en était d'avance exclue. Il ne peut s'agir non plus d'une mystification à laquelle les *Petites Affiches* se seraient prêtées involontairement. Le rédacteur connut la plupart des noms et des adresses de ses correspondants. Il fit savoir dans quel embarras le mettaient le nombre et la diversité des réponses qu'il reçut et que, par la force des choses, il devait publier[5]. Cet échange de lettres à propos d'une annonce matrimoniale ne l'intéressait décidément pas. Et il y mit fin en des termes qui montrent que pas un instant il ne douta de la sincérité de ses correspondants, bien que certains n'aient pas hésité à plaisanter la ci-devant demoiselle, cause de ce tapage insolite.

Dans l'histoire troublée de la Révolution, l'automne de 1791 marquait une courte accalmie. La Constitution était enfin achevée, et l'Assemblée, pensait-on, ne devait plus s'occuper que des 'moyens de ramener l'ordre et de faire fleurir les arts, les lettres et le commerce'. Une amnistie générale était proposée, la fuite du Roi et Varennes paraissaient oubliés. Le 14 septembre, Louis XVI qui, depuis les journées de juin, restait suspendu de ses pouvoirs, avait recouvré la liberté. Le dimanche 18 septembre, une fête nationale d'un éclat extraordinaire avait marqué le début de l'ère nouvelle. 'Tout, notait le *Journal de Paris,* se dispose dans l'intérieur du royaume à rentrer dans la paix sous la garantie de la Constitution'. Sans doute, cette

---

5  A la différence de *L'Indicateur des mariages* et du *Courrier de l'Hymen*, les *Petites Affiches* ne disposaient pas d'un bureau qui s'occupât particulièrement des mariages. Le travail du rédacteur consistait seulement à classer et à faire imprimer ce qu'on lui envoyait. Et avant celle de la mère, aucune annonce matrimoniale ne fut publiée, car les *Petites Affiches* refusaient de publier quoi que ce soit sous l'anonymat.

façade avenante de la France nouvelle masquait-elle un édifice trop rapidement édifié pour être solide. Mais dans cette apparente paix civile retrouvée, comment ne pas oublier les inquiétudes passées, les exactions, les crimes politiques, et, confiant dans l'avenir, ne pas songer un peu à soi, à son propre bonheur dans une vie meilleure, telle que l'avait rêvée Jean-Jacques Rousseau, que la France, en 1791, considérait déjà comme 'le dieu de la Révolution'.

C'est ce que firent deux femmes ci-devant nobles de province, une mère et sa fille, menant à la campagne une vie simple mais solitaire, où manquait, près de Sophie un jeune homme formé par Rousseau à l'image d'Emile. La mère était veuve, la fille avait vingt-cinq ans environ. Point d'homme à l'horizon. Et il fallait trouver un mari qui ne visât pas seulement la dot, mais qui convînt à la demoiselle et à la future belle-mère. Celle-ci décida de s'adresser *aux Petites Affiches*.

On désignait communément sous le nom de *Petites Affiches* des feuilles quotidiennes d'annonces imprimées à Paris. Leur origine, en tant que journal, remontait à 1751. En 1783, elles avaient pris le titre de *Affiches, annonces et avis divers,* ou *Journal général de France.* Leur rédacteur était depuis septembre 1790 Ducray-Duminil, auteur de quelques bluettes dramatiques et de romans populaires particulièrement destinés au public des campagnes. Homme d'affaires plus que journaliste, il s'imposait une grande prudence, prudence d'autant plus nécessaire que ses lecteurs et ses correspondants, de milieux très divers, étaient alors fort nombreux en France, et cela malgré la prolifération dans les départements de feuilles d'annonces à peu près semblables[6].

Que trouvait-on dans les *Petites Affiches*? Pour respecter les titres des différentes rubriques et s'en tenir à des exemples pris dans les numéros du mois de décembre 1791: des listes de 'biens à vendre ou à louer', de 'maisons ou emplacements à vendre' ou 'à louer', de 'charges, offices ou rentes à vendre', de 'vente de meubles et effets', de 'vente de chevaux et voitures', d''effets perdus ou trouvés', rubrique curieuse où s'entassaient les descriptions de bagues, de portefeuilles, de chiens et d'objets les plus hétéroclites. Venait ensuite la rubrique abondamment fournie des 'demandes': demandes de places de cuisinier, de maître de musique, de précepteur, de femme de chambre, de gouvernante, etc., pêle-mêle où l'on s'étonne à peine de voir un peintre cherchant à 'acheter un mannequin de femme' pour s'initier au nu! Ajoutons des rubriques concernant la 'conservation des hypothèques', la liste des 'scellés apportés' par les Juges de paix, la liste des enterrements et des spectacles, avec, de temps à autre, le compte rendu de livres récents et de pièces de théâtre.

---

6    Mais comment pouvaient-elles rivaliser avec les 4 776 pages que les *Petites Affiches* consacrèrent aux annonces en 1791?

Une place importante enfin était réservée aux annonces particulières et aux avis divers. En feuilletant le seul recueil de décembre 1791, que d'annonces il y aurait à glaner pour permettre de mieux comprendre la démarche de notre veuve et de sa fille, que je n'oublie pas malgré mon bavardage énumératif: ici, réclames de pilules mirifiques, préservatives et autres, d'électuaires et d'élixirs; là, mérites longuement détaillés de plusieurs remèdes anti-vénériens sans mercure, traitements extraordinaires pour le cancer du sein, remèdes pour les rhumatismes. Et encore — et c'est dire que les femmes étaient de fidèles lectrices des *Petites Affiches* — la liste impressionnante des produits de beauté 'pour conserver la fraîcheur de la peau' et 'entretenir le coloris de la jeunesse, même dans un âge avancé', etc. Il faut écouter aussi le boniment des marchands qui vantent leurs vins, leurs tabacs, leurs confitures, leurs pâtés et leurs huîtres. Des demandes d'intérêt plus limité ont leur place dans ces rubriques d'avis divers: le rédacteur publie tout ce qu'on le prie d'insérer, pourvu que cela lui rapporte argent ou abonnement. Bref, ce quotidien offrait aux Parisiens et aux Français de la fin du XVIIIe siècle toutes sortes de renseignements utiles et de bonnes adresses, d'un intérêt beaucoup plus immédiat pour la vie pratique que les longs comptes rendus des séances de l'Assemblée nationale, dont la plupart des journaux faisaient leur pâture essentielle.

Bien que de présentation rébarbative, les *Petites Affiches* voyaient affluer tant de demandes et tant d'offres diverses que les douze pages quotidiennes se révélèrent souvent trop étroites: il fallut recourir à un supplément, et même parfois à un supplément du supplément.

C'est ainsi qu'au milieu de vingt pages exceptionnelles parut le vendredi 9 décembre 1791 dans le supplément, à la rubrique 'Avis divers', la curieuse annonce suivante:

> *Au Rédacteur, ce 2 décembre.* Veuillez, je vous prie, Monsieur, accueillir cette lettre et insérer dans votre journal la demande qui en est l'objet.
> Je désire trouver un gendre selon mon cœur et celui de ma fille. Elle est née, ce qu'on appelait ci-devant, *bonne demoiselle, d'extraction noble.* Notre petite fortune est d'environ 60 000 livres en fonds de terres et maisons à la campagne et en province. Nous souhaitons quelqu'un d'une fortune à peu près égale, mais claire et nette. Nous exigeons absolument qu'il soit bien né, bien fait, d'une figure intéressante; qu'il jouisse d'une bonne santé; qu'il n'ait qu'environ trente ans; que ses mœurs soient simples et pures, que son cœur, vrai, sache aimer, et aimer la vertu plus que tout; que son âme, sensible et honnête, soit vraiment noble et élevée au-dessus de ce siècle égoiste, où l'argent supplée à tout. Nous voulons surtout que ses principes et ses sentiments soient conformes à ceux d'Emile, ce vertueux élève de J.-J. Rousseau: s'il possède les qualités personnelles que nous désirons, quelle que soit sa fortune, il sera toujours assez riche. Nous serons laboureurs, négociants; nos enfants seront menuisiers, jardiniers, n'importe; mais à leur tour, ils seront des Emiles, des gens de bien.

Ma fille est majeure, bien faite et bienfaisante, d'une jolie figure. accoutumée dès son enfance à tous les soins du ménage: elle fait ses robes, ses coiffures et tous les ouvrages convenables à son sexe. Elle est très économe, très sage, préférant les légumes, le lait, les fruits à toute autre nourriture. Elle a une jolie voix; si l'homme que nous demandons est musicien, tant mieux: nous chanterons ensemble de vieilles romances, ce qui vaudra mieux que de jouer[7]; car nous ne savons des jeux que la marche des échecs. Mais nous aimons à travailler, à causer entre nous, à nous promener et à lire J.-J. Rousseau, les *Nuits* d'Young, Marc-Aurèle, Buffon et le vieux Plutarque. En toutes choses, nous sommes à deux cents ans des mœurs de ce siècle, où l'or est tout, les bons sentiments et les vertus, rien.

Il nous faut donc un homme à l'unisson de nos cœurs simples, bons et honnêtes. Mais, vivant dans la retraite, l'âme qu'il faut à la nôtre, ne saurait nous y deviner. Comment donc nous trouver?... Votre journal me paraît, Monsieur, un moyen sûr de nous rencontrer : il est très répandu. Veuillez y insérer ma demande, afin que le gendre que je désire, se présente, ou que je cesse d'en attendre un selon mes vœux. C'est dans votre journal aussi qu'il faut qu'on me réponde; car mon nom et mon adresse ne sont que pour vous.

Agréez donc ma confiance, Monsieur, et le sentiment avec lequel j'ai l'honneur d'être votre très humble et obéissante servante, *veuve M...*[8].

La veuve a commencé sur le ton de la petite annonce d'un marché: fortune contre fortune, avec un air de satisfaction non déguisé; et si l'on se reporte aux annonces de *L'Indicateur des mariages* et du *Courrier de l'Hymen,* il faut reconnaître que 60 000 livres en fonds de terres et maisons à la campagne et en province devaient constituer en fait de petite fortune une fort 'intéressante' proposition. Mais donnant donnant: le futur aura 'une fortune à peu près égale' et 'claire et nette', c'est-à-dire en bons écus ou en biens-fonds, et non une fortune établie sur d'éventuels héritages ou constituée d'assignats à valeur si peu sûre. Cela, c'est le côté affaire. Puis, l'imagination aidant, la fiction: la mère brosse le portrait, moral surtout, du jeune homme désiré, avec l'apologie de la vertu, suivie de l'inévitable condamnation de 'ce siècle égoïste, où l'argent supplée tout'. Rien ici d'une misanthropie désabusée qui serait particulière à cette provinciale. Nous sommes, dans la seconde partie du XVIIIe siècle, à l'âge d'or des professeurs de morale et de littérature prétendue édifiante.

L'idéalisme fait oublier les réalités. Et, en se recommandant de Rousseau, la future belle-mère, tout heureuse de posséder une coquette fortune, en vient à proclamer libéralement son mépris de l'argent et, de concession en concession, en arrive à ne plus désirer qu'un gendre vertueux, à qui elle demande d'être prêt à un idyllique retour à la terre.

---

7     Allusion à la fureur du jeu, devenue en 1791 un besoin, une tyrannie même, et que les journaux ne cessaient de dénoncer comme 'le fléau destructeur de toutes les vertus sociales' (*Chronique de Paris,* 21 octobre 1791). On comptait plus de quatre mille maisons de jeu établies à Paris, avec pour repaire principal le Palais-Royal.

8     La lettre M., comme aujourd'hui la lettre X., signifiait qu'on voulait garder l'anonymat.

Après quoi, et pour faire pendant au portrait d'Emile, elle passait allégrement — elle aurait dû commencer par là — au portrait de celle que Rousseau destinait à Emile, l'aimable Sophie: 'Ma fille est bien faite et bienfaisante'. On ne saurait peindre en traits plus imprécis le physique et le moral, tout en se donnant le luxe d'un peu d'esprit. Mais retenez ce détail: 'd'une jolie figure', en vous rappelant que depuis longtemps l'épithète 'jolie' employée dans de telles formules, ne voulait plus dire grand-chose. C'est ce qui m'aurait un peu inquiété: la maman, si prolixe par ailleurs, passe vraiment trop vite sur les qualités physiques de sa fille. Pourquoi ne pas en dire plus pour faire mordre à l'hameçon? Les appas de la jeune personne sont-ils négligeables, ou veut-on mettre l'accent sur ses qualités de femme d'intérieur et de ménagère? A ces qualités, la jeune fille ajoute le précieux avantage d'être 'd'extraction noble'. Il lui faut donc un mari qui soit, c'est une exigence sans réserve de la mère, 'bien né' et, ce qui selon les préjugés du temps va de soi avec une telle origine, 'bien fait'. Belle-maman se signale ainsi par son esprit rétrograde. Mais que de petits gentilshommes, que de hobereaux, malgré la nuit du 4 août 1789 et tant d'autres événements survenus depuis, gardaient, comme elle, une haute idée de leur naissance, attitude qui deviendra bientôt dangereuse! Faisons toutefois confiance à son maître Rousseau et au temps pour lui inculquer les belles théories égalitaires de la nouvelle Constitution.

N'est-ce pas déjà l'état de nature cher à Jean-Jacques qu'elle préconisait comme mode de vie? Et le mariage miroitait aux yeux de la mère et de la fille comme une vie idéale à deux, image renouvelée de *La Nouvelle Héloïse*. Une vie à deux, qui sera d'ailleurs comme à Clarens une vie à trois. Mais ici c'est belle-maman qui s'immisce dans le duo. Qu'importe! 'Les mères', avait écrit Rousseau dans l'*Emile* (livre V), 'ont des yeux comme leurs filles, et l'expérience de plus.'

Vous avez sans doute remarqué que la mère, pour accentuer cette communauté de vue avec sa fille, avait employé un *nous* souvent répété, mais aussi une abondance inquiétante de *je, me, mes:* 'que le gendre que je désire, se présente, ou que je cesse d'en attendre un selon *mes* vœux.'

A bon entendeur, salut! Les prétendants vont donc s'adresser à la mère ou interposeront le rédacteur des *Petites Affiches* entre elle et eux. Pas un ne cherchera à gagner le cœur de la jeune fille. C'est un gendre qu'il fallait: ce sont de futurs gendres qui vont se présenter.

La demande avait paru le 9 décembre. Sans tarder, le lendemain, dans le supplément des avis divers, on trouvait une lettre dont le style fort embarrassé fait supposer qu'elle venait d'un étranger installé depuis peu en France: la pensée se cherche, les termes restent vagues et l'expression est maladroite. Il n'y avait là rien de bien attrayant pour notre jeune Sophie et surtout pour sa mère. Heureusement pour elles, la réponse était venue si rapidement qu'elle passa inaperçue au milieu du fatras d'annonces et d'avis divers. Le rédacteur et la mère de Sophie elle-même semblent ne pas y avoir prêté attention. Ils l'ignorèrent. Faisons de même.

En revanche, deux jours plus tard, dans le supplément du lundi 12 décembre, le rédacteur prenait soin d'annoncer qu'il avait reçu de nombreuses lettres 'relativement à la demande d'un gendre', mais que, 'les bornes de sa feuille ne lui permettant pas de les faire connaître toutes', il se proposait 'de les faire paraître ensemble' dans un supplément qu'il espérait pouvoir publier prochainement.

Et le jeudi 15 décembre, fidèle à ses promesses, le rédacteur, dans les additions au supplément, ne consacrait pas moins de cinq pages entières — on n'avait jamais vu ça! — à faire connaître plusieurs de ces lettres.

Les premières réponses commencent par mettre en doute la réussite de la démarche de Mme de... Ainsi, cette première lettre, fort laconique:

> Madame, Chercher Emile comme vous le cherchez, c'est être sûr de ne le pas trouver.
>
> SUTRA.

Tout en faisant un tri parmi les nombreuses réponses, passons aux lettres de jeunes gens sérieux qui, tout en se couvrant d'un certain scepticisme pour se donner une contenance, n'en briguent pas moins la place enviée de gendre de 'Mad. la veuve M...'. Entre autres, cette lettre:

> Je réponds, Madame, à votre lettre en date du 9 du présent mois. Son originalité la rend, à la vérité, piquante; mais elle est néanmoins précieuse pour celui qui doit être l'objet de votre demande. Celui qui vous écrit s'offre à le devenir, persuadé d'être le modèle de vos intentions. Nonobstant mon offre, il faut que je vous dise une chose bien raisonnable selon moi: c'est que je ne puis concevoir comment vous pourrez juger tout à coup la personne qui se présentera et se dira possesseur des qualités morales que vous exigez. Ou le sort vous amènera uniquement celui que vous désirez, ou il vous en viendra quarante, cinquante, cent, plus ou moins. Dans le premier cas, vous aurez celui qui vous convient; dans le second, aucun ne vous conviendra: vous seriez trompée ou vous voudriez tromper. C'est de la part de celui qui vous prie, ainsi que Mademoiselle votre fille, d'accepter le respect avec lequel il est votre très humble et obéissant serviteur, M...
> Si vous avez besoin de mon adresse ainsi que de mon nom, vous me les demanderez par la même voie dont vous vous êtes servie pour votre lettre. Je la ferai passer alors à celui qui a la vôtre.

Si ces prétendants se refusent à entrer dans les détails, à donner des précisions, notamment sur le physique, la situation, les goûts[9], s'ils se contentent d'une présentation sommaire, leurs lettres ne diffèrent entre elles que par les formes polies qui accompagnent leur démarche.

---

9 Sauf pour 'un zélé partisan de la vie simple et champêtre', qui disait avoir vingt-cinq ans, être 'bien né', être 'grand et d'une bonne santé'. Sa fortune n'était pas 'considérable', mais, écrivait-il, 'j'ai lieu d'en espérer une'.

Venons-en ensuite aux prétendants passablement infatués d'eux-mêmes, convaincus d'obtenir d'emblée la préférence. Certains vont droit au but, indifférents à une éventuelle concurrence qu'ils estiment écraser de leur supériorité. D'autres, trop contents de leur petite personne pour en dire peu, s'étendent avec une satisfaction ridicule sur le beau parti qu'ils représentent. Ils relèvent la tête, se rengorgent; et avec une suffisance qui touche à l'impudence, ils se précipitent déjà pour recevoir la palme du vainqueur. Citons deux de ces lettres:

*Au Rédacteur*. Monsieur, Je vous prie d'insérer dans votre journal la note suivante: la Dame veuve M..., qui , dans le supplément des *Petites Affiches* du 9 décembre 1791, a fait la demande d'un gendre pour sa fille, a peut-être réussi au-delà de ses espérances. Elle sera dans le dernier étonnement que de toutes les conditions qu'elle a mises à son choix, toutes sont, on l'ose croire, remplies, à l'exception peut-être de celle à laquelle elle a attaché le moins d'importance[10]. Si elle est résolue, on observera avec discrétion tout le mystère qu'elle jugera convenable d'employer dans une affaire de cette importance, et on lui fera passer tous les renseignements les plus exacts sur le physique et le moral de la personne que l'on propose. M. le Rédacteur sera le dépositaire d'une adresse qui ne sera que pour la Dame qui a fait la demande. Je suis, etc.

*Au Rédacteur*. Monsieur, Je vous prie de vouloir bien insérer dans votre journal cette réponse à la lettre qui se trouve dans la feuille du vendredi 9 décembre, ainsi que l'offre que j'y fais de ma personne pour remplir les intentions d'une mère de famille qui demande un gendre.
Il y a longtemps que mon esprit s'était formé l'image d'une Sophie nouvelle. Cette image, mon cœur l'avait avidement saisie, il l'attendait avec impatience, il la poursuivait avec ardeur; mais toutes ses recherches étaient vaines. Déjà je commençais à croire que l'idée d'une Sophie était romanesque, lorsque le ciel, sans doute, fit tomber entre mes mains cette lettre insérée dans votre journal et datée de 2 décembre. Je l'ai lue, et mes vœux sont comblés: oui, je le vois, j'étais prédestiné à épouser la charmante personne que l'on y dépeint si avantageusement. Quant à mon extérieur, je remplis parfaitement toutes les conditions qu'on exige de moi: je suis d'une taille fort honnête, bien fait, d'agréable figure, d'une santé robuste, bien capable en un mot de faire un bon mari. Mon cœur répond également aux désirs de cette vertueuse famille: il est simple, honnête, vertueux; mais je me tais, car il est modeste aussi.
Enfin la fortune était de concert avec la nature pour préparer cet heureux hymen: elle m'a traité bien favorablement, bien bonnement, puisque je la méprise.
Je partage tous les goûts de ma nouvelle famille sous tous les rapports; je suis positivement l'homme qu'elle demande. On souhaite un musicien; eh bien, me voilà: des adagios, de vieilles romances où le cœur parle et soupire, c'est là tout ce que j'aime. Ma future épouse préfère à tous les légumes le lait et les fruits; tant mieux: c'était la nourriture de l'âge d'or, nous la partagerons ensemble. Cependant, puisqu'il s'agit de nourriture, je conviendrai naïvement de mon plus grand défaut, de mon seul peut-être, mais qui me possède fortement; c'est qu'à ces mets du vieux monde, je serai forcé d'en joindre un autre du nouveau: celui-ci, c'est le sucre. J'ai pour le sucre une rage dont on n'a pas idée. J'appuie sur ce défaut, parce qu'entre

10    C'est-à-dire la fortune.

philosophes de notre espèce, outre l'horreur d'aimer quelque chose de ce siècle corrompu, ce goût pourrait un jour nous coûter cher[11]. Cependant si on daigne me le pardonner, bientôt je serai de ces promenades solitaires, de ces tendres concerts, de ces lectures philosophiques. Je serai en un mot auprès de Sophie un Emile plein d'amour et de constance. J'attends que l'on daigne m'indiquer le jour, le moment heureux où je pourrai voir l'objet de mes vieilles rêveries, de mes plus doux songes. Mon âme de trente ans, mais plus neuve, mais plus sage, plus curieuse et plus ardente qu'une de vingt, languit, se consume, est dévorée d'impatience. J'ai l'honneur d'être, Monsieur, votre très humble et très obéissant serviteur,

LINDORF.

Belle-maman avait tracé par avance le portrait de *son* gendre; Lindorf aurait dû lui plaire, lui qui, non content de s'identifier avec l'élu, se voyait déjà en compagnie de sa nouvelle famille! C'était le type même du rêveur, aimable et sympathique, mais un tantinet excentrique, celui-là même qu'en 1789 Collin d'Harleville avait mis sur la scène de la Comédie-Française dans sa comédie des *Châteaux en Espagne:* avec ses riantes chimères, sa franchise, son babil infatigable, d'Orlange avait attiré l'attention d'Henriette, mais c'est le discret Florville qui gagnait le cœur de la jeune fille et qu'elle épousait.

De même, à Lindorf notre Sophie aura ou aurait dû certainement préférer le prétendant suivant, un jeune homme d'une nature tendre, sensible, comme il plaisait tant aux belles à la fin du XVIIIe siècle, et qui se présentait sans forfanterie, et peut-être sans illusion:

*Au Rédacteur.* Monsieur, J'ai lu, avec un plaisir infini, l'endroit de votre journal où une veuve vous donne l'apologie que vous méritez, en choisissant votre feuille pour rendre publiques ses intentions et son désir de marier sa demoiselle, qu'elle chérit, à un homme qui puisse la rendre heureuse par son physique et par son moral. Il faut effectivement qu'un homme recherche les mêmes qualités, pour jouir du même bonheur. Comme cet article m'a intéressé vivement, je m'empresse d'y répondre.
Je n'ai pas encore trente ans; la taille peut plaire, comme elle peut déplaire: on en jugera si l'on désire me connaître. Je suis né d'un père artiste et laborieux. Je professe le même art. Sans luxe, je jouis de l'aisance que me procure mon travail et qui convient à un artiste dont l'établissement n'est pas achevé. J'ai appris à connaître mon art et les mœurs des hommes chez l'étranger et dans la patrie de J.-J. Rousseau. J'ai dévoré son *Emile* à dix-neuf ans, et j'ai vivement désiré son *Héloïse.* L'âge de la demoiselle convient à ma façon de penser et doit convenir à mon âge. Sa beauté et sa fraîcheur me donnent le désir de la connaître; ses talents et son éducation sont précieux. Je ne suis pas musicien achevé, parce que mon état m'a plus occupé que la musique, que j'aime beaucoup; mais ce sera une douceur de plus d'apprendre ce que l'on ignore, de celle avec qui l'on doit partager plaisirs, peines et travaux. Je le répète, si l'on désire connaître celui qui se flatte de posséder les vertus qui

---

11  Au sens propre, il ne pensait pas si bien dire: un mois plus tard, par suite de l'insurrection de plusieurs colonies d'Amérique, de Saint-Domingue en particulier, le sucre de canne manqua: disette, stockage, spéculation, cherté, maux inséparables, furent cause de scènes de pillage comme on n'en avait pas encore vu à Paris. Rappelons qu'il fallut Napoléon et le Blocus continental pour qu'on songeât à utiliser industriellement le sucre de betterave.

caractérisent l'amant[12] tendre, l'époux assidu et le père vertueux, vous pourrez, Monsieur, me le faire connaître par la voie de votre journal, sous l'anonyme avec lequel j'ai signé. Je suis, etc.

P. M...

Après ce premier courrier, vint la deuxième vague des prétendants. 'C'est dans votre journal qu'il faut qu'on me réponde'. Cette exigence qui, dès l'abord, avait sans doute paru au rédacteur de peu d'importance, se révéla peu à peu fort embarrassante et difficile à satisfaire. Déjà, le 15 décembre, le rédacteur avait dû procéder à un choix.

Mais il arriva que l'exemple des premiers soupirants décida de moins audacieux, que certains abonnés crurent bon de donner leur avis et envoyèrent au rédacteur des observations relatives à la demande et aux réponses. Et les lettres, parfois très longues, s'accumulèrent de nouveau sur le bureau du rédacteur. Il fallait ou consacrer de temps à autre un supplément entier à ce courrier du cœur, ou renoncer.

Ducray-Duminil choisit de renoncer. Beau joueur cependant, il réunit, mais pour la dernière fois, quelques lettres parmi les plus dignes d'intérêt. Et le dimanche 25 décembre, dans un numéro fourni exceptionnellement de vingt pages, il en consacrait sept à cette 'affaire'. Mais dorénavant, disait-il, il n'insérerait plus aucune des lettres qu'il recevrait à ce sujet, et ferait passer directement à Mme veuve M... toutes celles qui lui seraient adressées pour elle, 'sans leur donner de publicité'.

La première de ces lettres publiées le 25 décembre a le mérite de répondre à chaque article de l'annonce et de brosser ainsi un portrait riche en détails. Soit pudeur hautaine soit respect pour sa correspondante, le jeune homme ne parle de lui qu'à la troisième personne. Dans ses grandes lignes, ce portrait correspond à celui du gendre désiré; mais la sensibilité, la mélancolie qui percent à travers les confidences, la conviction de vivre en marge des autres, révèlent moins un frère d'Emile qu'un Saint-Preux en quête d'une nouvelle Julie. Dans la littérature de la fin du XVIIIe siècle et en filiation naturelle avec *La Nouvelle Héloïse,* on trouve peu de témoignages plus significatifs du héros préromantique. Je n'en citerai que le premier paragraphe et les deux derniers:

Paris, ce 14 décembre. Madame, Répondre à votre lettre, c'est dire qu'on se croit digne d'être votre gendre. Ici, toute modestie serait déplacée. Vous avez dit ce que vous étiez, je dirai ce que je suis: vous inspirez le courage de parler de soi. Le prix que vous offrez est assez beau. Que de concurrents ne va-t-il pas amener! Et quel homme honnête et sensible, s'il a souffert des préjugés de la société, si les sentiments que vous exigez en lui n'ont servi qu'à le rendre malheureux, n'a point tressailli de joie à la lecture de votre étonnante lettre, n'a point senti une sorte d'espoir au fond de son cœur, n'a point dit: 'Si ce n'est pas moi que l'on préfère, s'il se trouve quelqu'un qui mérite plus que moi d'être choisi, il me restera au moins la douce satisfaction de

---

12    Au sens classique de 'fiancé'.

penser que la vertu a fait enfin des heureux, et qu'il existe encore sur la terre quelques sentiments selon mon cœur!'
[...]
Voilà toute son âme, qu'il expose devant vous avec la franchise d'un enfant: il vous parle comme si vous étiez sa mère. Eh! qui ne désirerait pouvoir vous donner ce nom, en voyant les sentiments que vous réservez à celui qui doit être votre fils!
D'après votre lettre [...], il a lieu de croire qu'il aura l'honneur de vous voir, ainsi que Mademoiselle votre fille. S'il ne lui déplaît pas, si elle lui plaît, si dès la première fois on se quitte contents les uns des autres, la moitié de l'ouvrage est faite, et vos principes lui sont presque garants que tout ce qui viendra ensuite. sera pour lui. Les examens, les délais, les épreuves, il s'offre à tout. Hélas! il serait homme à servir pendant sept ans un autre Laban[13], pour peu qu'il eût à espérer que les vertus et la beauté dussent devenir sa récompense. J'ai l'honneur d'être, etc.

Passons sous silence les autres offres de service.

Restait au rédacteur, s'il voulait en finir, à publier à la suite de ces offres quelques observations relatives à l'annonce.

D'abord, retour du rêve à la réalité, la lettre d'un homme qui voit les choses en face: il ne cherche même pas à dissimuler ses faiblesses. Franchise louable, et qui s'explique peut-être parce qu'elle est désintéressée: le jeune homme ne se met pas sur les rangs.

*Au Rédacteur.* Monsieur, Comme la lettre que je vous écris n'est point une réponse à la demande insérée dans votre feuille du 9 courant, j'attends de vous le service de publier les réflexions qu'a fait naître la lecture des diverses réponses à cette proposition.
Il est bien étonnant que la nouvelle Sophie se soit si éloignée des principes de Jean-Jacques, et que presque tous les Emiles qui se sont présentés, n'aient pas seulement (du moins j'aime à le croire pour l'honneur de leur esprit) bien lu l'*Emile* et autres œuvres du philosophe.
Jean-Jacques n'a jamais prétendu que les hommes se missent au marché, qu'ils fussent patrons ou esclaves. Il défend surtout d'employer l'artifice pour en imposer sur nos vertus.
La demoiselle fait une demande qui aurait pu convenir à la famille de Noé, dans le petit espace de l'Arche; mais à Paris, dans le centre de la corruption, où tant de fripons jouent le rôle d'honnêtes hommes, je soutiens que l'espérance de posséder 60 000 livres et une jolie femme, facile à tromper d'après ses principes vertueux, fera pleuvoir des milliers de réponses de la part des intrigants; et la simple demoiselle se laissera peut-être surprendre au physique, tandis que le moral sera tout à fait corrompu.
Tout homme vraiment sensible voudra avec Jean-Jacques que l'amour naisse des sentiments fondés sur l'estime. Ce n'est point au Palais-Royal[14] ni dans une entrevue, que je pourrai connaître la personne digne de partager mes plaisirs et mes peines.

---

13   Laban, patriarche biblique, exploita deux fois sept ans son neveu Jacob, avant de lui permettre d'épouser sa fille, la belle Rachel.
14   En 1791, tout le monde savait que le Palais-Royal était moins un lieu de promenade que le principal repaire des tripots de Paris et le centre privilégié de la prostitution.

La franchise de la demoiselle me fait croire à ses vertus, et j'assure que si j'avais eu le bonheur de la connaître, j'aurais été enchanté de passer ma vie avec une société aussi rare. Mais outre que je n'ai pas les vertus qu'on exige (il est vrai que toute mon ambition est de les acquérir), il faudrait qu'elle donnât le temps de fonder notre bonheur sur l'estime réciproque, sans mettre la condition du physique (ce n'est pas que le mien soit des plus laids: il est peut-être plus avantageux que celui de plusieurs qui s'en font un mérite dans leurs réponses); mais cette clause est bien peu philosophique.

Je ne donne point mon adresse, malgré toute l'envie que j'aie de connaître la demoiselle; car je crois que l'examen ne me serait point favorable. Trop heureux si je puis prévenir cette vertueuse personne contre les pièges que peuvent lui tendre la plupart de ceux qui se présentent. Je la prie de peser ces raisons.

Enfin, le plat des gourmets, la lettre la plus curieuse et aussi la plus longue. Par nécessité d'être court, je me contenterai de la résumer. Elle est écrite non par un soupirant, mais par une mère de famille, qui se permet d'inviter Mme de ... à tirer le meilleur parti de son originale initiative et des nombreuses offres qu'elle ne manquera pas de recevoir: doit-elle garder égoïstement tant de trésors de gendres, qu'elle est bien obligée de décevoir, puisqu'un seul lui suffira? Qu'elle entreprenne donc d'ouvrir une sorte d'agence pour seconder les mères de famille 'embarrassées de l'établissement de leurs filles, par l'excès de leurs mérites' — et celle qui écrit cette lettre dit qu'elle y recourra pour ses propres filles —, ou désireuses dans le secret de l'alcôve de réserver pour leur usage personnel les prétendants les plus âgés — et elle propose à Mme la veuve de ... d'en user ainsi elle-même, la première, pour sortir de son veuvage! On ne se moque pas des gens avec plus de désinvolture! Il est seulement regrettable que cette correspondante, qui signe non sans ironie 'une mère prévoyante', n'ait pu se contraindre à moins de verbiage et, dans ses allusions malicieuses, à moins d'obscurités: il y avait là une façon de voir les choses qui frisait sans doute l'impertinence, mais qui — pardon aux cendres de Mme de ... — n'était pas indigne de tout ce tapage autour d'un gendre désiré.

Le dernier mot de l'histoire, le rédacteur voulut qu'il fût réservé à Mme de ... elle-même. Et c'est sa lettre qu'il publia pour clore le dossier du 25 décembre. Notons que n'ayant sans doute pas eu connaissance de toutes les lettres que le journal publie avant la sienne et dans le même numéro des *Petites Affiches,* Mme de ... ne peut parler ici que des réponses parues avant le 16 décembre, date de sa seconde lettre, ou envoyées avant cette date par le rédacteur du journal. Les soupirants de la deuxième heure semblent lui échapper, ainsi que certaines lettres qui désapprouvaient sa façon de procéder ou se plaisaient à ironiser. Elle n'en cherche pas moins à répondre à certaines critiques. Son refus obstiné de permettre à plusieurs prétendants l'entrevue nécessaire, sa décision de ne se fier qu'aux lettres pour choisir son gendre, ont pu paraître à certains déraisonnables: elle tient à se justifier. Pour nous, que prouve une lettre si l'on ignore la graphologie, et surtout que prouve une lettre imprimée? mais nous sommes au temps où florissaient les romans par lettres: *La Nouvelle Héloïse, Werther, Les Liaisons dangeureuses*. Mme de ... sent bien d'ailleurs la fragilité de ses arguments, et elle est amenée à se contredire: 'L'âme se peint, écrit-elle, le cœur se dévoile dans des lettres où il faut parler de soi; quant à la figure, la naissance et la fortune, un honnête homme ne ment jamais'. Et elle ajoute aussitôt en s'adressant au rédacteur: 'et si vous voulez bien me donner connaissance des noms et adresses, je pourrai prendre des informations.'

Mme de ... est décidée en outre à préciser quelques points de son annonce. Les prétendants, avec leur imagination d'amoureux en attente, n'ont pas manqué d'auréoler le portrait que la mère avait tracé de sa fille. 'Ma fille, avait-elle dit, est bien faite, d'une jolie figure'. Nous qui n'avions rien à espérer de cette gente demoiselle et qui n'étions pas prédisposés, sur quelques mots bien vagues, à nous laisser emporter par la chimère pour imaginer une beauté angélique, d'autant plus désirable qu'elle s'accompagnait de 60 000 livres, nous n'avions, pour déceler ce qui manquait à ce portrait pour faire croire à un chef-d'œuvre de la nature, que la comparaison avec le portrait de Sophie dans *L'Emile:* 'Sophie n'est pas belle', avait écrit Rousseau; 'à peine est-elle jolie au premier aspect; mais plus on la voit et plus elle s'embellit'. C'est ce qu'avait voulu dire Mme de ... Elle a conscience d'avoir fait rêver. Et elle renvoie brutalement les rêveurs sur terre, en reprenant les termes mêmes de Rousseau. Le roman va s'achever:

*Lettre de Mad. veuve M... au Rédacteur, ce 16 décembre.* Quel que soit, Monsieur, le succès de la demande que vous avez bien voulu insérer dans votre feuille du 9, soyez, je vous prie, certain de ma reconnaissance. J'ai vu tout ce qu'on y a répondu dans votre feuille du 15: les personnes dont la réponse est aussi sérieuse et franche que l'est la demande, sont sûres de fixer seules notre attention. Mon nom et mon adresse ne sont que pour vous seul, et si ma demande paraît singulière, du moins elle sera accompagnée de tout ce que la prudence et l'honnêteté peuvent suggérer pour la justifier. Il est inutile qu'on sollicite aucune entrevue: il n'y en aura point du tout que lorsque je croirai avoir trouvé celui que seul nous voulons. L'âme se peint, le cœur se dévoile dans des lettres où il faut parler de soi. Quant à la figure, la naissance et la fortune, un honnête homme ne ment jamais; et si vous voulez bien me donner connaissance des noms et des adresses, je pourrai prendre des informations. Pour moi, on voudra bien me croire sur parole, jusqu'au moment où, la preuve à la main, on me verra telle que je me suis annoncée, à deux cents ans de mon siècle.

Toutefois, qu'on fasse attention que le pinceau d'une mère qui peint l'enfant qu'elle a nourrie et élevée, peut être flatteur: ma *fille n'est pas belle;* mais tout en elle annonce la fraîcheur et la santé. Je ne crois point, en parlant de ma fille, faire le pendant de la chouette. Ses talents ne sont point ceux qui font briller dans le monde: elle n'a jamais eu de maîtres d'aucune espèce que moi. Ainsi elle ne sait que ce qu'il convient à une bonne mère de famille de savoir. En un mot, nous voulons *être et non paraître.* M'entende qui est fait pour m'entendre. Si par votre entremise, Monsieur, je puis réaliser le plus cher de mes vœux, vous serez le seul à le savoir, et j'irai vous marquer ma vive reconnaissance et celle de *mes enfants.*

Je ne suis pas assez folle pour chercher Emile même; mais je veux aussi celui qui s'en rapprochera le plus, non par des assertions, mais bien réellement. J'ai pour le reconnaître un sûr moyen: il suffit pour cela que la lettre du gendre anonyme me plaise par son style doux, honnête. délicat et sensible. Plus j'agis de bonne foi, plus j'exige qu'on agisse de même. Quant à ceux qui ne veulent que me plaisanter, ou qui croient trouver en moi une dupe facile, ils se trompent et n'auront pas même une réponse. Mais aucun n'aura d'entrevue que lorsque je serai décidée, c'est un point résolu. Je crois, Monsieur, et ce reproche ne s'adresse pas directement à tous ceux qui m'ont fait l'honneur de me répondre, je crois, dis-je, que vous auriez bien moins reçu de réponses, si je n'avais pas annoncé une fortune aussi solide, quoique médiocre. Je connais mon siècle, et c'est pour cela que j'en exige une pareille à la mienne, bien que le plus ou le moins d'écus ne dût pas me décider, et sur cela mes preuves sont faites depuis longtemps.

Recevez, Monsieur, les nouvelles assurances de ma reconnaissance, etc.,

Veuve M...

Comment les choses se passèrent ensuite? Faute de l'intermédiaire du journal, on ignore qui, parmi les prétendants, fut l'élu[15]. Laissons aux mères qui cherchent un gendre, aux femmes prévoyantes qui songent à caser leur fille ou à se procurer un mari de rechange, le soin de choisir parmi toutes les réponses celle qui leur eût le mieux convenu. C'est un passe-temps innocent qui ne leur coûtera qu'une pensée fugitive.

---

15 Seule information, et qui n'est guère significative: dans les annonces particulières du supplément du 7 janvier 1792, le rédacteur priait l'auteur d'une lettre qui, dans le supplément du 15 décembre, suivait immédiatement celle de M. Sutra, de donner son adresse au bureau du journal (voir ci-dessus, note 9; cette lettre commençait ainsi: 'Un zélé partisan de la vie simple et champêtre vient de lire dans votre journal la lettre d'une mère dont les principes sont d'un heureux présage et qui désire trouver un gendre selon le cœur de sa fille. L'homme vertueux que l'on cherche sera difficilement rencontré; car l'on suit généralement les mœurs de son siècle...'). Un certain M. de Saint-Hilaire, abonné aux *Petites Affiches*, était également prié de se faire connaître (prétendant dont la lettre avait été, sans doute, envoyée directement à Mme de ... ).

Annie JOURDAN
Université d'Amsterdam

# Le journaliste Robespierre: Fictions politiques

*Je ne conçois pas, disait Cicéron, comment deux augures peuvent se regarder sans rire*
Robespierre (à propos des Girondins)[1]

Qui sait encore que Robespierre, le chef des terribles jacobins, le 'tyran sanguinaire' de l'an II, fut tout d'abord le poète des Rosati, l'auteur de mémoires judiciaires, le candidat couronné en 1785 par l'Académie de Metz, le panégyriste de Gresset (1786) et l'Académicien célébré du beau monde d'Arras? A cet égard, l'Incorruptible incarne bien le siècle des Lumières, un siècle où foisonnent les Académies de provinces, où sont valorisés le savoir et les lettres et où tout un chacun se flatte d'être philosophe. Ce n'est pas que l'on sache précisément ce qu'il avait lu et apprécié avant que n'éclate l'orage révolutionnaire[2]. Ce que l'on connaît de ses lectures, c'est avant tout ce qui ressort de ses discours, de ses écrits et des deux journaux, publiés entre mai 1792 et avril 1793. Ces deux journaux nous retiendront ici.

Sans doute convient-il de noter au préalable combien la Révolution française fut longtemps négligée et sous-estimée du point de vue littéraire, alors que c'est à l'inverse une période où le verbe fut roi, comme fut reine la presse. Malcolm Cook, l'organisateur de ce colloque, a consacré parmi un des seuls spécialistes avec Béatrice Didier, plusieurs études au phénomène de la littérature révolutionnaire et on leur doit à tous deux d'avoir redécouvert des oeuvres, des genres, des récits tombés dans l'oubli, sans doute parce qu'ils s'étaient trop ressentis de l'événement inouï. Ce que j'entreprends ici, est l'inverse en quelque sorte, puisqu'il s'agira d'examiner dans quelle mesure les journaux de Robespierre englobent des éléments fictionnels. C'est dire qu'il sera question non point de la politisation de la fiction mais de la fictionnali-sation de la politique.

---

1   *Lettres de Maximilien de Robespierre à ses commettants* (Gap 1961), p. 190.
2   Nous savons tout de même qu'il était un grand lecteur de Rousseau, entre autres des 'admirables Confessions', 'émanation franche et hardie de l'âme la plus pure [...]'. *Dédicace à Jean-Jacques Rousseau* in *Œuvres complètes de Maximilien Robespierre* (10 vol. Paris 1939 -1967) I, pp. 211-212. Et ce qui suit montrera qu'il connaissait ses classiques — Plutarque mais aussi Molière, Racine, Corneille et La Fontaine. Voir N. Hampson, *Robespierre* (trad. fr.) Montalba, Paris 1982, p. 100. Hampson cite un témoignage selon lequel, chez les Duplay, Robespierre récitait Racine et Corneille.

Malgré les rumeurs propagées sous la Constituante qui attribuent à Robespierre une participation à l'*Union ou Journal de la Liberté*, sur ses premiers essais de journaliste, on ne sait quasiment rien. Ce qui est certain, c'est qu'il n'a pu manquer d'être frappé par la prolifération de journaux et par leur influence dans la vie révolutionnaire. On pourrait même s'étonner qu'il ait tant attendu avant d'en créer un lui-même. Ce journal, il va être fondé à la suite des polémiques qui opposent Robespierre à Brissot et consorts. Le 25 avril 1792, Basire engage en effet Robespierre à poursuivre les querelles par le biais de la presse au lieu de monopoliser dans ce but la tribune des Jacobins. Ce sera chose faite quelques jours plus tard. Dans ce journal, *Le Défenseur de la Constitution*, Robespierre expose ses principes, repousse les calomnies et contrebalance quelque peu la suprématie journalistique de ses adversaires[3]. Ce premier journal — publié de mai à août 1792 — se distingue de ceux de l'époque en ce qu'il se présente comme un genre de revue, où sont abordées les grandes questions et les opinions sur les affaires publiques. On y trouve aussi quelques adresses, quelques résumés des débats de l'Assemblée. Le second, fondé en septembre 1792 paraîtra jusqu'en avril 1793[4], et conserve la même structure; il paraît également à intervalles irréguliers[5]. Si quelque chose se modifie, c'est, nous allons le voir, surtout le ton. Alors que *Le Défenseur de la Constitution* privilégiait les récits factuels, les attaques sérieuses, et bien que, dès lors, se mette en place l'argumentation purement politique, la perfection n'est pas encore atteinte qui sera celle des *Lettres à ses Commettans*.

Si, dans ses discours, Robespierre s'en tient principalement au politique dans le sens strict du terme, les journaux, et surtout le second, s'adressent, avoue-t-il lui-même, à la tribune universelle: autre canal, autre audience, autre style[6]. Il s'agit ici de convaincre la nation et non plus seulement les Jacobins, le peuple de Paris ou l'Assemblée. Le message demeure le même, mais il est formulé en des termes qui surprennent et détruisent quelque peu l'image compassée et rigide dont les historiens au cours des siècles ont

---

3    N'oublions pas que ce sont les Girondins — ou du moins ceux que l'on va bientôt qualifier de girondins, de brissotins ou de rolandiens — qui monopolisent la presse et tentent de manipuler l'opinion publique à leur profit. Robespierre, *Le Défenseur de la Constitution* (ed. Gustave Laurent, Paris, Félix Alcan, 1939). *Lettres à ses Commettans* (ed. Gustave Laurent, Louis-Jean, Gap 1961), respectivement vol. IV et vol. V des *Œuvres complètes de Robespierre*, 10 vol. Paris 1939-1967.

4    A cette date, l'Assemblée interdit aux législateurs de cumuler les fonctions de journaliste et de député; Brissot s'en remet à son rédacteur Girey-Dupré, Marat contourne la loi en supprimant le terme 'journal', Robespierre s'en tient à la lettre de la loi.

5    Les *Lettres à ses Commettans* comprennent 22 numéros — en deux séries — tantôt hebdomadaires, tantôt plus espacés. Dans ce journal, les résumés des débats de l'Assemblée sont au début fort détaillés. En novembre 1792, Robespierre en est encore à décrire les séances de septembre. N. Hampson, op.cit. p. 146.

6    Il faudrait nuancer et préciser que ces différences ne sont pas toujours visibles, puisque Robespierre publie parfois dans les journaux des discours prononcés à l'Assemblée et aux Jacobins. *Lettres à ses Commettans*, op.cit. pp. 15-16.

affublé le chef des Jacobins. On y découvre un homme qui n'a pas renié les lectures de sa jeunesse; on y découvre un critique qui n'est pas inaccessible à la différenciation des genres littéraires. Dès les premiers numéros des *Lettres*, Robespierre annonce ainsi sa volonté de présenter les séances de la Convention nationale dans toute leur vérité, et non comme un 'roman'; il se refuse, dit-il, à évoquer le 'squelette de la Convention'. Le genre romanesque reviendrait, selon lui, à émacier, à décharner la situation véritable. Robespierre à l'inverse se flatte de la montrer 'vivante, avec son âme et sa véritable physionomie' (V, p. 21). Dès lors, il envisage de faire de l'histoire et non de la fiction. Or, faire de l'histoire, ce serait rendre 'fidèlement' les opérations, les actions, les discussions, les intentions (V, p. 16; p. 80); ce serait mentionner la multitude de détails, nécessaires à la compréhension. L'histoire, enfin, ce serait 'la vérité tout entière' (V, p. 102-103). Cette volonté de fidélité et de vérité, ce souci de reproduction des détails sans cesse exprimés dans le journal sont fondamentalement rhétoriques et se posent pour s'opposer à la version propagée par la faction adverse. D'un côté, il y aurait ceux qui rendent fidèlement la réalité — ce sont les historiens —, de l'autre ceux qui inventent des 'fables', d''aimables fictions' — ce sont les 'littérateurs' (V, p. 140; p. 148). Après Lafayette et les Feuillants, les Brissotins seront ainsi accusés d'avoir transformé les gazettes en romans, d'avoir agi de sorte à ce que l'histoire elle-même soit devenue 'un roman' (V, p. 75). Les patriotes impurs diffuseraient sous le nom d'histoire de la Révolution de 'ridicules fictions'; que ce soient 'la fable de la dictature' et de la menace du toscin ou le 'roman diffamatoire contre les députés de Paris'. Le roman devient aux yeux de Robespierre une tromperie universelle conçue par des imaginations en délire. A ce stade, il ne s'agit plus du reste de roman mais de 'comédie' (V, p. 83). La Convention, de tribune respectable qu'elle aurait dû être, se fait 'scène' de théâtre où se bousculent des acteurs qui joueraient 'à peu près la même comédie, avec les changements que la qualité des personnages exigerait' (IV, pp. 2-3). Et si acteurs il y a, c'est dire que les masques ne manquent pas (V, p. 148; p. 288). Robespierre se fera un devoir d'ôter leurs déguisements aux comédiens consommés que deviennent à ses yeux les Girondins. Louvet, par exemple, qui est 'ce qu'on appelait autrefois un garçon d'esprit; ses opinions ont une tournure romancière qui séduit [...] et, en entendant, ses accusations à la Convention, [...] on se croirait assis dans un boudoir' (V, p. 148). Louvet est réduit à son ancien statut d'auteur léger — celui de Faublas; Brissot qui aurait des connaissances et des lumières, qui aurait écrit un tas de très gros livres, est métamorphosé en un 'Dacier révolutionnaire', un 'Scuderi politique' (V, p. 112). Robespierre, au lieu de nier les talents girondins, les amplifiera, dans l'espoir de les discréditer[7]. Quel crédit politique accorder en effet à des littérateurs qui ont brillé sous l'Ancien Régime, par la grâce de leurs fictions? Quel crédit

---

7   Voir mon article 'Les discours de Robespierre: la parole au pouvoir' in *Robespierre au Pluriel* (ed. A. Jourdan) Amsterdam/Atlanta 1996.

accorder à ces 'charlatans littéraires'? A des adversaires devenus maîtres dans l'art du roman?

Fiction, fable, roman, comédie sont ici synonymes de tromperie et de mensonge. Robespierre leur oppose la 'vérité historique', c'est-à-dire les faits, les tableaux, les actions. Ce n'est pas que l'histoire soit toujours fiable, puisqu'il en viendra à avouer que l'histoire elle-même est un roman; ce n'est pas non plus que Robespierre rejette tout récit, puisque, malgré les critiques réitérées à l'endroit des folliculaires stipendiés et des 'écrivains accrédités', l'Incorruptible se voit contraint par la rhétorique de l'époque et par les nécessités du moment de recourir à la fiction par le biais de l'intertextualité ou par celui de récits plus strictement politiques d'où ne sont exclus ni imagination ni suspense.

## 1. L'intertextualité

Dans les *Lettres à ses Commettans* — bien plus que dans *Le Défenseur de la Constitution*, l'intertextualité est assez fréquente et adopte plusieurs formes. Ainsi en va-t-il des allusions à Jean-Jacques, qui sont autant d'instances de légitimité, d'arguments d'autorité. Rousseau — et surtout *Du Contrat social* — est explicitement cité pour rappeler aux législateurs leurs devoirs, au peuple ses droits, pour inciter à la création d'institutions sociales et au sacrifice des intérêts privés. De même, l'histoire antique qui connaît auprès de tous les partis son heure de gloire joue un rôle de premier plan en tant que modèle — ou anti-modèle. Mais l'intertextualité n'en reste pas là. Elle acquiert dans quelques textes (ceux du 30 novembre, du 21 décembre 1792 et du 5 janvier 1793) un statut ambigu, quand les allusions et les citations transforment la polémique politique en parodie comique[8]. Dans les deux lettres à Pétion, en particulier, Robespierre se fait un malin plaisir à recourir à la culture classique. La première lettre est une réponse à un discours du 11 novembre où l'ancien maire de Paris se targuait de croquer un portrait de l'Incorruptible, fondé sur la théorie des humeurs — inspirée d'Hippocrate. Robespierre se refuse à marcher sur la même voie et emprunte celle de la parodie: Pétion, dans le texte en question, est métamorphosé en un 'bonhomme' naïf qui, tel Orgon, tombe dans les filets que lui tend Tartuffe (V, p. 103). C'est donc chez Molière que le très sérieux et vertueux Robespierre puise ses références, ce qui le conduit à comparer une fois de plus la Révolution à une scène de théâtre où 'une adroite soubrette ou un valet intrigant, conduit un Géronte ou un Orgon par la lisière' (V, p. 113). Pétion est ridiculisé, Brissot-Tartuffe 'démonisé'. C'est lui qui, dans les coulisses du pouvoir, tire les ficelles du pantin qu'est devenu le pauvre

---

8    Voir sur le problème G. Genette, *Palimpsestes*, Seuil Paris 1982. J'emploie le terme de 'parodie' dans le sens de 'transformation ludique d'un texte particulier', de 'modification ponctuelle', sans nuancer à l'extrême comme le fait Genette.

Jérome. Ce dernier, grâce à la réputation acquise sous la Constituante, constituerait un 'élément précieux' du fond de commerce brissotin, lequel tente avec succès de le séduire. Ainsi s'élabore un récit où l'ancien maire de Paris, déçu par son échec dans la capitale, se jette par dépit dans les bras de faux patriotes. Pétion n'est plus qu'un fantoche entre les mains d'astucieux intrigants qui visent à capter à leur seul profit la Révolution.

La seconde lettre, écrite en réponse au deuxième discours de l'ami d'autrefois, va plus loin encore. Quelques traits s'ajoutent au portrait, qui se fait de plus en plus caricatural. Après Géronte et Orgon, c'est Alceste qui est invoqué pour illustrer combien Pétion s'acharne en vain à l'imiter (V, p. 154). Tel Alceste, Pétion s'efforce de paraître méchant. Ce rapprochement, tout comme les deux autres, se veut ironique et humoristique. Il enchevêtre fiction et réalité sur la base d'analogies de conduite et de caractère. Après Molière viendra Racine. De la comédie, Robespierre passe ainsi à la tragédie; le ton ne déserte pourtant pas le registre humoristique. Et si Pétion est paradoxalement assimilé à Phèdre, c'est tout simplement parce que lui non plus ne sait comment s'y prendre pour soulager sa pudeur, sinon en laissant prononcer par d'autres 'le mot fatal' (V, p. 157). En d'autres termes, le héros de la Constituante ne peut s'empêcher d'évoquer ses triomphes antérieurs et la proposition qui lui fut faite d'accepter 'la magistrature suprême'. La France 'aurait voulu faire Pétion roi ou régent'. Ce dernier ne résiste pas à l'envie de le rappeler pour rappeler aussi son refus catégorique et l''horreur sincère' avec laquelle il repoussa le diadème, motif qui mène à une comparaison avec César et au regret ironique que la France se soit ainsi privée d'un Jérome Ier. A ce stade, le récit confine à la pure fiction, car Robespierre ne peut s'empêcher de développer un thème qui lui paraît cocasse. Pétion en roi des Welches, et pourquoi pas en Saint Jérome ou en Jérome Pointu? L'Incorruptible s'égaye à dessein sur son malheureux compagnon de jadis. Les allusions abondent et s'entremêlent, empruntant tout autant aux classiques qu'à l'histoire religieuse ou à la comédie populaire[9]. Le personnage de Pétion en ressort ridiculisé. Imbu de lui-même, bête et naïf à la fois, il est le dindon de la farce. Les allusions aux classiques, aux personnages de fiction ne suffisent sans doute pas à fictionnaliser le récit robespierriste; ce qui est sûr, c'est qu'ils le théâtralisent et confèrent une autre dimension aux acteurs. Mais ce sont là avant tout des figures rhétoriques et Robespierre les conçoit en tant que telles. Si elles animent le récit, elles ont pour premier objectif de poser l'orateur — ou le narrateur — dans le beau rôle et de réduire les acteurs du parti adverse à un statut insignifiant, dans le but de les disqualifier.

Dans les *Lettres*, Plutarque n'est pas moins invoqué. Il procure modèles et anti-modèles à foison. De César à Catilina, de Claudius à Honorius, de Brutus à Tarquin, les personnages de l'Antiquité, on le sait, sont privilégiés

---

9     Jérome Pointu était une comédie populaire d'Alexandre Louis-Bertrand Robineau dit Beauvois, représentée pour la première fois au Théâtre des Variétés en 1781.

chez les uns comme chez les autres, pour les situations exceptionnelles et les analogies curieuses qu'ils présentent avec la période révolutionnaire. Robespierre ne fait pas exception et l'on retrouve des références antiques dans les discours tout comme dans les textes. Elles alimentent le récit — car il s'agit bien ici de récit — et le dramatisent en vue d'assimiler l'adversaire au traître, les partisans aux héros de jadis. Par le biais des analogies, ces références dévoilent des vérités cachées et créent une réalité, un cadre vraisemblable où s'inscrivent et s'ébattent les acteurs de la tragi-comédie.

Si, à cette date, Robespierre peut se permettre de plaisanter, de s'égayer selon ses propres termes, d'être saisi d'une 'sensation involontaire de gaieté' à la seule idée de Pétion, c'est à n'en pas douter parce qu'il ne craint guère les 'espiégleries' de son collègue de la Constituante (V, p. 140). Entre novembre 1792 et jusqu'au 5 janvier 1793, trois lettres mêlent ainsi ironie, humour[10], allusion et citation, rhétorique et intertextualité dans une tentative pour discréditer l'adversaire. L'ironie et l'humour ne seront pourtant pas une constante dans la prose robespierriste, et à partir de janvier 1793, il abandonne — dans les *Lettres à ses Commettans* du moins, Molière, Racine et La Fontaine[11] au profit du seul Plutarque et de fictions personnelles. Robespierre se voit forcé consciemment ou inconsciemment d'entrer dans le cercle des romanciers de la Révolution.

## 2. La fiction robespierriste

Sans doute la stratégie de l'humour et de l'ironie lui paraît-elle trop anodine pour venir à bout des ténors girondins, Vergniaud, Gensonné, Guadet. Ce ne sont pas là des adversaires de la trempe de Pétion. L'intertextualité laisse place alors à une 'mise en intrigue', pourrait-on dire[12], au sens figuré comme au sens littéral. Afin de mettre fin aux agissements incessants de la 'manufacture' girondine, Robespierre entreprend de révéler la vérité pressentie mais invisible; il lui faut dévoiler les ressorts cachés des machinations, démasquer les acteurs. A cet effet, il ne s'agit plus de s'égayer

---

10 Citons une belle répartie de Robespierre, trop tardive hélas pour la tribune: Gensonné avait jeté une 'saillie ingénieuse, comme une fleur sur du fumier. Il compare les citoyens de la montagne aux oies du Capitole'. Robespierre rétorque — dans son journal —: 'il est érudit, Monsieur Gensonné, mais il ne fait pas toujours un usage heureux de son érudition. Les oies du Capitole ont sauvé la patrie; [...] allez, Monsieur Gensonné, les oies du Capitole valent bien les crapauds du marais pontin' (V, p. 198). Voir *Le Moniteur* t. XV, p. 36 (Discours de Gensonné du 2 janvier 1793).

11 La Fontaine est à l'ordre du jour dans la Lettre du 5 janvier 1793 — contre les Girondins — où Robespierre leur reproche de se congratuler tels 'les animaux malades de la Peste'. Voir aussi la référence à La Fontaine dans le discours du 18 nivôse an II, où Camille Desmoulins lui est comparé. *Œuvres complètes*, (Paris PUF 1967) X, p. 307.

12 Gérard Genette, *Fiction et diction* (Paris Seuil 1991), p. 92.

mais de prédire; il ne s'agit plus de ridiculiser mais de prévoir ce qui se passe dans les coulisses. La mise en intrigue va devenir 'mise en fiction'[13] et la fiction se faire prophétie. La Révolution y est interprétée comme un vaste roman policier — ou comme un roman noir, pour éviter l'anachronisme —, qui nécessite un décodage des signes suspects, un décryptage des conjurations subtiles concoctées dans les cabinets particuliers de la nouvelle aristocratie de magistrats. Robespierre, le visionnaire qui voit sans cesse ses prédictions s'accomplir — comme Marat en fin de compte — se flatte d'en être le cryptologue. C'est dire que le discours-récit désormais reflétera la vision robespierriste de la réalité. L'Incorruptible va construire de fond en comble un récit, qui se veut d'une part représentation de la réalité véritable et d'autre part création d'une réalité souhaitée. Que toutes deux soient fictives en fin de compte, on le comprendra aisément, puisque l'une reproduit la vision robespierriste de la situation révolutionnaire, l'autre propose une réalité imaginaire. Dans l'une, sont dévoilées les intrigues, dans l'autre les solutions et les attentes. Robespierre refusera évidemment de parler dans ce contexte de 'fictions'; mais Vergniaud s'en prendra à son tour au 'roman perfide, écrit dans le silence du cabinet'[14].

Ce roman se présente comme bien des récits de l'époque. Il y a un thème, des motifs, un cadre — spatio-temporel —, des acteurs, et, comme dans la littérature plus en général, l'auteur fait appel tout autant au vraisemblable qu'à une réalité vérifiée et vérifiable[15]. Ce que vise ici Robespierre en fin de compte, et il le dit explicitement, c'est de décrire 'l'histoire des intrigues' de la Révolution (p. 30). Dans le récit publié dans les *Lettres à ses Commettans*[16], l'auteur se sépare parfois du narrateur; l'autobiographie alterne avec la narration et la description qui oscillent entre reproduction de la réalité objective et création d'une réalité subjective, qu'on pourrait qualifier de fiction politique. Dans ce texte du 28 octobre 1792, sur le pouvoir de la calomnie, sélectionné parmi d'autres fort similaires, Robespierre brosse un vaste tableau des intrigues à l'oeuvre depuis le début

---

13 Dans le sens d'une 'simulation de la réalité', même si ici la simulation est des plus sérieuses. Alors que la fiction littéraire se décrit comme 'une simulation non-sérieuse d'assertions de non-fiction', la fiction politique semble se définir par la simulation sérieuse d'assertions imaginaires. Cf. David Fontaine, *La poétique* (Nathan 1993).

14 Vergniaud, Réponse aux calomnies de Robespierre, avril 1793 in *Les plus beaux discours de Vergniaud*, éd. du Centaure, Paris s.d. p. 176.

15 Cf. Voir l'article de Genette, 'Vraisemblable et motivation' in *Figures II*, Paris Le Seuil 1969, pp. 71-99.

16 Ce récit fut du reste un discours, ce qui démontre bien que la Révolution révolutionne aussi les genres, et que le discours, écrit, soigneusement préparé et orné, se rapproche du récit littéraire ou du texte journalistique. Peut-être vaudrait-il mieux dire que la Révolution suit ici le classicisme et se refuse à distinguer entre les genres. Le rhétorique est littéraire, tout comme le littéraire est rhétorique. Cf. Kibedi-Varga, *Rhétorique et littérature* (Didier 1970). Ou comme le formulent les auteurs des XVIIe et XVIIIe, l'art de bien dire se confond avec l'art de persuader.

de la Révolution[17]. Ces intrigues n'en font qu'une, c'est toujours la même. Robespierre n'aura de cesse de le rappeler. Face aux patriotes s'agitent des hommes qui tentent de séduire l'opinion publique pour capter à leur seul profit le pouvoir et discréditer leurs opposants, c'est-à-dire ceux qui se battent pour le bonheur du peuple, la justice et la liberté. Un seul et unique but dirige les intrigants, qu'ils soient royalistes, modérés ou vulgaires fripons, c'est une volonté de puissance, une soif d'ambition qui font qu'ils ne reculeront devant aucun obstacle, quitte à servir les intérêts de la Cour et du roi. L'ambition de régner — en leur nom ou sous celui d'un monarque — serait à la base de toutes les intrigues de la Révolution. Régner serait le prédicat obsessionnel des protagonistes successifs[18].

Le récit adopte un schéma chronologique — s'amorce en 1789 et se termine sur le présent, même s'il anticipe, s'il ouvre un point de vue sur l'avenir. Le passé motive le présent. Il s'y trouve une série binaire d'acteurs qui tiennent les premiers rôles: les bons et les méchants. Autour d'eux gravitent des personnages secondaires: les faibles, les sots, les ignorants et les pervers. L'opposition entre bons et méchants est fixe, comme l'est celle des valeurs et des caractères respectifs. Les méchants — pour l'instant qualifiés de patriotes impurs, d'aristocrates ou de feuillants — ont pour unique objectif leur intérêt privé et la conquête du pouvoir suprême. Pour y parvenir, ils privilégient la calomnie. Et en cela, les diverses factions ne diffèrent guère. Mais depuis l'Ancien Régime, la calomnie 'a vu sa carrière s'amplifier'. Comment en est-on arrivé là, comment 'les perfides charlatans' ont-ils pu acquérir cette puissance? C'est qu'ils paient à prix d'or ou qu'ils caressent les journalistes. A cette date, Robespierre est plus que jamais persuadé que 'les folliculaires tiennent dans leurs mains la destinée des peuples'; les papiers publics, écrira-t-il un mois plus tard, sont entre les mains de ceux-là mêmes qui ont intérêt à tromper le peuple[19]. Traités de 'fous' ou de 'factieux', les patriotes purs n'ont aucune ressource pour se défendre. Certes, à Paris, les vérités sont connues. La phalange jacobine harcèle les intrigants. Le 10 août 1792, n'est-elle pas venue à bout de l''épidémie de feuillantisme'?

Le récit aurait pu s'arrêter là: sur la victoire des bons contre les méchants, du peuple contre les aristocrates, de la liberté contre le despotisme. Le 10 août aurait pu sanctionner le *happy end*. Il n'en est rien et le roman-feuilleton de la Révolution se poursuit bien au-delà du terme. C'est que les factions que l'on croyait éteintes, telle l'hydre, redressent la tête. Lafayette a

---

17   *Œuvres complètes*, op.cit. vol. IX, pp. 44-60. A l'origine, ce texte a été publié en tant que troisième *Lettre à ses Commettans*.
18   Todorov, *Les genres du discours* (Paris Le Seuil 1978) p. 74.
19   *Lettres à ses Commettans*, op.cit. pp. 75-77 ('Des papiers publics'). Les Girondins ont à leur disposition le Bureau de Propagation de l'Esprit public, fondé par Roland, qui subventionne les feuilles de leurs partisans, tandis que la poste — tombée également entre les mains des Girondins — arrête la diffusion de celles de leurs adversaires — jacobins.

fait école; il laisse derrière lui les 'héritiers de son ambition et de ses intrigues' (IX, p. 51). De fait, si l'on ôte le nom de république, rien n'a changé; on retrouve 'les mêmes vices, les mêmes cabales, les mêmes moyens' (ibid). Les mêmes moyens mais avec des ressources accrues. La nouvelle faction, plus talentueuse encore que celles du passé, perfectionne sa 'criminelle politique' par le biais de 'folliculaires accrédités' qui multiplient les libelles 'sous toutes les formes' (V, p. 77). Des libelles qui discréditent les véritables patriotes, les font passer dans les provinces pour des 'démagogues incendiaires' ou des anarchistes. Robespierre, le voyant, le prophète qui sait lire entre les lignes, scruter les visages et déceler l'hypocrisie, devient ici le narrateur omniscient de la tragédie qui se déroule sous ses yeux. Certes, il n'a que peu de preuves, juste des indices. Entre autres, les analogies discursives entre Brissotins et Feuillants ou les analogies entre leurs actions respectives. Car, si les personnages diffèrent, leurs actions et leur but sont semblables. La culpabilité est prouvée par le langage qu'ils partagent avec de célèbres précédents et par la puissance acquise — places, ministères, comités, presse —: 'le bureau, le fauteuil, les comités, la tribune même semblent devenus leur patrimoine' (IX, p. 59). Quiconque leur conteste une parcelle de pouvoir est qualifié par eux d'agitateur. Tout comme les aristocrates, les brissotins s'en prennent à ceux-là mêmes qui les ont portés au pouvoir, à ceux qui ont créé la république et détrôné le tyran. Motif du crime: ils veulent régner, quitte à rétablir la monarchie 'pour conserver la puissance'(IX, p. 58)[20].

La morale de l'histoire, puisqu'il ne saurait y avoir de dénouement rapide, c'est que les patriotes devront rester unis, calmes et sages (IX, p. 60). Il faudra attendre et observer, éclairer et dissiper les ténèbres. L'empire fondé sur l'erreur que propagent les intrigants de la république, ne saurait être que passager. Les faux patriotes seront démasqués et se perdront 'par leurs excès'. Et il est vrai que Paris une fois encore connaît les intrigues funestes et les perfides charlatans. Tout n'est donc plus qu'une question de temps. Le récit s'achève sur une incitation à l'action et à la vigilance[21]. Mais le dénouement, si dénouement il y a, ne saurait se trouver que dans le futur. C'est ce qui rapproche le récit robespierriste en quelque sorte du roman feuilleton. Dans ce récit — sans fin et qui ne se terminera qu'avec le 9

---

20  Notons que Robespierre n'affabule pas réellement dans ce cas précis, car les Girondins tentent par tous les moyens de museler la voix des Jacobins, et, en particulier celle de Robespierre. Non parce qu'ils sont les traîtres décrits par l'Incorruptible mais pour pouvoir gouverner tout à leur aise. J'ai décrit dans un article l'origine et l'évolution de la querelle entre Brissot et Robespierre. 'Les discours de Robespierre: la parole au pouvoir' op.cit. note 7; voir aussi la démonstration convaincante de N. Hampson, op.cit. pp. 270-290.

21  *Œuvres*, IX, p. 60. Robespierre incite avant tout au calme et à la patience — c'est-à-dire à l'immobilité et non point à l'action franche —, mais en même temps, il demande aux Jacobins d'éclairer leurs concitoyens, de dissiper 'l'illusion', de répandre 'par tous les moyens possibles les instructions qui peuvent la faire triompher [la vérité].'

thermidor — s'enchevêtrent réel et vraisemblable. Le narrateur omniscient brode sur les constatations, les preuves, les indices, jusqu'à construire une fiction politique où l'adversaire est nécessairement l'agent du complot universel[22].

La fictionnalisation — ou la fabulation — robespierriste confirme que la Révolution contraint ses acteurs à interpréter les actions, les événements, les désaccords comme autant d'indices de conspiration. Tout homme — ou femme — qui ne pense pas comme le narrateur ou l'orateur est perçu comme étant l'ennemi, un allié de Cobourg, de Brunschwig ou de Pitt. Aussi, et bien que Robespierre ait cessé de publier son journal après avril 1793, n'est-il pas étonnant de retrouver dans les discours ultérieurs la même hantise. Le roman-feuilleton se poursuit jusqu'à la tribune. La fiction qu'il n'est sans doute pas toujours conscient d'inventer, de créer de toutes pièces — puisque, pour lui —, tout cela est vrai et non point seulement vraisemblable — révèle à quel point la Révolution s'invente une histoire romancée — voire une fiction obsessionnelle, proche du récit paranoïaque dans son incapacité à percevoir la réalité telle qu'elle est: c'est-à-dire l'incapacité à se penser désunie, à concevoir ses désaccords autrement qu'en termes de trahison. Cette incapacité les contraint — Robespierre et avec lui bien d'autres encore, et non par simple plaisir rhétorique ou poétique — à inventer une autre réalité, imaginaire, voire mythique. Une fiction conditionnellement fictionnelle, pour reprendre les termes de Gérard Genette, même si elle se veut et demeure constitutivement politique[23]. De fait, il se pourrait bien que seule la fictionnalisation confère au récit politique sa crédibilité, puisque, contrairement à l'histoire, ce récit n'est point falsifiable. Il participe du mythe; on y croit ou on n'y croit pas, mais on peut difficilement le réfuter. Et seule la crédibilité de l'orateur fera la différence.

Ce dont il s'agit avant tout, et il importe de ne pas l'oublier, c'est de s'imposer comme la 'voix de la vérité', que ce soit la vraie vérité ou la vérité subjective du narrateur. A cet effet, il faut savoir convaincre, persuader et ne point permettre à l'adversaire de réduire à néant l'argumentation. Que ce soit conscient ou inconscient[24], c'est dans ce sens que va l'histoire contée par

---

22  Pour être plus précis, il faut ajouter que dans les différentes factions le ton et les motifs sont fort similaires. Roland se plaint du 'roman diffamatoire' des Jacobins, Vergniaud se moque des fictions robespierristes; et Madame Roland invente elle aussi des intrigues astucieuses où Danton fait figure de chef de parti, dont Robespierre et Marat seraient les marionnettes.

23  G. Genette, *Fiction et diction* Seuil Paris 1991, p. 34.

24  Ce qui est imaginé ici, l'est à la fois volontairement et involontairement; d'une part, Robespierre dès 1789, a tendance à imputer les problèmes à un complot ou à une conjuration — cf. Les ennemis de la patrie démasqués; d'autre part, ainsi que le démontre N. Hampson, le motif du complot lui permet de taire des vérités désagréables — telle que la corruption de plusieurs montagnards. De plus, si l'on peut poser qu'il y a peu de fictions dont le contenu soit entièrement fictif, il semble qu'il y ait peu de diction politique dont le contenu ne soit entaché de fiction. Cf. Genette, *Fiction et Diction*, op.cit. pp. 90-91.

Robespierre. Aussi n'est-ce point l'histoire vraie et véridique promise aux lecteurs, mais une fiction personnelle, qui ne sera sans doute pas perçue en tant que telle, du moins, aux yeux du lecteur jacobin, pour qui ce seront là des énoncés de réalité — telle est l'intention du destinateur, et, sa carrière témoigne du succès de la stratégie. Mais c'est dire que s'opère un renversement qui fait que ce qui est fiction passe pour énoncé du réel, alors que le réel passe pour fable.

## Conclusion: les fictions du politique

La fiction révolutionnaire ainsi retrouvée chez Robespierre est une fiction qu'il partage en définitive avec la grande majorité de ses contemporains; elle est concentrée sur un thème seul et unique: le complot. Les motivations en découlent soit d'une conviction profonde, soit d'une stratégie, comme ce sera le cas après le 9 thermidor, où Robespierre se verra à son tour accusé d'avoir voulu devenir roi. Le complot royaliste ou aristocratique, tout d'abord évoqué face aux dangers des mouvements des émigrés aux frontières, ensuite suscité par les menaces de Brunschwig ou les manoeuvres de Pitt, est devenu un thème obsessionnel. Ce serait en quelque sorte le 'bouc émissaire' de la Révolution; tous les motifs abordés par Robespierre s'y réfèrent et fort rares sont ceux qui refusent d'y croire. Face à ce thème lancinant, le discours robespierriste met en scène l'utopie de la régénération, qui sera le thème inverse — attractif —, représentant un peuple héroïque, énergique, vertueux et généreux, mais toujours victime et persécuté par les méchants. Ce peuple sublime serait le véritable destinataire de l'Incorruptible. De ce point de vue aussi, Robespierre s'invente une fiction, car le vrai peuple, on le sait, il ne le connaît guère. Il l'a entrevu certes lors de la fête de l'Etre suprême mais, pour le reste, le Peuple demeure bien lointain; c'est une abstraction. Tout comme les cent mille, deux cent mille, trois cent mille héros, 'moissonnés par le fer des ennemis de la liberté qui [...] boivent le sang du peuple'; les femmes massacrées et les enfants égorgés sur le sein de leurs mères, les représentants expirant dans les pires souffrances leur fidélité à la république. Robespierre crée une martyrologie de la nation, qui serait en quelque sorte l'histoire dramatisée de la Révolution.

Si le discours robespierriste se fait récit, narration, voire fiction, ce n'est pourtant pas que l'intentionnalité aille dans ce sens, bien au contraire. Car il ne s'agit pas de mettre l'accent sur le 'plaisir du texte' mais sur l'incitatif. Et, c'est moins le référent explicite qui importe en fin de compte que la crédibilité du destinateur — qui devra se donner en exemple, en modèle, en argument d'autorité — et la conviction du destinataire — qui devra suivre les conseils, imiter les modèles, manifester énergie et vigilance. Les priorités du récit robespierriste sont à la fois expressive et incitative; expressive pour mieux inciter à l'action. Mais pour qu'elles fassent leur plein effet, s'y

ajoutera une attention toute particulière au poétique — par le biais de
métaphores, de métonymies, d'hyperboles, de litotes et de citations. Le
discours révolutionnaire est friand de tropes, même s'il prétend affectionner
par-dessus tout le laconisme à la grecque. Dramatisation, théâtralisation,
fictionnalisation en sont les procédés privilégiés. On a vu Robespierre
comparer la Révolution à un théâtre, peuplé d'acteurs qui ne savent poser le
masque et qui défigurent par 'd'insolentes parodies le drame sublime de la
Révolution'. Les ennemis en effet sont assimilés à de vulgaires comédiens,
tandis que les véritables patriotes accèdent au statut héroïque dans le drame
qui se joue sous leurs yeux. Robespierre conçoit de toutes pièces une fiction
qu'il refuse de croire fictive, puisqu'à l'inverse, il désire à la fois anéantir les
ambitieux hypocrites et voir émerger de leurs cendres le peuple régénéré. Le
politique s'invente des histoires qui incarnent à la fois ses craintes et ses
espoirs, ses cauchemars et ses rêves. Ces histoires répétitives semblent tout
droit découler du récit paranoïaque[25].

La fiction robespierriste est sans aucun doute l'expression d'un imaginaire
individuel, celui de l'Incorruptible mais c'est aussi, on l'a entrevu,
l'expression d'un imaginaire collectif. Les révolutionnaires partagent les
mêmes peurs et les mêmes espérances. La ressemblance est visible tout au
long de la Révolution, quand les arguments qui avaient servi à éliminer les
Girondins sont appliqués aux Hébertistes ou à Danton — agents du complot
universel et serviteurs de la monarchie — puis à l'Incorruptible et à bien
d'autres encore. L'obsession du complot — dont Pitt tire les ficelles —,
demeurera perceptible même sous l'Empire.
    La ressemblance est encore visible dans les allusions à Plutarque, à
l'histoire récente — César et Catilina, Brutus et Caton, Cromwell et Sidney
—, dans la rhétorique, le style, les références à Rousseau. Si écart il y a, ce
sera celui qui sépare l'éloquence robespierriste de celle de ses adversaires,
car l'Incorruptible sait donner au pathos un élan inédit — renforcé par l'ethos
de l'orateur: 'il est éloquent parce qu'il est vertueux'[26] — et dans
l'amplification insufflée aux principes — vertu, probité, pureté. L'écart, c'est
celui qui oppose l'idéalisme et la religion épurée de Robespierre au cynisme
et au matérialisme des membres influents des Comités. Mais surtout, c'est un
écart qui s'exprime dans le 'prophétisme' de Robespierre. C'est-à-dire dans
les récits qui se veulent des anticipations, des leçons du passé et du présent
pour l'avenir. Robespierre est le prophète et le visionnaire. En ce sens aussi,
il formule des fictions. Fictionnel donc mais non point poétique dans le sens
moderne du terme — même si l'esthétique n'est pas négligée, tout comme
chez les classiques. Ici, l'objectif est d'inciter le destinataire à agir dans le

---

25   Voir J. André, *La Révolution fratricide*, PUF Paris 1993.
26   Cf. Kibedi-Varga, op.cit. Pour bien dire, il faut bien penser; pour bien penser, il faut
      bien vivre. Et pour émouvoir, il faut soi-même être ému. Ce fut là la règle de
      Robespierre par excellence et celle qui lui a permis d'acquérir une influence inédite.

sens du discours. L'intentionnalité n'est pas la fiction, mais la transformation du réel. Les textes robespierristes sont en définitive du domaine de l'incantation, du performatif impur, du perlocutoire. Même s'ils répondent aux définitions du récit, même s'ils produisent des fictions — en ce que le référent est tout à fait imaginaire, que ce soit le complot universel ou le peuple régénéré —, ce sont des fictions foncièrement idéologiques qui substituent aux 'assertions non sérieuses d'énoncés de réalité' des assertions sérieuses d'énoncés purement imaginaires, fût-ce par le biais de l'ironie ou de l'humour[27]. Le discours et le récit révolutionnaire détournent à leur profit les codes littéraires. N'est-ce point là le propre de la rhétorique? Et l'on sait combien elle fut prisée par la Révolution.

Robespierre porte à son acmé le délire révolutionnaire dans cette tentative de persuasion. Par le biais des citations, de l'ironie, de la parodie, de l'invention, il ridiculise, discrédite, amuse, effraye, console, promet, freine ou incite à l'action. Les textes de Robespierre enfin prouvent que le discours politique flirte fréquemment avec la fiction purement poétique[28]. Ce serait là, me semble-t-il une des expressions littéraires privilégiées de la Révolution. Dans le même temps où la fiction se politise, le politique, lui, se fictionnalise.

---

27    Genette, *Fiction et diction*, op.cit. p. 62 et p. 92.
28    D'autant plus, du reste, que nombre de politiques sont des hommes de lettres. De Robespierre, apprenti-poète à Mirabeau, Brissot, Louvet, Neufchâteau, Barère, Fabre d'Eglantine, Collot d'Herbois (comédien), combien ne sont-ils pas à avoir souhaité égaler Voltaire et Rousseau? Jamais sans doute une Révolution ne fut si éloquente; jamais discours politique ne fut si littéraire! Aussi le peuple (réel) fut-il saturé de discours, à tel point que, sous le Directoire, il ne s'en laissa plus conter et qu'il déserta fêtes et cérémonies.

# French Studies of the Eighteenth and Nineteenth Centuries

Edited by: Professor Malcolm Cook and Dr James Kearns,
Department of French, University of Exeter

This new series will publish the latest research by teachers and researchers in British and Irish universities working in all the disciplines which constitute French studies in this period, in the form of monographs, revised dissertations, collected papers and conference proceedings. Adhering to the highest academic standards, it will provide a vehicle for established scholars with specialised research projects but will also encourage younger academics who may be publishing for the first time.

The Editors take a broad view of French studies and intend to examine literary and cultural phenomena of the eighteenth and nineteenth centuries, excluding the Romantic movement, against their historical, political and social background in all the French-speaking countries.

Some early contributions will examine the press, prose fiction and the theatre in the period under consideration and it is expected that work of an interdisciplinary nature will feature in later volumes.

Volume 1   Malcolm Cook / Annie Jourdan (eds):
           Journalisme et fiction au 18ᵉ siècle
           241 pages. 1999.
           ISBN 3-906761-50-9 / US-ISBN 0-8204-4221-6